〈ケース研究〉

著作物の

ビジュアルアート編

の

類似性判断

上野達弘・前田哲男

Ueno Tatsuhiro　Maeda Tetsuo

[著]

勁草書房

はしがき

　著作物の類似性というのは、ずっと前から筆者（上野）お気に入りのテーマである。"研究のため"と称して収集してきた係争物コレクションも、限られた研究室スペースの中で優先的な地位が与えられている。

　ただ、"似てる？""似てない？"といった議論は、端から見ると、研究というより、何か遊んでいるように映るかも知れない。たしかに、著作権法の世界には、なぜか昔から（筆者を含めて）趣味的に議論を楽しむマニア（？）が多いのも事実である。しかし、類似性判断というのは、"人が創作した作品について、どこまで権利が認められるべきか"という根本的な問いにほかならず、それは著作権制度の存在意義に直結する課題というべきなのである。

　そんな類似性に焦点を当てた本を作るというのは以前から温めていた構想であったが、企画を練る過程で前田哲男先生のご参画を得られたことが本企画に決定的な違いをもたらした。というのも、現実の裁判例においては、理論的な説明が容易でないミステリアスな側面が散見されるところ、研究者と実務家のコラボレーションによってそうした裁判実務の多面的な分析が可能になったからである。とりわけ本書の特徴でもある「対談的検討」のコーナーにおいて、2人の共著者が自由な議論を繰り広げて（楽しんで？）いる様子をご覧いただけよう。もっとも、そうこうするうちに本書は予定の分量を超え、まずは「ビジュアルアート編」として区切りを付けることになった。

　本書が世に出るまでには、企画・編集・校閲に至るまで根幹的役割を果たされた勁草書房編集部の中東小百合さんの存在があった。ここに御礼申し上げつつ本書の誕生を共に喜びたい。また、お名前を挙げることはできないが、これまで筆者のために貴重な諸資料をご提供いただいた実務家の先生方には深甚なる謝意を表したい。さらに、本書は筆者が大学のディベートゼミで学生と考え学んだ成果でもあり、これまで活動を共にしてきた諸氏とも刊行の喜びを分かち合いたい。最後に、本書は科研費（課題番号 16K03449/16KK0066）の助成を

受けた研究成果の一部であることも付記しておく。

　本書が、研究・教育・実務の世界で愛読されることはもちろん、これを通じて多くの読者が類似性の議論をお楽しみいただければ幸いである。

2021 年 4 月

共著者を代表して

上 野 達 弘

目　次

はしがき　　i

第 1 編　理論編

第 1 章

著作物の類似性

2

上野　達弘

第 1 節　はじめに　　2

第 2 節　類似性とは　　4

　1　類似性＝「表現上の本質的な特徴を直接感得」できること（判例）　　4

　2　「類似性」という名称について　　7

　3　「創作的表現の共通性」が前提　　8

第 3 節　課　題　　12

　1　アイディア／表現　　12

　2　創作性　　13

　3　創作性の高低と類似性判断　　16

　4　創作的表現の共通性の判断方法　　17

　5　類似性（＝「表現上の本質的な特徴を直接感得」できること）の意味　　19

　6　類似性判断の基準となる主体　　25

　7　著作物の著名性／需用者の誤認混同　　26

　8　類似性の主張立証責任　　28

第 4 節　おわりに　　29

第2章

類似性判断の実務　　　　　　　　　　31

　　　　　　　　　　　　　　　　　　　前田　哲男

第1節　類似性判断の対象　31

　1　請求の特定の必要性　31

　2　被侵害著作物の特定の方法　31

　3　原告が特定した箇所以外の部分に基づく反論の可否　35

第2節　類似性の判断に関する法的構造　41

　1　事実か法的評価か　41

　2　主張立証責任　41

　3　評価の時点　44

第2編　ケース編

第1章

イラスト　　　　　　　　　　46

　I　判例の概観（上野達弘）　46

　1　総　説　46

　2　裁判例　48

　　⑴　類似性を否定した裁判例　48

　　　【ケース1-1】タウンページ・キャラクター事件　48

　　　【ケース1-2】けろけろけろっぴ事件　50

　　　【ケース1-3】うるせぇトリ事件　52

　　　【ケース1-4】コーポレーションペンギン事件　56

　　　【ケース1-5】坂井真紀イラスト事件　60

　　　【ケース1-6】マンション読本事件　61

　　　【ケース1-7】博士イラスト事件　65

　　　【ケース1-8】レターセット事件　67

　　⑵　類似性を肯定した裁判例　70

【ケース 1-9】サザエさんバス事件　70

【ケース 1-10】たいやきくん事件　72

【ケース 1-11】ライダーマン事件　73

【ケース 1-12】無人契約機¥en むすび事件　75

【ケース 1-13】パンシロントリム事件　77

【ケース 1-14】出る順シリーズ事件　79

【ケース 1-15】パンダイラスト事件　80

【ケース 1-16】ノンタン事件　82

【ケース 1-17】ひこにゃん事件　83

【ケース 1-18】フラねこ事件　85

【ケース 1-19】眠り猫事件　86

【ケース 1-20】ふわふわ四季のたより事件　89

Ⅱ　対談的検討（上野達弘・前田哲男）　93

■比較する部分・範囲の広さ　93

■イラストの著名性が与える影響　97

■「原告著作物」とは？　98

■博士イラストの創作性　100

■比較すべき対象はどこなのか　102

■レターセット事件　104

■出る順シリーズ事件　105

■類似性判断は、時代と共に変わり得るのか　106

■ノンタン事件・たいやきくん事件　108

■無人契約機¥en むすび事件　110

■パンシロントリム事件　111

■眠り猫事件　112

■創作性に関する主張立証　114

■「ありふれている」「ありふれていない」ことの判断　118

■どこまでが一つの著作物か　121

第 2 章

美術・人形・ぬいぐるみ・ブックカバー　123

Ⅰ　判例の概観（上野達弘）　123

目　次

1　総　説　123

2　裁判例　124

　(1)　類似性を否定した裁判例　124

　　【ケース 2-1】劇団 SCOT 事件　124

　　【ケース 2-2】たち吉事件　126

　　【ケース 2-3】猫のぬいぐるみ事件　127

　　【ケース 2-4】巻くだけダイエット事件　130

　　【ケース 2-5】完全自殺マニュアル事件　131

　(2)　類似性を肯定した裁判例　134

　　【ケース 2-6】民家の暖簾事件　134

　　【ケース 2-7】仏画事件　136

　　【ケース 2-8】エルミア・ド・ホーリィ事件　139

　　【ケース 2-9】金魚電話ボックス事件　141

　　【ケース 2-10】角川 mini 文庫事件　144

　　【ケース 2-11】日野市壁画事件　146

　　【ケース 2-12】博多人形赤とんぼ事件　148

　　【ケース 2-13】トントゥ人形事件　149

　　【ケース 2-14】入門漢方医学事件　151

　(3)　著作物性を否定した裁判例　153

　　【ケース 2-15】プチホルダー事件　153

　　【ケース 2-16】ファービー事件　154

II　対談的検討（上野達弘・前田哲男）　156

　■現代アートと著作権の親和性　156

　■アイディアと表現の境目はどこか　161

　■たち吉事件　165

　■「表現上の本質的な特徴」概念の捉え方　166

　■民家の暖簾事件　170

　■商品としてではなく、漫画の背景だったとしたら　173

　■本質的特徴をどこから感得するか　177

　■エルミア・ド・ホーリィ事件　180

　■角川 mini 文庫事件　183

　■日野市壁画事件　185

■入門漢方医学事件　187
■巻くだけダイエット事件・完全自殺マニュアル事件　189

第3章

書・文字 193

I　判例の概観（上野達弘）　193

1　総　説　193

2　裁判例　194

(1)　類似性を否定した裁判例　194

【ケース3-1】動書「鶴」事件　194

【ケース3-2】デザイン書体「趣」事件　195

【ケース3-3】雪月花事件　197

(2)　類似性を肯定した裁判例　198

【ケース3-4】動書「私の散歩道」事件　198

(3)　著作物性を否定した裁判例　200

【ケース3-5】シャトー勝沼事件　200

【ケース3-6】かつ〜ん事件　202

【ケース3-7】アサックス事件　202

【ケース3-8】住友建機株式会社ロゴ事件　204

【ケース3-9】ゴナU事件　205

【ケース3-10】INTERCEPTER事件　207

(4)　複製主体に当たらないことを理由に侵害を否定した裁判例　208

【ケース3-11】動書「佳扇」事件　208

【ケース3-12】動書「華」事件　209

II　対談的検討（上野達弘・前田哲男）　211

■書では、類似性を否定されたケースが多い？　211
■1文字の場合における創作性の捉え方　213
■手書き原稿や写経の著作物性　214
■実用目的だが、筆で書かれているという場合　216
■ロゴマークに著作物性を認めることがもたらす影響　219
■タイプフェイスの著作物性　222

　　　■裁判所における判断の傾向　224

第4章

写　真　　　　　　　　　　　　　　　　　　　　　　　　　227

Ⅰ　判例の概観（上野達弘）　227

　1　総　説　227

　2　裁判例　229

　　(1)　類似性を否定した裁判例　229

　　　【ケース4-1】廃墟写真事件　229

　　　【ケース4-2】コーヒーを飲む男性事件　231

　　　【ケース4-3】カーテン商品カタログ事件　232

　　　【ケース4-4】ニューディナーパン事件　233

　　　【ケース4-5】播磨喜水パッケージデザイン事件　235

　　　【ケース4-6】おもてなしプレゼント事件　237

　　(2)　類似性を肯定した裁判例　239

　　　【ケース4-7】ヘアデザイン写真事件　239

　　　【ケース4-8】たぬピク事件　240

　　　【ケース4-9】マンモス画像事件　241

　　　【ケース4-10】東京アウトサイダーズ事件　243

　　　【ケース4-11】パロディ＝モンタージュ事件　245

　　　【ケース4-12】グルニエ・ダイン事件　248

　　　【ケース4-13】みずみずしいすいか事件　249

　　　【ケース4-14】祇園祭写真事件　252

　　　【ケース4-15】舞妓写真事件　255

　　(3)　著作物性を否定した裁判例　256

　　　【ケース4-16】久保田一竹美術館事件　256

　　　【ケース4-17】メガネサロントミナガ事件　258

Ⅱ　対談的検討（上野達弘・前田哲男）　260

　　　■風景写真の創作性を基礎づける要素　260

　　　■立体物である商品の写真の著作者は誰か　262

　　　■たぬピク事件・マンモス画像事件　267

■被写体に関する工夫の考慮　268

■写真をもとに絵を描く行為、トレース　273

■東京アウトサイダーズ事件　280

■グルニエ・ダイン事件　283

■おもてなしプレゼント事件　285

事項索引　289

判例索引　293

凡　例

民　集	最高裁判所民事判例集
知財裁集	知的財産権関係民事・行政裁判例集
無体裁集	無体財産権関係民事・行政裁判例集
判　時	判例時報
判　タ	判例タイムズ
金　商	金融・商事判例
ジュリ	ジュリスト
法　時	法律時報
法　セ	法学セミナー
法　協	法学協会雑誌
民　商	民商法雑誌

著作権判例百選〔初版〕　　池原季雄＝斉藤博＝半田正夫編『著作権判例百選（別冊ジュリスト 91 号）』（有斐閣、1987 年）

著作権判例百選〔第 2 版〕　　斉藤博＝半田正夫『著作権判例百選〔第 2 版〕（別冊ジュリスト 128 号）』（有斐閣、1994 年）

著作権判例百選〔第 3 版〕　　斉藤博＝半田正夫編『著作権判例百選〔第 3 版〕（別冊ジュリスト 157 号）』（有斐閣、2001 年）

著作権判例百選〔第 4 版〕　　中山信弘＝大渕哲也＝小泉直樹＝田村善之編『著作権判例百選〔第 4 版〕（別冊ジュリスト 198 号）』（有斐閣、2009 年）

著作権判例百選〔第 5 版〕　　小泉直樹＝田村善之＝駒田泰土＝上野達弘編『著作権判例百選〔第 5 版〕（別冊ジュリスト 231 号）』（有斐閣、2016 年）

著作権判例百選〔第 6 版〕　　小泉直樹＝田村善之＝駒田泰土＝上野達弘編『著作権判例百選〔第 6 版〕（別冊ジュリスト 242 号）』（有斐閣、2019 年）

第1編　理論編

第1章　著作物の類似性

上　野　達　弘

第1節　はじめに

　人が著作物を創作すると著作権を取得する。著作権は、著作物の利用に関する排他的権利であるから、他人が自己の著作物を無断利用すると原則として著作権侵害になる。その場合、著作権を有する者（以下「原告」とする）は、当該無断利用者（以下「被告」とする）に対して、差止請求（著作権法 112 条 1 項）や損害賠償請求（民法 709 条）を行うことができる。

　このとき、原告著作物と被告著作物がまったく同一であれば問題ないが、そうではなく "似ている" に過ぎない場合、著作権侵害に当たるかどうかが問題となる。もし、被告著作物が原告著作物と多少似てはいるけれども、別の著作物だというべき場合は、著作権侵害に当たらない。では、どれほど "似て" いれば著作権侵害に当たるのであろうか。このように、著作権侵害の要件として、被告著作物が原告著作物と同一または類似であることを、講学上、「類似性」という[1]。

　著作権には多数の支分権（例：複製権、上演権、演奏権、上映権、公衆送信権）が含まれるが（著作権法 21 条〜26 条の 3）、どの権利についても、その侵害に当たるためには類似性が必要である。例えば、被告が、ある音楽を公に演奏したり、ある映画を公に上映したりしているとき、それが原告の有する演奏権や上

---

[1]　なお、著作権侵害に当たるためには、類似性に加えて依拠性が必要である（最判昭和 53 年 9 月 7 日民集 32 巻 6 号 1145 頁〔ワン・レイニー・ナイト・イン・トーキョー事件：上告審〕参照）。したがって、たとえ類似性があっても依拠性がなければ著作権侵害にならない（島並良＝上野達弘＝横山久芳『著作権法入門〔第 3 版〕』〔有斐閣、2021 年〕305 頁以下 [上野] 参照）。詳しくは、上野達弘「著作権侵害訴訟における依拠性に係る要件事実」伊藤滋夫編『知的財産法の要件事実』（日本評論社、2016 年）131 頁参照。

映権の侵害に当たるためには、原告著作物と被告著作物の類似性が必要である。

このとき、被告が原告著作物に新たな創作性のある変更を加えた場合は、その行為自体が翻訳権・翻案権等（著作権法 27 条）の対象となり、また、そのようにして作成された被告著作物は原告著作物を原著作物とする二次的著作物（同法 2 条 1 項 11 号）となるため、当該二次的著作物の利用は同法 28 条の権利の対象となるが、これらの権利についても、その侵害に当たるためには類似性が必要である[2]。例えば、被告が原告著作物にアレンジを加え続けた結果、被告著作物が原告著作物とは類似性のないものになった場合、それはもはや原告著作物とは別の著作物なのであるから、著作権侵害に当たらないのである。

さらに、類似性は著作者人格権（公表権〔著作権法 18 条〕、氏名表示権〔同法 19 条〕、同一性保持権〔同法 20 条〕）の侵害要件でもある。例えば、他人の著作物に自己の氏名を著作者名として表示して公衆に提供提示すると氏名表示権の侵害に当たるが、被告著作物が原告著作物と類似性がない場合、それは原告著作物とは別の著作物なのであるから、氏名表示権の侵害に当たらないのである。

以上のように、著作物の類似性は、著作者の権利（著作者人格権・著作権）すべてに共通する侵害要件と位置づけられる。したがって、著作物の類似性は重要な役割を果たしているのであるが、その判断はしばしば容易でない。そこで、著作物の類似性をどのように判断すべきかが問題となるのである。

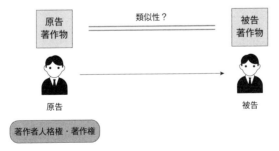

---

2)　なお、著作権法上、翻訳権・翻案権等（著作権法 27 条）は、二次的著作物を作成するという単発的な行為を対象とする権利であり、作成された二次的著作物を利用する行為は同法 28 条の権利がカバーしていることには注意を要する（上野達弘「著作権法における侵害要件の再構成（1）――『複製又は翻案』の問題性」知的財産法政策学研究 41 号 45 頁以下〔2013 年〕参照）。また、同法 27 条の権利は、翻訳権・編曲権・変形権・翻案権の 4 つの権利を含むものであり、

第2節　類似性とは

1　類似性=「表現上の本質的な特徴を直接感得」できること（判例）

　判例によれば、類似性は、「表現上の本質的な特徴を直接感得」できるかどうかによって判断される。

　そのルーツは、パロディ＝モンタージュ事件の最高裁判決に遡る[3]。同事件は、旧著作権法上の著作者人格権（同法18条1項）の侵害が問題になった事案で、最高裁は、「自己の著作物を創作するにあたり、他人の著作物を素材として利用することは勿論許されないことではないが、右他人の許諾なくして利用をすることが許されるのは、<u>他人の著作物における表現形式上の本質的な特徴をそれ自体として直接感得させない</u>ような態様においてこれを利用する場合に限られる」（下線筆者）と判示した。これは、「他人の著作物における表現形式上の本質的な特徴をそれ自体として直接感得させない」場合は、そもそも既存の著作物を利用したとは言えないのであるから、権利侵害に当たらないことを明らかにしたものと理解される。

　その後、江差追分事件の最高裁判決は、翻案権（著作権法27条）が問題になった事案において、「言語の著作物の翻案（著作権法27条）とは、既存の著作物に依拠し、かつ、その表現上の本質的な特徴の同一性を維持しつつ、具体的表現に修正、増減、変更等を加えて、新たに思想又は感情を創作的に表現することにより、これに接する者が<u>既存の著作物の表現上の本質的な特徴を直接感得することのできる</u>別の著作物を創作する行為をいう」（下線筆者）と判示した[4]。これは、被告著作物において「既存の著作物の表現上の本質的な特徴を直接感得すること」ができない場合は、もはや既存の著作物の翻案の域を超えており、被告著作物は原告著作物とは別の著作物なのであるから、著作権侵害に当たらないことを明らかにしたものと理解される。

　「翻案権」は、著作権法上の用語としては同条の権利を総称するものではない（同35頁以下参照）。

　3）　最判昭和55年3月28日民集34巻3号244頁〔パロディ＝モンタージュ事件：第一次上告審〕。

　同判決のこうした説示は、「言語の著作物の翻案」に関して述べられたものではあるが、同判決に従うならば、「表現上の本質的な特徴を直接感得」できない場合は、既存の著作物を利用したとは言えないことになるのであるから、「表現上の本質的な特徴を直接感得すること」というのは、既存の著作物を利用したと言えるかどうかに関する一般的な判断基準と理解することができ、このことは著作者の権利（著作者人格権・著作権）一般に当てはまる。実際のところ、近時の裁判例においては、「表現上の本質的な特徴を直接感得すること」という判断基準が、翻案権に限らず、複製権についても [5]、同一性保持権につ

---

4)　最判平成 13 年 6 月 28 日民集 55 巻 4 号 837 頁〔江差追分事件：上告審〕。

5)　東京高判平成 14 年 2 月 18 日判時 1786 号 136 頁〔雪月花事件：控訴審〕、東京地判平成 14 年 9 月 5 日判時 1811 号 127 頁〔サイボウズ事件：第一審〕、大阪高判平成 17 年 12 月 15 日（平成 17 年（ネ）第 742 号）〔風呂バンス事件：控訴審〕、大阪地判平成 21 年 3 月 26 日判時 2076 号 119 頁〔マンション読本事件〕、東京地判平成 22 年 1 月 29 日（平成 20 年（ワ）第 1586 号）〔箱根富士屋ホテル事件：第一審〕、東京地判平成 22 年 5 月 19 日判時 2092 号 142 頁〔美術鑑定証書事件：第一審〕、東京地判平成 23 年 5 月 20 日判時 2117 号 111 頁〔アクションおりがみ事件：第一審〕、知財高判平成 23 年 10 月 31 日（平成 23 年（ネ）第 10020 号）〔都議会議員ビラ写真事件：控訴審〕（第一審判決〔東京地判平成 23 年 2 月 9 日（平成 21 年（ワ）第 25767 号・第 36771 号）〕引用部分）、東京地判平成 23 年 11 月 29 日（平成 22 年（ワ）第 28962 号）〔マンモス画像事件：第一審〕、知財高判平成 24 年 1 月 31 日（平成 23 年（ネ）第 10052 号）〔刺青事件：控訴審〕（第一審判決〔東京地判平成 23 年 7 月 29 日（平成 21 年（ワ）第 31755 号）〕引用部分）、知財高決平成 24 年 3 月 16 日判時 2152 号 112 頁〔CR 松方弘樹の名奉行金さん事件〕、知財高判平成 24 年 4 月 25 日判時 2151 号 102 頁〔マンモス画像事件：控訴審〕、東京地判平成 24 年 12 月 18 日（平成 24 年（ワ）第 5771 号）〔ディスクパブリッシャー事件：第一審〕、東京地判平成 25 年 3 月 14 日（平成 23 年（ワ）第 33071 号）〔風にそよぐ墓標事件：第一審〕、知財高判平成 25 年 9 月 10 日（平成 25 年（ネ）第 10039 号）〔光の人事件：控訴審〕、東京地判平成 25 年 9 月 12 日（平成 24 年（ワ）第 36678 号）〔ナビキャスト事件〕、知財高判平成 25 年 9 月 30 日判時 2223 号 98 頁〔風にそよぐ墓標事件：控訴審〕、東京地判平成 25 年 10 月 22 日（平成 25 年（ワ）第 15365 号）〔創価学会動画発信者情報開示請求（GMO）事件〕、東京地判平成 25 年 11 月 29 日（平成 23 年（ワ）第 29184 号）〔プロ野球ドリームナイン事件：第一審〕、東京地判平成 26 年 3 月 14 日（平成 21 年（ワ）第 16019 号）〔旅 nesPro 事件：第一審〕、東京地判平成 26 年 4 月 30 日（平成 24 年（ワ）第 964 号）〔遠山の金さん事件〕、東京地判平成 26 年 5 月 30 日（平成 22 年（ワ）第 27449 号）〔美術鑑定証書 II 事件〕、知財高判平成 26 年 8 月 27 日判時 2245 号 72 頁〔部品屋 2007 事件：控訴審〕、東京地判平成 27 年 2 月 25 日（平成 25 年（ワ）第 15362 号）〔THE ナンバー 2 事件：第一審〕、東京地判平成 27 年 4 月 27 日（平成 26 年（ワ）第 26974 号）〔創価学会写真発信者情報開示請求（NTT コミュニケーションズ）事件〕、知財高判平成 27 年 6 月 24 日（平成 26 年（ネ）第 10004 号）〔プロ野球ドリームナイン事件：控訴審〕、知財高判平成 28 年 1 月 19 日（平成 26 年（ネ）第 10038 号）〔旅 nesPro 事件：控訴審〕、東京

いても6)、広く用いられている7)。つまり、演奏権であっても、上映権であっても、氏名表示権であっても、被告著作物において原告著作物の「表現上の本質的な特徴を直接感得すること」ができない場合は、権利侵害に当たらないのである。

　このことは、著作権法の文言からも裏付けられる8)。というのも、著作権法上、著作者の権利（著作者人格権・著作権）は、いずれも著作者を主語として、「その著作物」（またはその二次的著作物）（下線筆者）を客体とする行為を対象として規定されている。たとえ何者かが何らかの著作物を利用（例：複製、演奏、上映）したとしても、原告著作物との類似性がなければ、「その著作物」（つまり原告著作物）を利用したとは言えないため、権利侵害にならないからである9)。江差追分事件の最高裁判決も、「表現上の本質的な特徴を直接感得す

地判平成 28 年 2 月 25 日（平成 27 年（ワ）第 15789 号）〔ボディバストネックレス事件〕、知財高判平成 28 年 3 月 23 日（平成 27 年（ネ）第 10102 号）〔字幕制作用ソフト Babel 事件：控訴審〕、知財高判平成 28 年 4 月 27 日判時 2321 号 85 頁〔接触角計算（液滴法）プログラム事件：控訴審〕、東京地判平成 28 年 6 月 23 日（平成 26 年（ワ）第 14093 号）〔教材イラスト事件〕（「特徴部分」とする）、知財高判平成 28 年 6 月 29 日（平成 27 年（ネ）第 10042 号）〔THE ナンバー 2 事件：控訴審〕、知財高判平成 28 年 11 月 10 日（平成 28 年（ネ）第 10050 号）〔EM 菌事件：控訴審〕、知財高判平成 29 年 1 月 24 日（平成 28 年（ネ）第 10091 号）〔「なぜ東京国際映画祭は世界で無名なのか」事件：控訴審〕（第一審判決〔東京地判平成 28 年 8 月 19 日（平成 28 年（ワ）第 3218 号）〕引用部分）、東京地判平成 30 年 3 月 29 日判時 2387 号 121 頁〔コーヒーを飲む男性事件〕、東京地判平成 30 年 6 月 19 日（平成 28 年（ワ）第 32742 号）〔久保田一竹美術館事件〕、知財高判令和元年 12 月 26 日金商 1591 号 32 頁〔ペンギン写真事件：控訴審〕参照。

6)　知財高判平成 18 年 12 月 6 日（平成 18 年（ネ）第 10045 号）〔小学生用国語テスト事件：控訴審〕（第一審判決〔東京地判平成 18 年 3 月 31 日判タ 1274 号 255 頁〕引用部分）、東京地判平成 23 年 8 月 19 日（平成 22 年（ワ）第 5114 号）〔スペースチューブ事件：第一審〕、知財高判平成 24 年 8 月 8 日判時 2165 号 42 頁〔釣りゲータウン 2 事件：控訴審〕、東京地判平成 25 年 3 月 25 日（平成 24 年（ワ）第 4766 号）〔光の人事件：第一審〕参照。

7)　ただし、現行法上の複製権について、旧法下の判例（前掲注 1）最判昭和 53 年 9 月 7 日〔ワン・レイニー・ナイト・イン・トーキョー事件〕）を「参照」した上で、「内容及び形式を覚知させる」というフレーズを用いるものがあるが、その問題性について、上野達弘「〈講演録〉著作権法に関する最高裁判決の射程──最高裁判決のミスリード？」コピライト 686 号 5 頁以下（2018 年）参照。

8)　上野達弘「著作権法における侵害要件の再構成（2・完）──『複製又は翻案』の問題性」知的財産法政策学研究 42 号 76 頁以下（2013 年）、島並ほか・前掲注 1）304 頁以下〔上野〕参照。

9)　このように考えると、類似性（＝「表現上の本質的な特徴を直接感得すること」）というのは、行為（例：複製、翻案、演奏）の成否の問題ではなく、"客体"〔物的保護範囲〕の問題と言

ること」と判示する際、その主語として、「翻案とは」ではなく、「著作物の翻
案とは」（下線筆者）と述べており、これも同じ考えに基づくものと理解され
る。

2　「類似性」という名称について [10]

　以上のように、著作物の「類似性」とは、判例のいう「表現上の本質的な特
徴を直接感得すること」に相当するものである [11]。
　もっとも、他の知的財産法と異なり [12]、著作権法においては、権利に関連
して「類似」という用語が用いられていないため、従来の裁判実務では、著作
権法上の侵害要件として「類似性」という用語は必ずしも積極的に用いられて
いない。その代わりに、旧著作権法においては現行法と異なり「複製」という
用語が著作物利用の総称として用いられていたことや、現実に複製権や翻案権
が問題になるケースが多いことから、「複製」あるいは「複製又は翻案」の成
否として論じられることが少なくない [13]。
　ただ、判例のいう「表現上の本質的な特徴を直接感得すること」というもの
は、先述のように、既存の著作物を利用したと言えるかどうかに関する一般的
な判断基準と解され、それは講学上の「類似性」と一致するものである。その
ため、近時の文献においては、侵害要件として「類似性」という用語が広く用

　うべきである。このことは、特許法において、"相手方の製品または方法（イ号物件）が特許発
　明の技術的範囲に属する" かという問題（いわゆる「属否」の問題）が、客体の問題であって、
　実施行為（例：生産、使用）の問題でないのと同じである。詳しくは、上野・前掲注 8) 68 頁以
　下参照。
10)　上野達弘「知的財産法要件事実研究会を終えて」伊藤滋夫編『知的財産法の要件事実』（日本
　評論社、2016 年）231 頁以下も参照。
11)　なお、江差追分事件の最高裁判決以降は、パロディ事件の最高裁判決のいう「表現形式上の
　本質的な特徴」（下線筆者）という表現に代えて、「表現上の本質的な特徴」という表現が広く用
　いられている。
12)　例えば、意匠法上、意匠権は「業として登録意匠及びこれに類似する意匠の実施をする権利」
　と規定され（同法 23 条本文）、商標法上、「登録商標に類似する商標」の使用が商標権侵害とみ
　なされ（同法 37 条）、不正競争防止法上、他人の商品等表示と「同一若しくは類似」の商品等表
　示の使用が不正競争行為と規定されている（同法 2 条 1 項 1 号・2 号）。
13)　もっとも、その問題性について、上野・前掲注 2) 66 頁以下、同・前掲注 8) 39 頁以下参照。

いられている[14]。さらに、最近では裁判例においても「類似性」という用語を用いるものが増えつつある[15]。

3　「創作的表現の共通性」が前提

　では、どのような場合に、著作物の類似性（＝「表現上の本質的な特徴を直接感得」できること）が肯定されるのであろうか。

　この点に関しては、後述（第3節5）する議論もあるが、次の点では異論がない。すなわち、類似性（＝「表現上の本質的な特徴を直接感得」できること）が肯定されるためには、前提として、原告著作物と被告著作物の間で「創作的表現」における共通性が必要だということである。言い換えれば、原告著作物と被告著作物の間で「創作的表現」における共通性が認められない場合は、常に類似性（＝「表現上の本質的な特徴を直接感得」できること）が否定されるのである。

　このことは著作物の定義から導かれる。つまり、「著作物」とは、「思想又は感情を<u>創作的に表現したもの</u>」（下線筆者）と定義されており（著作権法2条1

---

14)　田村善之『著作権法概説〔第2版〕』（有斐閣、2001年）58頁以下、同『知的財産法〔第5版〕』（有斐閣、2010年）438頁以下、中山信弘『著作権法〔第3版〕』（有斐閣、2020年）716頁以下、島並ほか・前掲注1）304頁以下〔上野〕、田村善之＝高瀬亜富＝平澤卓人『プラクティス知的財産法Ⅱ 著作権法』（信山社、2020年）27頁以下、愛知靖之＝前田健＝金子敏哉＝青木大也『知的財産法』（有斐閣、2018年）282頁以下〔愛知〕、平嶋竜太＝宮脇正晴＝蘆立順美『入門知的財産法〔第2版〕』（有斐閣、2020年）209頁以下〔蘆立〕、相澤英孝＝西村あさひ法律事務所編著『知的財産法概説〔第5版〕』（弘文堂、2013年）191頁以下、松村信夫＝三山峻司『著作権法要説〔第2版〕』（世界思想社、2013年）347頁、前田健＝金子敏哉＝青木大也編『図録知的財産法』（弘文堂、2021年）34頁以下〔高野慧太〕、志田陽子＝比良友佳理『あたらしい表現活動と法』（武蔵野美術大学出版局、2018年）194頁以下、高野慧太「著作物の類似性要件における創作インセンティヴと市場代替性──日米の比較の観点から」同志社大学知的財産法研究会編『知的財産法の挑戦Ⅱ』（弘文堂、2020年）207頁等参照。

15)　最近のものとして、知財高判平成19年12月28日（平成18年（ネ）第10049号）〔パフォーマンス・メンタリング事件：控訴審〕、東京地判平成20年7月4日（平成18年（ワ）第16899号）〔博士イラスト事件〕、大阪地判平成22年2月25日（平成21年（ワ）第6411号）〔猫のぬいぐるみ事件〕、前掲注5）東京地判平成26年4月30日〔遠山の金さん事件〕、知財高判平成28年12月8日（平成28年（ネ）第10067号）〔バシッときめたいそう事件：控訴審〕、大阪地判平成31年4月18日（平成28年（ワ）第8552号）〔眠り猫事件〕、東京地判令和2年3月19日（平成30年（ワ）第33203号）〔Linect事件〕等参照。

項1号）、著作者の権利の対象となる著作物は「創作的表現」である。したがって、原告著作物と被告著作物の間に「創作的表現」における共通性がない場合は、そもそも被告が原告著作物を利用したとは言えず、権利が及ばないのは当然だからである。

　江差追分事件の最高裁判決も、「著作権法は、思想又は感情の創作的な表現を保護するものであるから（同法2条1項1号参照）、既存の著作物に依拠して創作された著作物が、思想、感情若しくはアイデア、事実若しくは事件など表現それ自体でない部分又は表現上の創作性がない部分において、既存の著作物と同一性を有するにすぎない場合には、翻案には当たらないと解するのが相当」と判示しており、これは同趣旨を明らかにしたものと理解される。

　では、「創作的表現」の共通性とは、どのようなことを意味するのであろうか。それは、①「表現」の共通性と、②「創作性」のある表現部分の共通性という2つの意味を持つ[16]。

(1) 「表現」の共通性が必要（アイディア／表現二分論）

　第一に、類似性が肯定されるためには、原告著作物と被告著作物の間における「表現」の共通性が必要である。

　著作物とは「思想又は感情を……<u>表現したもの</u>」（下線筆者）と定義されており、著作権保護を受けるのは「表現」であって、「思想又は感情」（＝アイディア）ではない（これを「アイディア／表現二分論」という）。したがって、類似性の判断において問題になるのは、あくまで「表現」の共通性であり、「アイディア」の共通性ではないからである。

　例えば、『ハリー・ポッター』という小説は具体的な表現であるから、この小説を無断でコピーして販売すると著作権侵害になる。他方、この小説のもとになっている"魔法使いの少年が登場するファンタジー小説"という抽象的なアイディアは表現ではない。したがって、このアイディアだけを無断利用して

---

16)　なお、「表現」に当たるかどうかの問題と、表現に「創作性」が認められるかどうかの問題は、議論において錯綜しがちである。たしかに、両者は著作権保護が他者の自由を過度に制約しないようにする点において一定の目的を共有するものの、前者（抽象度の問題）と後者（選択の幅と個性の問題）は基本的に別の問題というべきである。

も著作権侵害にならないのである。

　このことは次のように正当化できよう。すなわち、もし"魔法使いの少年が登場するファンタジー小説"という抽象的なアイディアが著作権によって保護されてしまうと、他者はこれをもとにして魔法使いの少年が登場する何らかのファンタジー小説を書くことが基本的にできなくなってしまう。これでは、当該アイディアをもとにした多様な表現活動が根本から制約されてしまうことになりかねない。いわば、川の上流で流れを堰き止めてしまうと下流にまったく水が流れなくなってしまうのと同じである。これに対して、上流をフリーにしておけば下流には多数の支流が形成される。このように、抽象的なアイディアを著作権で保護しないことは、他者の多様な表現活動を確保し、結果として文化の発展に寄与することにつながると考えられるのである[17]。

　このように、アイディアは著作権保護を受けない。上記のほか、"元気が出るアップテンポの行進曲""キリッとした表情が愛らしい柴犬イラスト""女子高生が新任高校教師と恋に落ちるドラマ"といったものも抽象的なアイディアであり、それ自体は著作権保護を受けない。たとえそのアイディアが過去に存在しない独創的なものであっても同じである[18]。

　以上のように、原告著作物と被告著作物の間で、抽象的な「アイディア」が共通するだけで、「表現」の共通性が認められない場合は、類似性が否定されるのである。

⑵　「創作性」ある表現の共通性が必要
　第二に、類似性が肯定されるためには、「創作性」ある表現の共通性が必要

---

17)　以上について、上野達弘「表現とアイディア〔脳波数理解析論文事件：控訴審〕」著作権判例百選〔第4版〕4頁以下参照。

18)　例えば、東京地判平成10年6月29日判時1667号137頁〔地獄のタクシー事件〕は、「動物が人間の姿になって人間を襲うという話は、以前から多くの映画や漫画に取り上げられたが、ネズミが人間のような姿になって手術をするという話は、本件著作物より前には存せず、これは原告の創作に係るものと認められ、この点で本件著作物と本件番組は類似するといえる。しかし、原告の創作にかかる右のような話は、それ自体としては、アイデアに過ぎないものといわざるを得ないのであり、その点が似ているからといって、直ちに本件著作物の表現形式上の本質的特徴を本件番組から直接感得することができることにはならない」と述べている。

である。

　著作物とは「創作的に表現したもの」（下線筆者）と定義されており、著作権保護を受けるのは単なる表現ではなく、創作性のある表現である。したがって、類似性の判断において問題になるのは、あくまで「創作的」な表現の共通性であり、創作性のない表現の共通性ではないからである。

　例えば、ミッフィーやスヌーピーのようなイラストは創作的な表現と言えるため、このイラストを無断コピーして販売すると著作権侵害になる。しかし、"うさぎの耳が長くて立っている" ことや、"ビーグル犬の耳が長く垂れている" ことは、うさぎやイヌを描こうとすれば誰でも行うありふれた表現であり、その部分は「創作性」のある表現とは言えない。したがって、その部分だけを他人が無断利用しても著作権侵害にはならないのである。

　このことは次のように正当化できよう。すなわち、もし "うさぎの耳が長くて立っている" というありふれた表現が著作権によって保護されてしまうと、他者は耳が長く立っているうさぎのイラストを描くことが基本的にできなくなってしまう。これでは、誰が行っても同じような表現にならざるを得ない表現が著作権によって独占される結果、他者の表現活動が過度に制約されてしまいかねないため、著作権保護の許容性を欠くと言えよう。また、そのような創作性のない表現は作者の個性が発揮されているとは言い難いため、著作権保護の必要性を欠くと言えよう。

　このように、創作性のない表現は著作権保護を受けない。上記のほか、"象のイラストにおいて鼻が長い" ことや、"特定の災害を報道した記事において事実を記述した部分" といったものも創作性のない表現であり、それ自体は著作権保護を受けない。

　以上のように、原告著作物と被告著作物の間で、アイディアのみならず「表現」が共通するとしても、「創作性」ある表現が共通すると言えない場合は、類似性が否定されるのである。

第3節　課　題

　以上については基本的にコンセンサスがあると思われるが、著作物の類似性をめぐっては多数の課題がある。

1　アイディア／表現

　第一に、アイディアと表現をどのように区別するかという問題がある。アイディアと表現の間には抽象度に応じた連続的な段階があり、両者の境界線は明確でないからである。

　例えば、小説『世界の中心で、愛をさけぶ』（片山恭一著）を例にとると、①"高校生が登場する恋愛物語"というものがアイディアであることに異論はなかろう。また、②"高校生が登場する恋愛物語"で、かつ、"主人公の男子高校生が、同級生の恋人を白血病で亡くす"ものというものもアイディアであると考えられよう。では、③"高校生が登場する恋愛物語"で、"主人公の男子高校生が、同級生の恋人を白血病で亡くす"ものであり、かつ、"彼女を忘れられずに遺骨を17年間持ち歩いている"ものは、アイディアであろうか。

　このように、アイディアが具体化されていくと、どこかで表現の域に達する。一つ一つが単体ではアイディアに過ぎないものであっても、複数のアイディアがAND条件で組み合わせられると、それだけ具体性が高まる。したがって、それが一定の程度を超えると、そうしたアイディアの複合体が表現に当たることになるのである。

　では、どのようにしてアイディアと表現の間の境界線を引くべきなのであろうか。そこでは、著作権保護の趣旨に立ち返って判断することになる。先述したように、アイディアが著作権保護を受けない趣旨は、同じアイディアをもとにした多様な表現活動が過剰に制約されないようにして、文化の発展に寄与することにある。このことからすれば、類似性判断におけるアイディア／表現の区別も、そのような趣旨に照らして、どこで線を引けば、他者の表現活動が過

剰に制約されないと言えるかを判断することになろう。

　このように見てくると、アイディア／表現二分論というのは、著作権保護を認めるに相応しい程度の具体性を有するものを「表現」を呼び、そのような具体性を有しないものを「アイディア」と呼んでいることになるのかも知れない。いずれにしても、具体的事例に則しつつ、どの程度の抽象度でアイディア／表現の境界線を引くべきかという問題は、著作権法学にとって永遠の課題である。

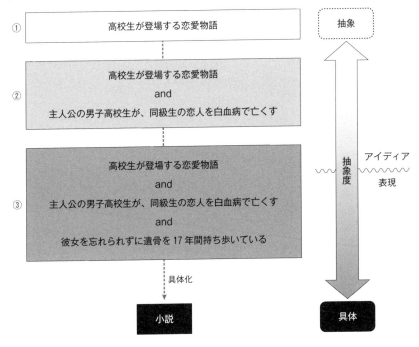

2　創作性

第二に、創作性の有無をどのように判断するかという問題がある[19]。

---

19)　詳しくは、上野達弘「創作性」高林龍＝三村量一＝竹中俊子編集代表『現代知的財産法講座
　　Ⅰ　知的財産法の理論的探究』(日本評論社、2012 年) 181 頁参照。

　従来の議論によれば、「創作性」とは、表現者の個性が何らかの形であらわれていれば足り、独創性（客観的に他人の表現と異なること）や新規性（客観的に新しいこと）までは必要ないが、ある表現を行おうとすれば誰がやっても同じようなものにならざるを得ない「ありふれた表現」は、個性があらわれているとは言えず、創作性が否定される。

　これを整理すると、以下のようなものは創作性が否定されると考えられる。

　一つ目に、知的活動を欠くものである[20]。例えば、他人の長編小説や絵画をそのまま丸写ししただけのものや、1年365日の最高／最低気温を網羅的に記録しただけのものは、そこにいくら多大な身体的労力や経済的コストが注ぎ込まれていたとしても、創作性は否定される。これは、著作権保護というのは知的活動に与えられるものであり、身体的労苦（「額の汗」と言われる）は著作権保護に相応しくないという考えに基づく。

　二つ目に、ありふれた表現（誰が行っても同じようなものになる表現）である。例えば、「人気お笑いグループ『ザ・ドリフターズ』で活躍したタレントの志村けん（しむら・けん）さんが3月29日午後11時10分、新型コロナウイルスによる肺炎のため、東京都内の病院で死去した。70歳だった。告別式は近親者で行う。」という死亡記事は創作性が否定されよう。たしかに、人間が自らこれを作文したのであれば、他人の記事を丸写ししたわけでないから、そこに知的活動はあると言える。しかし、この記事が伝えようとしている事実を100文字程度で表現しようとすると、誰がやってもおおむね同じような表現になると考えられ、この文章はありふれていると評価されるからである。これは、著作権保護を受けるのは個性のあらわれた表現であり、ありふれた表現は著作権保護を受けないという考えに基づく。著作権法10条2項が、「事実の伝達にすぎない雑報及び時事の報道」は著作物に該当しないと定めているのも同趣旨に基づく。

　その上で、近時の議論によれば、創作性は、「選択の幅」という観点から説明されることが多い。すなわち、あるアイディアを表現しようとする際、表現の選択の幅が狭い場合（例：ある人の死亡記事を100文字で書く）には、個性を

---

20)　加戸守行『著作権法逐条講義〔六訂新版〕』（著作権情報センター、2013年）22頁以下も同旨。

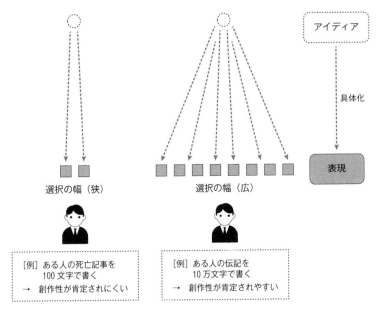

発揮しようがないため、創作性が肯定されにくいのに対して、表現の選択の幅が広い場合（例：ある人の伝記を10万文字で書く）は、様々に個性を発揮し得るため、創作性が肯定されやすいと考えられるのである。

　このことは次の観点からも正当化されよう。すなわち、選択の幅が狭い場合は、あるアイディアを表現しようとすれば同じような表現を採用せざるを得ないのであるから、ある表現に著作権保護を与えてしまうと、他者の表現の自由が過剰に制約されることになりかねないのに対して、選択の幅が広い場合は、他者には他の表現を選択する余地が広く残されているのであるから、仮に特定の表現に著作権保護を認めたとしても、他者の表現の自由が制約される程度は低いと考えられるというわけである。

　以上のような説明は、著作物の著作者にとっての「選択の幅」を論じるものであり、従来の議論において個性の発揮と言われてきたものを「選択の幅」という観点から再構成するものと言える（創作法的選択の幅論）[21]。もっとも、選

---

21)　以上について、上野達弘「表現の選択の幅〔ライブドア裁判傍聴記事件：控訴審〕」著作権判

択の幅が広い中から選ばれた表現であれば常に創作性が肯定されるわけではな
く、ありふれた表現（いわば"王道"の表現）は創作性が否定されると考えら
れ、このことをどのように説明すべきかが問題となる[22]。また、最近の議論
では、著作物の著作者にとっての「選択の幅」ではなく、競争者にとっての
「選択の幅」を論じる見解も有力に主張されている（競争法的選択の幅論）[23]。

　このように、創作性をめぐっては、その意味や趣旨に関して様々な議論があ
り、それは類似性判断にも直結することになる。今後もさらなる検討が求めら
れよう。

3　創作性の高低と類似性判断

　第三に、創作性の高低と類似性判断の関係をどのように考えるかという問題
がある。

　近時、類似性判断において原告著作物の創作性の高低を考慮する考え方が一
般的である。つまり、創作性が高い場合は類似性が肯定されやすく（保護範囲
が広い）、他方、創作性が低い場合は類似性が肯定されにくい（保護範囲が狭
い）と考えられるのである。裁判例においても、このような考え方は定着して
いるように思われる[24]。

　　例百選〔第 6 版〕8 頁参照。

22)　詳しくは、上野・前掲注 19) 200 頁以下参照。

23)　中山信弘「創作性についての基本的考え方」著作権研究 28 号 6 頁（2001 年）、同・前掲注
　　14) 70 頁以下等参照。議論の整理について、上野・前掲注 19) 198 頁以下参照。

24)　東京地判平成 10 年 5 月 29 日知財裁集 30 巻 2 号 296 頁〔知恵蔵事件：第一審〕、東京地判平
　　成 10 年 11 月 27 日判時 1675 号 119 頁〔壁の世紀事件〕、大阪地判平成 11 年 9 月 21 日判時 1732
　　号 137 頁〔デザイン書体「趣」事件〕、東京高判平成 12 年 11 月 30 日（平成 10 年（ネ）第 3676
　　号）〔アサバン事件：控訴審〕、東京高判平成 13 年 9 月 27 日判時 1774 号 123 頁〔解剖学実習事
　　件：控訴審〕、東京高判平成 13 年 10 月 30 日判時 1773 号 127 頁〔チャイルドシート・スローガ
　　ン事件：控訴審〕、前掲注5) 東京地判平成 14 年 9 月 5 日〔サイボウズ事件：第一審〕、東京高
　　判平成 14 年 10 月 29 日（平成 14 年（ネ）第 2887 号・第 4580 号）〔ホテル・ジャンキーズ事
　　件：控訴審〕、東京高判平成 16 年 11 月 24 日（平成 14 年（ネ）第 6311 号）〔ファイアーエムブ
　　レム事件：控訴審〕、知財高判平成 18 年 3 月 29 日判タ 1234 号 295 頁〔スメルゲット事件：控訴
　　審〕、知財高判平成 18 年 5 月 31 日（平成 17 年（ネ）第 10091 号）〔空港案内図事件：控訴審〕、
　　東京地判平成 20 年 1 月 31 日（平成 18 年（ワ）第 13803 号）〔パズル事件〕、知財高判平成 27 年

　たしかに、原告著作物の創作性が高ければ高いほど、原告著作物と被告著作物の間における「創作的表現」の共通性は認められやすくなると考えられるため、結果として類似性が肯定されやすくなるのは当然であろう。また、このことは次のような観点からも正当化できよう[25]。

　一つ目に、著作者側の観点である。すなわち、著作権法上の創作性というものを人間の知的活動のあらわれと理解するならば、選択の幅が広く存在する状態で特定の表現をまさに選んだという点に知的活動が認められ、このことによって著作権保護が基礎づけられることになる。つまり、創作性が高い場合はそれ相応の知的活動を行ったのであるから、より強い保護が与えられて然るべきだということになる。

　二つ目に、利用者側の観点である。すなわち、創作性が高い（選択の幅が広く存在する）場合は、ある特定の表現について独占を認めたとしても、他者にとってはなお他の表現を選択する余地が広く残されているのであるから、他者の表現の自由が制約される程度は低いということになる。逆に、創作性が低い場合に類似性を容易に肯定してしまうと、他者に残された表現の幅は狭くなってしまい、他者の表現の自由が制約される程度は高くなってしまうのである。

4　創作的表現の共通性の判断方法

　第四に、「創作的表現の共通性」をどのような手法で判断すべきかという問題がある。従来の議論によれば、次のような 2 つの手法がある[26]。

(1)　二段階テスト

　一つ目に、①原告著作物の「創作的表現」を抽出した上で、②その「創作的表現」が被告著作物に存在するかどうかを判断する方法である（「二段階テスト」と呼ばれる）。

---

　4 月 14 日判時 2267 号 91 頁〔TRIPP TRAPP 事件：控訴審〕等参照。

25)　上野・前掲注 19) 207 頁以下参照。

26)　田村・前掲注 14)『著作権法概説〔第 2 版〕』48 頁参照。

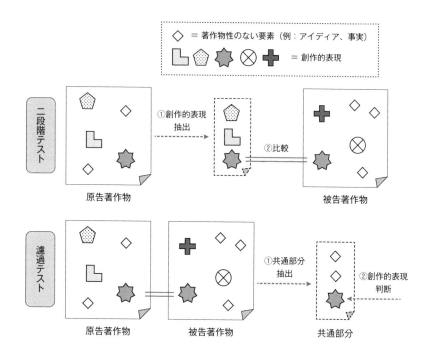

(2)　濾過テスト

　二つ目に、①原告著作物と被告著作物の共通部分を抽出した上で、②そのような共通点が「創作的表現」と言えるかどうかを判断する方法である（「濾過テスト」と呼ばれる）。

(3)　検　討

　上記2つの手法は、いずれも「創作的表現の共通性」の有無を判断するものである。したがって、いずれの手法に従っても結論は変わらないはずである[27]。ただ、例えば、原告著作物が長編小説であり、その中の数行の文章表現に関して被告著作物との類似性が問題になる事案であれば、二段階テストに

---

27)　田村・前掲注14）『著作権法概説〔第2版〕』48頁も、「運用の仕方さえ誤らなければ、いずれの方法を採っても、著作権侵害の要件に本来、変わるところはないはずである」とする。

従って、わざわざ原告著作物全体の創作的表現を抽出することは無駄が大きい。そのような事案の場合は、濾過テストに従って、原告著作物と被告著作物の共通部分である文章表現を抽出した上で、そのような文章表現が創作的表現と言えるかどうかを判断する方が効率的と言えよう。

　また、そもそも原告作品の著作物性の有無が問題となり得るような事案において、最終的に著作権侵害を否定する結論を出す場合は、濾過テストに従って、少なくとも原告著作物と被告著作物の共通部分は「創作的表現」に当たらないと判断することによって、原告作品の著作物性に関する判断をせずに済ますことが可能になり、訴訟経済上、効率性が高いという考えもあろう。

　以上のように、2つの手法は、基本的には事案に応じて採用されるものと考えられる。ただ、いずれの手法を採用するかによって類似性に関する印象が異なってくる可能性があるとも考えられ、今後も検討を要しよう。

5　類似性（＝「表現上の本質的な特徴を直接感得」できること）の意味

　第五に、類似性（＝「表現上の本質的な特徴を直接感得」できること）の意味をどのように理解するかという問題がある。この点に関しては様々な議論があるが、さしあたり以下の2つの考え方に整理できよう[28]。

(1)　創作的表現一元論

　一つ目に、類似性（＝判例のいう「表現上の本質的な特徴を直接感得」できること）を「創作的表現の共通性」の有無によって判断する考え方がある（「創作的表現の共通性一元論」「創作的表現一元論」等と呼ばれる）[29]。これに従うと、原

---

[28]　上野・前掲注8）65頁以下、上野達弘「著作権法の柔軟性と明確性」野村豊弘先生古稀記念『知的財産・コンピュータと法』（商事法務、2016年）34頁以下、田村ほか・前掲注14）34頁以下、高野・前掲注14）207頁以下も参照。

[29]　田村・前掲注14）『著作権法概説〔第2版〕』58頁以下、田村ほか・前掲注14）34頁以下、田村善之「著作権の保護範囲に関し著作物の『本質的な特徴の直接感得性』基準に独自の意義を認めた裁判例（1）（2・完）——釣りゲータウン2事件」知的財産法政策学研究41号79頁・42号89頁（2013年）、上野達弘「ドイツ法における翻案——『本質的特徴の直接感得』論の再構成」著作権研究34号28頁（2008年）、同・前掲注8）65頁以下、駒田泰土「複製または翻案に

告著作物と被告著作物の間で「創作的表現の共通性」があると評価されれば、それだけで類似性が肯定されることになる。

江差追分事件の最高裁判決のいう「既存の著作物の表現上の本質的な特徴を直接感得することのできる」（下線筆者）という説示からは、①「表現」および②「本質的な特徴」という2つの要素を抽出できるところ、①はアイディアではなく「表現」の部分の共通性が問題になることを述べ、②は表現のうち「本質的な特徴」の共通性が問題になることを述べたものと理解できる。ここで「本質的な特徴」というものを「創作性のある部分」と理解すれば、結局のところ、「表現上の本質的な特徴」というのは「創作的表現」に他ならないことになる。これに従うと、同判決の判旨1（「著作物の翻案……とは、……既存の著作物の表現上の本質的な特徴を直接感得することのできる別の著作物を創作する行為をいう」）と判旨2（「既存の著作物に依拠して創作された著作物が、……表現それ自体でない部分又は表現上の創作性がない部分において、既存の著作物と同一性を有するにすぎない場合には、翻案には当たらない」）は、「創作的表現の共通性」がない場合は権利侵害に当たらないことを明らかにした点で一致すると理解されることになる。

このような見解の背景には、著作者の権利はあくまで「著作物」を客体とするものであるから、著作者の権利が「創作的に表現したもの」（著作権法2条1項1号）に及ぶのは当然であるという考えがある。

(2) 全体比較論／直接感得性独自基準説

二つ目に、類似性（＝判例のいう「表現上の本質的な特徴を直接感得」できること）を「創作的表現の共通性」のみで判断するのではなく、それ以外の作品の

おける全体比較論への疑問」斉藤博先生御退職記念『現代社会と著作権法』（弘文堂、2008年）304頁、同「表現の全体（まとまり）は部分についての翻案を否定しうるか——釣りゲータウン2事件知財高裁判決の検討」知的財産法政策学研究43号109頁（2013年）、前田哲男「翻案の判断における比較の対象と視点」著作権研究34号84頁以下（2008年）、同「翻案の概念」野村豊弘先生古稀記念『知的財産・コンピュータと法』（商事法務、2016年）103頁、高林龍『標準著作権法〔第4版〕』（有斐閣、2019年）80頁以下、岡村久道『著作権法〔第5版〕』（民事法研究会、2021年）439頁以下（ただし「同一性」と呼ぶ）、荒竹純一『ビジネス著作権法——侵害論編』（中央経済社、2014年）2頁・94頁以下等参照。

全体ないし「もう少し広いまとまり」「まとまりのある部分」における両者の相違部分を考慮して判断する考え方がある（「全体比較論」「直接感得性独自基準説」等と呼ばれる）[30]。これに従うと、原告著作物と被告著作物の間で「創作的表現の共通性」があると評価されても、それだけで類似性が肯定されるとは限らず、作品全体における相違点の存在や第三者の認識等の事情を考慮して、新たに作成された作品の「全体」においてそれが埋没しており「色あせている」と言えるような場合は、類似性が否定されることになる。

　このような考え方は従来のドイツ法に見られる。ドイツ著作権法は、「改作物」（Umgestaltungen）の公表および利用について権利が及ぶと定める一方（同法 23 条）、「他人の著作物の自由利用によって創作された独立の著作物」は自由に公表および利用できるとする規定を有している（同法 24 条）。ここにいう「自由利用」（Freie Benutzung）とは、「既存の著作物から借用された個性的な特徴（individuelle Züge）が、新たに創作された著作物の個性に対して色あせている（verblassen）場合」とされ、形式的に見れば既存の著作物が「認識可

---

30)　それぞれ位置づけは容易でないものの、島並良「二次創作と創作性」著作権研究 28 号 32 頁以下（2003 年）、髙部眞規子「判例からみた翻案の判断手法」著作権研究 34 号 4 頁（2008 年）、同「著作物性と著作物の複製・翻案」髙林龍＝三村量一＝竹中俊子編集代表『現代知的財産法講座 II　知的財産法の実務的発展』（日本評論社、2012 年）239 頁、同「著作権侵害の判断再考」野村豊弘先生古稀記念『知的財産・コンピュータと法』（商事法務、2016 年）63 頁以下、同『実務詳説著作権訴訟〔第 2 版〕』（金融財政事情研究会、2019 年）267 頁以下、横山久芳「翻案権侵害の判断構造」斉藤博先生御退職記念『現代社会と著作権法』（弘文堂、2008 年）281 頁、同「〈講演録〉翻案権侵害の判断基準の検討」コピライト 609 号 2 頁（2012 年）（もっとも、自説を「共通部分の直接感得性に影響を及ぼす限りにおいて、相違部分が考慮される」考えとして、これを「直接感得性説」と呼ぶ〔24 頁〕）、同「著作権侵害訴訟における類似性判断に係る要件事実」伊藤滋夫編『知的財産法の要件事実』（日本評論社、2016 年）112 頁、菊池絵理「翻案権と複製権」牧野利秋ほか編『知的財産訴訟実務大系 III　著作権法、その他、全体問題』（青林書院、2014 年）99 頁以下、椙山敬士「著作権の侵害と差止——意味と無意味」中山信弘先生古稀記念『はばたき——21 世紀の知的財産法』（弘文堂、2015 年）701 頁、奥邨弘司「翻案権侵害における全体比較論——米国における実質的類似性判断手法の紹介と若干の検討」L&T 66 号 22 頁（2015 年）（わが国の全体比較論について、「著作権の排他性を市場のレベルで担保するという視点」〔同 30 頁参照〕からの再構成を提案する）、中山・前掲注 14）721 頁、小泉直樹『知的財産法』（弘文堂、2018 年）302 頁以下等参照。裁判例においても、大阪高判平成 14 年 6 月 19 日判タ 1118 号 238 頁〔コルチャック先生 I 事件：控訴審〕、大阪高判平成 14 年 9 月 18 日〔コルチャック先生 II 事件：控訴審〕、前掲注 6）知財高判平成 24 年 8 月 8 日〔釣りゲータウン 2 事件：控訴審〕、前掲注 5）東京地判平成 25 年 11 月 29 日〔プロ野球ドリームナイン事件：第一審〕参照。

能」な形で残っているとしても、広い意味で「色あせている」場合（例：パロディ）はこれに当たるとされる。そこでは既存の著作物の個性の程度のみならず、新たに創作される著作物の個性の程度が考慮され、新たに加えられる個性が強ければ強いほど、既存の著作物の個性は色あせやすくなるとされる（「創作性相関関係説」と呼ばれる)31)。

　このような考えに従うと、たとえ被告著作物において原告著作物の「創作的表現」が認識可能な形で残っているとしても、被告作品における相違点の存在、新たに付加された創作的表現の大きさ、あるいは全体的な印象等の諸事情を考慮して、被告作品の全体ないし「もう少し広いまとまり」において「創作的表現の共通性」が「色あせている」と言える場合等においては、被告著作物において原告著作物の「表現上の本質的な特徴を直接感得すること」ができないと評価して、類似性が否定されることになるのである。

　これによると、江差追分事件の最高裁判決の判旨 1 と判旨 2 は異なる内容を有すると理解されることになり、そして、同判決のいう「表現上の本質的な特徴」は「創作的表現」より狭いものと理解されることになろう。たしかに、同事件は、原告書籍の文章と被告テレビ番組のナレーションの類似性が問題になった事案であるにもかかわらず、同判決は、本件事案における類似性を否定する過程で、「しかも、上記各部分から構成される本件ナレーション全体をみても、その量は本件プロローグに比べて格段に短く、上告人らが創作した影像を背景として放送されたのであるから、これに接する者が本件プロローグの表現上の本質的な特徴を直接感得することはできない」（下線筆者）と述べており、文章の類似性判断において、被告テレビ番組における「影像」を考慮に入れているように読めるのである。

　このような見解の背景には、類似性が肯定されると、著作権法上の権利制限規定（著作権法 30 条以下）に該当しない限り著作権侵害が肯定されてしまい、例えば、パロディや写り込みのような場合も常に著作権侵害に当たることになって妥当でないという考えや、著作権という権利は創作インセンティブに必要

---

31)　以上について、詳しくは、上野・前掲注 29）28 頁以下参照。なお、2021 年のドイツ著作権法改正案は 24 条の削除等を予定しており、再検討を要する。

な限りで正当化されるという観点から、形式的には著作物の利用があるとしても創作インセンティブの確保に必要な財産的価値の利用があるとは言えない場合に著作権保護を認める必要性がないという考え[32]、があるように思われる。

創作的表現一元論 （創作的表現の共通性一元論）	「表現上の本質的な特徴」＝創作的表現
全体比較論 （直接感得性独自基準説）	「表現上の本質的な特徴」＜創作的表現

(3)　検　討

　この問題をめぐる議論は些か錯綜しがちのように思われるが[33]、両説の対立点は、原告著作物と被告著作物の間で「創作的表現の共通性」が認められる場合は常に類似性が肯定されると考えるのか（創作的表現一元論）、それとも、当該共通性以外の部分を考慮することによって類似性が否定される場合があると考えるのか（全体比較論／直接感得性独自説）、という点にある。

　筆者自身は創作的表現一元論に立つものであるが、類似性（＝「表現上の本質的な特徴を直接感得」できること）を「創作的表現の共通性」の有無によって判断するのは、著作者の権利が「著作物」（＝創作的表現）を客体とすることから当然に導かれるものと考えている[34]。

---

32)　「討論」著作権研究 34 号 117 頁（2008 年）［島並良発言］は、「どうして直感的にそういうことを考えるかということを 1 つ掘り下げて考えていきますと、結局は原告側の著作物が持っている財産的価値に対する『ただ乗り』が被告に見られないからではないか。だからこそ、そういった非ただ乗り行為に対して著作権法を行使することが、直感的に正義に反すると考えられるのではないかと思っております。……財産的価値の奪取がないそういった行為は、自由に許されるべきだという直感が働いているのではないかという気がしております」とする。また、髙野・前掲注 14）207 頁以下も、創作的表現一元論について、「創作的表現の共通性」がある場合に著作権が及ぶ必要性を説明できていないと批判する。

33)　なお、この問題の訴訟法上の課題（特に、原告が特定した箇所以外の部分に基づく被告の反論の可否）については、本書に掲載された前田哲男「類似性判断の実務」第 1 節のほか、同・前掲注 29）「翻案の判断における比較の対象と視点」75 頁、髙部・前掲注 30）「著作権侵害の判断再考」55 頁以下、同・前掲注 30）『実務詳説著作権訴訟〔第 2 版〕』273 頁以下参照。

34)　このことは、特許権の対象である「特許発明」の「技術的範囲」がクレームの記載に基づいて定められ（特許法 70 条 1 項）、相手方の製品または方法（「イ号物件」と呼ばれる）が当該特許権の文言侵害に当たるかどうかは、クレームの記載を［A＋B＋C＋D＋E］といった構成要件

　もちろん、そのように考えると、「創作的表現の共通性」が認められる以上、権利制限規定の適用を受けない限り権利侵害になる。その結果、過剰に著作権が及んでしまう場合や、創作インセンティブの観点から必要性がないと考えられる場合があり得るのも確かである。しかし、それは権利制限規定の見直しによって解決されるべき問題である。権利制限規定は、諸事情（例：著作物の性質、利用の目的・社会的意義、権利者に与える経済的影響）を考慮して著作権が及ぶ範囲を画するものであり、きめ細かく保護と利用のバランスを図ることができる。他方、「表現上の本質的な特徴を直接感得する」かどうかの解釈（いわば類似性の規範的解釈）というのは、原告著作物の「表現上の本質的な特徴」を被告著作物において直接感得できるかどうかの判断である以上、そこで上記のような諸要素を考慮することは困難であり、仮にそれをやろうとすると類似性判断はいっそう不明確でアドホックなものになるであろう。

　たしかに、わが国著作権法は米国フェアユース規定のような権利制限の一般規定を持たず、また、個別の権利制限規定についてもその厳格な解釈が問題とされてきた。そのため、例えば、いわゆる写り込みの事案においても、かつては、原告著作物の「特徴的部分を感得」できないといったような解釈で権利侵害を否定せざるを得なかった[35]。しかし、最近では権利制限規定の見直しが続けられている。例えば、平成24年改正［同年法律第43号］によって写り込み規定（著作権法30条の2）が設けられ、これはさらに令和2年改正［同年法律第48号］によって拡充されている。また、平成30年改正［同年法律第30号］によって、「柔軟な権利制限規定」（例：同法30条の4［著作物に表現された思想又は感情の享受を目的としない利用]）が導入されるなど、わが国著作権法の権利制限規定はダイナミックに整備されつつある。

　したがって、少なくとも現在においては、著作物利用の許容性の問題（＝権利制限規定）と著作物利用の有無の問題（＝類似性）は基本的に区別されるべ

　　に区切った上で（これは「分説」と呼ばれる）、イ号物件と対比することによって判断されており、クレームには［A＋B＋C＋D＋E］と記載されているのに対して、イ号物件が［A＋B＋C＋D］にとどまる場合や、［A＋B＋C＋<u>P</u>＋E］である場合は文言侵害に当たらないこと（島並良＝上野達弘＝横山久芳『特許法入門』〔有斐閣、2014年〕264頁以下参照）と同様と考えられる。

35)　前掲注5) 東京高判平成14年2月18日〔雪月花事件：控訴審〕。

きであり、ある著作物利用が許容されるべきかどうかという問題は、あくまで
諸事情を考慮した権利制限規定の問題として議論されるべきであると考え
る[36]。

6　類似性判断の基準となる主体

　第六に、類似性判断の基準となる主体についてどのように考えるべきかとい
う問題がある[37]。

　たしかに、美術品にしても、アニメのキャラクターにしても、その世界に疎
い者にとってはどれも同じように見える著作物が、その世界に詳しい者にはま
ったく別のものに見える場合があろう。また、ある表現が「ありふれている」
かどうかという点についても、どのような主体を基準にするかによって判断が
異なってくる可能性があり、そのことは創作的表現の共通性に関する評価を通
じて類似性判断に影響すると考えられる。

　江差追分事件の最高裁判決は、「これに接する者が既存の著作物の表現上の
本質的な特徴を直接感得すること」（下線筆者）と判示しているため、「直接感
得」の主体として「これに接する者」が問題になる。これについては、著作物
を享受する者[38]、著作物を創作する者、平均的な一般人などが考えられるも
のの[39]、必ずしも明確ではない。学説においては、全体比較論の立場から、

---

36)　もっとも、特にパロディについては現在も日本法に明文の規定がないため、既存の規定の解
　　釈（例：適法引用〔著作権法 32 条 1 項〕）で妥当な解決を導くことが可能か課題となろう。また、
　　いわゆる「裏旋律問題」（大規模なオーケストラ作品中の全奏者が大きな音を出している箇所で、
　　ある目立たない 1 つの楽器に他人のメロディが用いられており、実際に演奏すると当該メロディ
　　は聴衆にまったく聞こえない場合）についても検討を要することについて、上野・前掲注 29)
　　51 頁以下も参照。

37)　前田・前掲注 29)「翻案の判断における比較の対象と視点」82 頁以下も参照。

38)　前掲注 5) 知財高判平成 27 年 6 月 24 日〔プロ野球ドリームナイン事件：控訴審〕は、プロ
　　野球カードゲーム形式の SNS ゲームに関する事件で、「利用者はプロ野球について一定以上の知
　　識を有しているのであるから、写真により選手を特定できればその所属チーム、氏名や背番号な
　　どは知っているのが一般的であって、これらの情報がどのようにカードに表示されているかは選
　　手カードの表現上、これに接する者の目を惹く要素とはいえず、表現上の本質的な特徴とはいえ
　　ないというべきである」とする。

39)　なお、奥邨・前掲注 30) 22 頁以下は、アメリカにおける二関門テストの第二関門が陪審にお

「創作的表現の共通性」と「表現上の本質的な特徴を直接感得すること」の判断主体は異なるとする見解や[40]、創作的表現一元論の立場から、創作性の有無については（代替可能性が問題になるため）需要者ないし著作物利用者の視点から判断すべきとする一方、表現・アイディアの区別については（創作の自由度が問題になるため）創作者の視点から判断すべきとする見解がある[41]。

このように、判断主体の問題についてもさらなる検討を要しよう。

7　著作物の著名性／需用者の誤認混同

第七に、類似性判断において、原告著作物の著名性や需用者の誤認混同といった要素がもたらす影響をどのように考えるべきかという問題がある[42]。

例えば、極めて著名で人気のあるイラスト（例：ミッキーマウス、リラックマ）の場合、たとえごく一部（例：頭部シルエット、目鼻口）が利用されただけでも、需要者は当該イラストを想起すると考えられよう。そのような場合に、もし著作物の類似性が肯定されやすい傾向があるとするならば[43]、それを理

いて通常の観察者の視点から創作的表現以外の部分も含めた全体比較により判断されていることを紹介する。

40)　横山・前掲注30)「〈講演録〉翻案権侵害の判断基準の検討」15頁は、「原告・被告作品の共通部分に表現上の創作性が認められるかどうかの判断は、他者の表現活動の自由を確保する要請に基づくものであるため、創作者の視点で判断すべきなのですが、直接感得性の判断は、被告作品に取り込まれた原告作品の創作的要素が、それ自体として原告作品の創作性を伝達する機能を果たしているかどうかの問題ですから、被告作品の名宛人である一般利用者の視点で判断すべきだということになる」とする。

41)　「知的財産法要件事実論研究会 議事録」伊藤滋夫編『知的財産法の要件事実』（日本評論社、2016年）41頁［田村善之発言］、田村・前掲注14)『著作権法概説〔第2版〕』79頁注10参照。

42)　問題提起として、上野達弘「混同の意味」パテント65巻13号（別冊8号）13頁注5（2012年）、同「キャラクターの法的保護」パテント69巻4号（別冊14号）54頁（2016年）、金子敏哉「キャラクターの保護──商標法・不正競争防止法・著作権法を巡る諸論点」パテント67巻4号（別冊11号）63頁（2014年）参照。

43)　例えば、イラストに関して類似性を否定した裁判例が多い反面（例：前掲注15) 東京地判平成20年7月4日〔博士イラスト事件〕、前掲注5) 大阪地判平成21年3月26日〔マンション読本事件〕)、東京高判平成11年11月17日（平成10年（ネ）第2127号）〔ノンタン事件：控訴審〕において類似性が肯定されたのは、ノンタンが著名性のある人気キャラクターであったことや、被告商品に「nontan」の文字が記載されていたことが影響したという見方が考えられる。

論的に正当化できるかが問題となる。

　もちろん、従来の議論においては、著作権法上の類似性は、あくまで著作物それ自体の客観的な観察と比較によって判断されるものであり、そこで著名性等を考慮することはできないと考えられてきたと言えよう[44]。ただ、近時の議論では、特に被告著作物に人気キャラクターの名称が付されているような場合は表現の一部としてこれを考慮することを認める見解や[45]、被告が原告著作物の著名性にフリーライドする意図を有していた場合（「強い依拠」とも呼ばれる）は「当事者間の公平」から類似性が肯定されやすくなることを認める見解[46]などがある[47]。

---

44)　例えば、知財高判平成 17 年 6 月 14 日判時 1911 号 138 頁〔MUSASHI 事件〕においては、原告が、「七人の侍」のように著名な著作物については、無名の著作物である場合と比べて、類似度が低くても「感得」を認めるべきと主張したのに対して、裁判所は、「著作権法の保護を受ける著作物とは、『思想又は感情を創作的に表現したものであって、文芸、学術、美術又は音楽の範囲に属するもの』（著作権法 2 条 1 項 1 号）であり、それが著名であるか否かによって、その保護に差異があるということはできない。そして、……著作物の表現上の本質的な特徴を直接感得するものであるか否かも、対象となる原著作物が著名であるか否かによって差異があるということはできない」と判示している。

45)　金子・前掲注 42) 63 頁は、「キャラクターの名前等がイラストに付されている場合には、名前も表現の一部として考慮すること自体は具体的な表現を保護するとの著作権法の原則と必ずしも抵触するものではない。名前等に明示的に言及しない場合にも、その表現のコンテクスト（特定のキャラクターを集めたコーナーに展示されている等）をも考慮することで、（表現の創作者と受けての間に）暗黙のうちに表現に含まれているものとして考慮する考え方もありうるかもしれない。しかしこのような考え方は、結果として、キャラクターの著名性が著作物の類似性判断に影響を与えることを正面から認めることともなりかねない点で問題も大きいところである」とする。

46)　前田・前掲注 29)「翻案の判断における比較の対象と視点」84 頁（「著名な作品の知名度・人気にフリーライドしようとする侵害行為については、『不正競争』的要素が強く、一般人が似ていると感じるかどうかで複製権ないし翻案権侵害の成否が判断されうる場合がある」）、同・前掲注 29)「翻案の概念」114 頁以下（「例えば、原告作品が高い知名度・顧客吸引力を獲得しており、被告がそれに意図的にフリーライドする目的で類似作品を創作している等の事情がある場合、この事情は著作権の準物権としての保護範囲を画する類似性とは無縁に思われるものであるにもかかわらず、当事者間の公平という理念を通じて、一定の『振れ幅』の中に限っては、『被告作品は原告作品に類似する』との判断に傾く事情の一つになる余地もあるというべきである」）参照。この見解に従って、「個別の事案で妥当な結論を導くためには新たな論理が必要になる。具体的には、後発者がことさらに先行者の作品を模倣しようという強い依拠性がある場合に、類似の範囲を通常よりも広げる解釈は成り立ちうるかもしれない」とする見方もある（木村剛大「現代美術のオリジナリティとは何か？ 著作権法から見た『レディメイド』(2)」美術手帖 MAGAZINE

　この点は残された課題と言わざるを得ないが、過去の裁判例を検討するに当たっても、まずは原告著作物の著名性にとらわれず、虚心坦懐に「創作的表現の共通性」が認められるかどうか検証し直すことが必要となろう。

8　類似性の主張立証責任

　第八に、類似性に関する主張立証責任に関する問題がある[48]。

　類似性は権利侵害の要件であるため、さしあたり権利侵害を主張する原告がその主張立証責任を負うことになる。ただ、類似性が認められるためには「創作的表現の共通性」が必要となるところ、ある表現が創作性を有するかどうかが争われる場合は、当該表現がありふれたものと言えるかどうかが問題となり、当該表現と似たような表現が他に存在するかどうかについて、原告も被告も主張立証を行うことが考えられる。

　もっとも、特に小規模の紛争でありながら非常に多数の著作物が問題となるような事案においては、常に当事者から十分な主張立証が行われるとは限らず、そのような場合に、裁判所としてどのように判断すべきか問題になる。裁判例の中には、原告著作物以外の似た表現の存在を具体的に認定した上で、ありふれた表現に当たると判断したものがある一方、特にそうした事実や証拠に基づくことなく、ありふれた表現に当たると判断したものがある[49]。著作物の性質や分野の専門性によっても異なり得ようが、被告側が原告著作物と似た他の

　　〈https://bijutsutecho.com/magazine/series/s22/20291〉〔2019 年 9 月 23 日〕参照）。

47)　また、奥邨・前掲注30) 26 頁は、アメリカにおける「第 2 関門では、保護される要素と保護されない要素の区別なく比較が行われることにならざるを得」ないとしており、「第 2 関門」において創作的表現とは言えない部分の共通性が考慮される可能性を示唆する。

48)　本書に掲載された前田・前掲注33) 第 2 節のほか、横山・前掲注30)「著作権侵害訴訟における類似性判断に係る要件事実」117 頁以下、前田哲男「著作権法における要件事実から見た論点」伊藤滋夫編『要件事実の現在を考える』（商事法務、2006 年）156 頁も参照。

49)　大橋正春「著作物性の主張立証」斉藤博先生御退職記念『現代社会と著作権法』（弘文堂、2008 年）190 頁以下も、「裁判所はどのような方法で、『平凡かつありふれた表現』という評価を行っているのか。対象となった表現以外の特段の事実や証拠を引用することなく、ありふれた表現であることを認めているものがある。……これに対し、特定の専門分野における知識の状況や先行する類似の表現を認定したうえで、ありふれた表現であることを認めるものがある」とする。

表現を多数証拠として提出したからこそ、原告著作物と被告著作物の共通部分における創作性を否定し得る根拠となり、結果として裁判所が類似性を否定できたという場合があり得るかも知れない。だとすれば、たとえ同じ事案であっても、当事者による主張立証によって裁判所の結論が変わり得ることになるように思われる。

　この点も残された課題になるが、過去の裁判例を検討するに当たっては、それがあくまで当事者によって現実に行われた主張立証を前提として下された判断であることに留意する必要があると言えよう。

第 4 節　おわりに

　以上のように、著作物の類似性をめぐっては多数の理論的課題があるが、現実の裁判というのは、さらに複雑な世界かも知れない。本書の対談でもその一端が語られるように、例えば、それぞれの事案における当事者間の交渉経緯や法廷での言動などが直接ないし間接に裁判官の心証に影響し、結果として類似性判断が影響を受けたり [50]、訴訟経済上の観点もしくは当該事案において相対的に認定困難な他の争点（例：著作権譲渡、著作物性）に関する判断を回避するため、結果として類似性判断が影響を受けたりすることがあるという見方があり得よう。また、より現実に即してみれば、類似性のような柔軟な概念は、日々直面する生の紛争を解決する裁判という場において、個別の事案における一切の事情を総合的に考慮して裁判官が望ましいと考える帰結を実現する手段としての役割を果たしていると評価する見方もあるかも知れない。その意味では、裁判例の類似性判断だけを取り出して論じること自体ナンセンスというべきなのかも知れない。

---

50)　木村剛大「『アイデア』と『表現』の狭間をたゆたう金魚かな。金魚電話ボックス事件大阪高裁判決の思考を追う」美術手帖 MAGAZINE〈https://bijutsutecho.com/magazine/insight/23433〉（2021 年 1 月 18 日）も、「金魚電話ボックス事件と西瓜写真事件の共通点は、いずれも依拠性の認定を通じて被告の不誠実な態度が浮上したことにより、類似の範囲を通常よりも広めに解釈したように見える点である。そのため、本件のような経緯がなくても、原告作品が大阪高裁判決と同じ範囲で保護されるかというと、そうはならないと筆者は考えている」とする。

　ただ、類似性判断というものは著作権という排他権による独占が及ぶ客体の範囲を画するものであり、これが不明確であると、それがもたらす萎縮効果を含めて、他者の行為自由を過度に害することになりかねない。したがって、類似性判断の"現実"がいかなるものであろうとも、我々は常に、理論的妥当性を伴った予測可能性の獲得を探究しなければならないのである。

第2章　類似性判断の実務

前　田　哲　男

第1節　類似性判断の対象

1　請求の特定の必要性

　複製権・翻案権等が侵害されたと訴訟で主張する者[1]は、侵害されたとする著作物（被侵害著作物）を特定しなければならず、かつ、侵害行為となるべき被告による被侵害著作物の利用行為（支分権対象行為又はみなし侵害行為）を特定しなければならない。訴状には、請求を特定するのに必要な事実（請求の原因）を記載しなければならないからである（民訴法133条2項2号、民訴規則53条1項）。

2　被侵害著作物の特定の方法

⑴　著作物の性質に応じた2つの方法

　訴訟実務では、写真、絵画やイラストなど一覧することによってその具体的表現を把握できる著作物については、被侵害著作物及び被告作品の写真等を「別紙」として訴状に添付することによって特定することが多い。

　これに対して小説やノンフィクションのようにある程度以上の長さのある言語の著作物や映画の著作物など、一覧によっては作品全体の具体的表現を把握することが困難な著作物については、被侵害著作物及び被告作品を題名、著者名、発行・公表媒体名、発行・公表時期等によって特定するとともに、原告が

---

[1]　著作権が侵害されたと主張する者は原告とは限らないが、ここでは原告とする。また原告は著作者・著作権者とする。

類似しているとする箇所を別紙対比表により特定することが一般的である。

(2) 被侵害著作物及び被告作品を別紙として添付する場合

　一覧可能な著作物全体の写真等が別紙として訴状に添付された場合、それが被侵害著作物及び被告作品であり、それによって被侵害著作物及び被告作品のそれぞれの具体的な表現の態様が主張されたことになる。

(3) 別紙対比表による場合

　一覧による把握が困難な著作物について、類似箇所が別紙対比表によって特定される場合、何が被侵害著作物として主張されているのかには、2つの理解があり得る。

　1つめは、別紙対比表によって具体的に特定され指摘された箇所一つ一つが独立した被侵害著作物であって、それぞれの著作権が、被告作品の対比されている箇所によって侵害されたと主張されている（仮にこの請求を「請求①」という）という理解である。

　2つめは、被侵害著作物は題名、著作者名、発行・公表媒体名、発行・公表時期等によって特定された原告作品[2]であり、それについて原告の有する著作権が被告作品により侵害されたと主張されている（仮にこの請求を「請求②」という）という理解である。この請求には、被侵害著作物の著作権が被告作品により侵害されたとする請求と、被侵害著作物の著作権の「一部」が被告作品により侵害されたとする請求とがあり得る。後者は請求①に極めて似ているが、被侵害著作物を何と考えるかの点で違いがある[3]。請求②では、別紙対比表は

---

[2]　本稿では、原告によって被侵害著作物として特定されたものを「被侵害著作物」といい、常識的な意味で一つの作品と考えられる原告の著作物全体を「原告作品」ということとする。何をもって一つの作品というのかについては議論がある。山本隆司「〈講演録〉著作物の個数論による著作物概念による再構成」コピライト532号（2005年）2頁、同「著作物個数論の日米比較」（JRRCマガジンNo. 116）参照。

[3]　一筆の土地とその隣地との境界線付近で隣地の建物が越境している場合、一筆の土地についての所有権の一部が侵害されたのか、越境部分の土地所有権が侵害されたのかを考えると、土地については「筆」という「物の単位」が明確なため、通常は前者と解されよう（旧訴訟物理論によっても、一筆の土地の中で越境部分が変動しても訴訟物に異同は生じないと解される）。しかし、著作権が侵害された場合には、前者（請求②＝原告作品についての著作権の一部が侵害された）

攻撃方法として主張されていることになろう。

　もっとも、請求②と理解しても、「創作的表現の共通性」の有無の判断は、とりわけ濾過テストを採用する場合には、個々の類似箇所ごとの判断に近くなる。濾過テストでは、被侵害著作物と被告著作物との「共通点」を抽出した上で、それが創作的表現と言えるかどうかを検討することになるところ、創作的表現といえるかどうかは基本的には「共通点」ごとの判断になるからである。しかし、請求②では、個々の類似箇所が有機的なまとまりを持っているかどうかを検討し、まとまりを持っているのであれば、それらの類似箇所の組み合わせに認められる創作性も考慮する必要があろう。また、個々の類似箇所を観察すると「ありふれた表現」として創作性が否定されるけれども、各部分には何らかの創作的要素があり、それらの組み合わせを含めて全体的に観察すると、ありふれた表現ではなくなり、創作性が認められることもあり得る 4)。

　請求の原因において何を被侵害著作物として特定するかは、原則として原告の自由であろう。原告は、例えば、第1章～第10章からなる原告の小説（作品）全体が被侵害著作物とすることも、そのうち第1章が被侵害著作物とすることも、さらに第1章の冒頭の一文だけを取り出して被侵害著作物とすることもできる。よって、請求①なのか、請求②なのかは、専ら原告がどのように被侵害著作物を特定するかによることになる。もっとも請求①の場合でも、原告が特定した箇所以外の部分の相違点を被告が主張できると考える余地があり、

も後者（請求①＝類似箇所が1個の著作物であり、それについての著作権が侵害された）も考えられる。

4)　〔釣りゲータウン2事件：控訴審〕知財高判平成24年8月8日判時2165号42頁・判タ1403号271頁）は、「著作物の創作的表現は、様々な創作的要素が集積して成り立っているものであるから、原告作品と被告作品の共通部分が表現といえるか否か、また表現上の創作性を有するか否かを判断する際に、その構成要素を分析し、それぞれについて表現といえるか否か、また表現上の創作性を有するか否かを検討することは、有益であり、かつ必要なことであって、その上で、作品全体又は侵害が主張されている部分全体について表現といえるか否か、また表現上の創作性を有するか否かを判断することが、正当な判断手法」であるとする。

　確かに、思考方法として「構成要素を分析」して考察することは有益であるとしても、それだけでは結論を出すことはできず、上記判決自身が正に指摘するように、「その上で」作品全体又は侵害が主張されている部分全体について、表現といえるか否か、また表現上の創作性を有するか否かを判断することが必要である。そして、より重要なのは「その上で」以降の判断ではないだろうか。

この点は後述する。

(4)　現実に創作された著作物である必要性

　被侵害著作物として特定されるのは、現実に創作された具体的表現である必要があろう。このため、小説中の一文を被侵害著作物として特定することはできるが、具体的な文章から抽象されるところの「筋やストーリー」などは、それ自体は被侵害著作物になり得ないと思われる。原告作品から「筋やストーリー」を取り出すことができるとしても、取り出された「筋やストーリー」が原告の創作した具体的な表現として存在しているわけではないから、仮にそれらを被侵害著作物とすると、原告（著作者）がそれらを創作したという要件事実を主張立証できないことになる 5)。被侵害著作物と被告作品とを比較する際に、両者に共通する部分として「筋やストーリー」が取り出されることはあるが、それは類似性判断の手段としてであり、「筋やストーリー」自体が被侵害著作物となるのではない。

　同様に、原告作品のうちから一部を捨象したものや、原告作品から飛び飛びに取り出して繋げたものを一つの被侵害著作物とすることもできないだろう。それらが「一つの」具体的表現として現実に存在しているわけではないからである。被侵害著作物は、原告作品の全体か、又はその「連続した一部」若しくはその集合であるかのいずれかであろう。

---

　5)　例えば、オー・ヘンリーの短編『最後の一葉』のストーリーは、「女性画家A・Bが共同生活をしていた。Aが肺炎にかかる。医師は、Aが助かるかどうかは、生きたいと思う気持ちを本人が持つかにかかっているとBに告げる。Aは、窓の外に見える壁の蔦の葉を数え、その最後の一葉が落ちると自分も死ぬと信じている。階下には、老画家Cが住んでいた。Cは、いつか傑作を描くといいながら、今は絵筆を握らない。Bは、Aの空想をCに伝える。風雨の夜の次の朝、Aが壁をみると、最後の一葉が残っており、それは翌日の朝にも残っていた。Aは、最後の一葉が残っているのは、生を諦める自分の罪深さを教えるためと解釈し、生きようと決意して元気になる。Bは、Cが肺炎で亡くなったこと、最後の一葉は風雨の夜にCがずぶ濡れになって描いた最後の傑作であったことをAに告げる。」と要約することができる。このストーリーは、『最後の一葉』の表現上の創作性を基礎づけるものであり、これと同じストーリーを持つ作品は『最後の一葉』に類似すると判断される可能性がある（上記要約文も『最後の一葉』の二次的著作物である）が、上記要約文は、本稿のために本稿筆者（前田）が作成したものであり、オー・ヘンリーがこれを創作した事実はない。

3　原告が特定した箇所以外の部分に基づく反論の可否

(1)　問題の所在

上記請求②の場合は、原告作品が被侵害著作物であり、その著作権侵害の存否が審理の対象になっているのであるから、原告が類似箇所として特定した箇所以外における相違点を被告が主張できないと考える理由はないであろう[6]。

問題は、上記請求①の場合に、その主張が許されるかどうかである。この問題は、「原告作品中の、原告によって特定された箇所以外の箇所」を被告が持ち出せるかという問題と、「被告作品中の、原告によって特定された箇所以外の箇所」を被告が持ち出せるかという問題とに一応分けることができるが、被告作品中の別の箇所を持ち出せば原告作品中の別の箇所を持ち出すことになることが多いであろうから、両者は結果的に連動することになる。

〔釣りゲータウン2事件：控訴審〕は、「翻案権の侵害の成否が争われる訴訟において、著作権者である原告が、原告作品の一部分が侵害されたと考える場合に、侵害されたと主張する部分を特定し、侵害したと主張するものと対比して主張立証すべきである。それがまとまりのある著作物といえる限り、当事者は、その範囲で侵害か非侵害かの主張立証を尽くす必要がある。」としつつ、「著作権者が、まとまりのある著作物のうちから一部を捨象して特定の部分のみを対比の対象として主張した場合、相手方において、（中略）まとまりのある著作物のうち捨象された部分を含めて対比したときには、表現上の本質的な特徴を直接感得することができないと主張立証することは、魚の引き寄せ画面の範囲内のものである限り、訴訟物の観点からそれが許されないと解すべき理由はない。」とする[7]。

---

6)　請求②の場合、原告による類似箇所の特定は攻撃方法としてなされているのであり、被侵害著作物が同一である限り、比較箇所が異なっても訴訟物に異同は生じないであろう。

7)　同判決は、「本件訴訟の訴訟物は、原告作品に係る著作権に基づく差止請求権等であって、第1審原告の『魚の引き寄せ画面』に関する主張は、それを基礎付ける攻撃方法の1つにすぎないから、第1審被告らの上記防御方法が、訴訟物の範囲外のものであるということはできない。」とし、原告の請求を請求②と解しているから、被告が他の箇所を主張することが訴訟物の範囲外にならないことは当然である。もっとも同判決は、続けて「仮に、本件訴訟の訴訟物が原告作品のうちの『魚の引き寄せ画面』に係る著作権に基づく差止請求権等であると解するとしても」と

　この判示は、比較箇所の特定は原則として原告が行うことができるとしながらも、原告が「まとまりのある著作物」のうちから一部を恣意的に排除することは認めないとするものであろう。同判決の「魚の引き寄せ画面の範囲内のものである<u>限り</u>、訴訟物の観点からそれが許されないと解すべき理由はない。」（下線筆者）との表現に照らすと、同判決は、魚の引き寄せ画面の範囲「外」のものを含めて対比するべきという被告の主張は、原告作品のうちの「魚の引き寄せ画面」に係る著作権に基づく差止請求権等が訴訟物であると解する場合には、「訴訟物の観点から」許されないとする趣旨のように思われる。そうだとすると、同判決は、原告作品のうち「まとまりのある著作物」といえる部分が被侵害著作物として主張されていれば、それによって訴訟物の範囲が画されるとするものであろう。

(2)　訴訟物の観点

ア　旧訴訟物理論と新訴訟物理論

　訴訟物をどのように捉えるかについては旧訴訟物理論[8]と新訴訟物理論[9]の対立があるが、実務は旧訴訟物理論によっているといわれる。紛争解決の1回性を重視する新訴訟物理論によれば、給付の訴え[10]においては、原告が被侵害著作物をどのように特定しようが、原告作品及び被告作品が同一である限り訴訟物は一つと考えることになるのであろう。問題は旧訴訟物理論による場合である[11]。

イ　被侵害著作物の特定と訴訟物との関係

　旧訴訟物理論では、原告小説の冒頭の一文を被侵害著作物として特定した被

　　して、請求①と解した場合のことを判断しており、その場合も「第1審被告らの上記防御方法は、上記訴訟物の範囲外のものであるということはできない。」としている。
　8)　訴えにおいて特定される実体法上の権利を訴訟物とする考え方。
　9)　実体法秩序において1回の給付しか認められない場合には、複数の実体法上の請求権を包含する1回の給付を求める法的地位を訴訟物とする考え方。
　10)　被告に対して特定の給付請求権（不作為の請求権を含む）を主張し、被告に給付を命じることを裁判所に求める訴えの類型。不法行為・不当利得に基づく金銭の支払、侵害行為の差止・侵害組成物等の廃棄等、名誉回復措置等を求める訴えはいずれも給付の訴えである。
　11)　新訴訟物理論によっても確認の訴えの場合には旧訴訟物理論による場合と同様の問題が生じることになろう。

告作品に対する差止・損害賠償請求（請求①）と、その一文を含む原告小説全体を被侵害著作物として特定した同一の被告作品に対する差止・損害賠償請求（請求②）とは、訴訟物は一部重複するが[12]、同一ではないことになろう[13]。

　いわゆる処分権主義（民訴法 246 条）により、訴訟物の選択は原告の権能であって、原告が審判の対象とその範囲を決定することができ、裁判所はそれに拘束される。訴訟物が裁判所による審理の範囲を画する基準になるから、被告が訴訟物の範囲を超えた反論ないし主張をすることは原則としてできないことになろう[14] [15]。

---

12)　重複があるため、旧訴訟物理論によっても、原告作品（小説）全体を被侵害著作物とする請求が棄却された後に、同じ原告作品中の一文の著作権が同じ被告作品によって侵害されたとして再訴を提起することは既判力に反することになろう。

13)　髙部眞規子『実務詳説著作権訴訟〔第 2 版〕』（金融財政事情研究会、2019 年）は、「著作権侵害訴訟において、保護を求める原告の著作権の対象となる著作物が異なれば、被侵害利益は異なるから、別個の訴訟物となる」（131 頁）とし、「原告は、自らの作品についての著作権を主張すべきところ、通常は、作品全体を主張することが多い。もっとも、その一部に著作物性が認められるのであれば、一部のみを主張することも可能であろう。」（273 頁）としながらも、「例えば 1 冊の本の一部をさらに細かく分けて訴訟物を捉えるとすると、（中略）訴訟手続上は、きわめて煩瑣になる。（中略）また、原告が被告作品の a 部分が原告著作物の A 部分の著作権侵害と主張して敗訴判決が確定した後に、被告作品の b 部分が原告著作物の B 部分の著作権侵害だと主張して再度訴訟を提起するのは、既判力の観点からみても、相当とはいえない。（中略）よって、原則として、原告の著作物対被告の作品の 1 作品ごとに、訴訟物が異なると考えるのが実務的な感覚にそうものというべきであろう。」（274 頁）とする。作品が同一であれば訴訟物は同じとすることが実務的な感覚にそうことには同意できるが、原告が原告作品の A 部分（第 1 章部分）のみを被侵害著作物として特定する場合と、B 部分（第 2 章部分）のみを被侵害著作物として特定する場合とでは、A 部分と B 部分とがそれぞれ独立した著作物と主張されている限り、「保護を求める原告の著作権の対象となる著作物が異なる」から、旧訴訟物理論によれば、訴訟物が異なると言わざるを得ないのではないだろうか。

14)　駒田泰土「表現の全体（まとまり）は部分についての翻案を否定しうるか──釣りゲータウン 2 事件知財高裁判決の検討」知的財産法政策学研究 43 号 109 頁（128 頁）は、「判旨（引用注：釣りゲーム事件高裁判決の判旨）は、X が特定した『部分』を超えて比較対象を行った範囲を『全体』と呼び、その『全体』から受ける印象をもとに翻案の成立を否定している。だが、このような判断は、当事者によって特定された訴訟物についてのみ審判を行うとする処分権主義（民事訴訟法 246 条）に違反するおそれがあるのではあるまいか？」とする。

15)　東京地判平成 17 年 5 月 17 日判時 1950 号 147 頁〔通勤大学事件：第一審〕は、「原告は、自ら原告各文献を別紙対照表 1 ないし 3 記載の各番号に記載された各部分に分けた上、個々の原告各表現における文章ないし図表が著作物に当たり、被告各表現がそれぞれこれを侵害する旨主張するところ、いかなる単位で著作権侵害を主張するかは原告の処分権の範囲内の事項ということ

　しかし、原告が請求①をする場合に、被告が前後の相違点を持ち出して類似性が否定されると主張することはできないとすると、次のような「早い者勝ち現象」が起きかねない。すなわち、原告（著作権者）が原告作品中の一文を被侵害著作物として訴えを提起した場合には、被告は前後の箇所の相違点を持ち出すことができず類似性が肯定されて原告勝訴となるのに、被告のほうが先手を打って、原告作品全体の著作権に基づく差止請求権の不存在確認の訴えを提起すれば、類似性が否定されることが生じ得る[16]。

　この不都合が生じないようにするためには、a）原告作品の特定箇所と被告作品の特定箇所とに限定して比較すれば類似しているが、それ以外の箇所も併せて観察すれば類似していないといえる場合はそもそもあり得ないとするか、b）請求①のように解するのが間違いで、請求①のような主張があってもそれは請求②であると理解するか、c）被侵害著作物の特定は原則として原告の自由であるものの、同一作品中の「まとまりのある著作物」といえる部分の範囲では原告による特定の仕方いかんに拘わらず訴訟物は同一になると考えるのか、のいずれかが必要である。

　a）につき、そのような場合は全体比較論によればあり得ることになるし、創作的表現の共通性一元論によっても、原告が被侵害著作物を極めて狭く限定する場合にはあり得るというべきである[17]。b）につき、請求の原因においてどのように被侵害著作物を特定して主張するのかは一応原告の自由であるといわざるを得ないであろう。そうすると、c）のように考えざるを得ないし、そのように考えることが常識的でもあろう。そうすると、少なくとも原告作品中の「まとまりのある著作物」といえる部分の範囲内では、原告指摘箇所以外の箇所における相違を被告が指摘・主張することが訴訟物の観点から許されない

　　ができる。」とする。

16）　脚注12）で述べたとおり、原告作品全体の著作権に基づく差止請求権の不存在を確認する判決が確定した後に著作権者が一文を被侵害著作物として訴えを提起することは既判力に反する。

17）　例えば、ある共通する一つのテーマにつき、a,b,c,d,e,f の各事項を選択してこの配列で記述する文章と、f,g,a,b,c,d,h の各事項を選択してこの配列で記述する文章とでは、a,b,c,d の選択及び配列だけを取り出せば一致するが、a,b,c,d,e,f の選択及び配列と f,g,a,b,c,d,h の選択及び配列とは類似しないという評価が可能な場合があるだろう。前田哲男「翻案の概念」野村豊弘先生古稀記念『知的財産・コンピュータと法』（商事法務、2016年）123頁。

という理由はなくなる。

　しかし、c) のように考えると、今度はその訴訟物の範囲はどこまでなのか（何をもって「まとまりのある著作物」の範囲とするのか）という問題が生じる。論点先取的ではあるが、一体的なものとして表現が享受されるがゆえに、その内に相違点があれば類似性判断に影響を与えるような範囲が訴訟物の最小単位になると考えることができよう[18]。もっとも、その単位の外延の不明確さはどうしてもつきまとう問題である[19]。その範囲は、創作的表現の共通性一元論による場合は狭くなり、全体比較論でもそれほど広いものにはならないであろう[20]。特定箇所の比較での類似性判断に影響を与え得る他の箇所が、当該特定箇所とかけ離れたところにあるとは考えられないからである。

　ウ　被告作品中の類似箇所の特定と訴訟物との関係

　被告作品中の類似箇所の特定についてはどうであろうか。訴訟物の観点からみた場合、被告に対する差止請求権や損害賠償請求権等は、被告の行為が社会通念上同一である範囲では、一つの請求権（訴訟物）という理解ができるので

---

18)　この考え方によれば、被告がどの範囲で相違点を挙げて非類似を主張できるのかを議論する意味がほとんどなくなる。被告の主張は、類似性判断において意味のある主張か、そうでない主張かのいずれかであるところ、類似性判断において意味がある主張なのに訴訟物の観点から許されないことはなくなるからである。そもそも類似性判断において意味のある主張なのに被告がそれを主張できないというのは不当な結論である。処分権主義あるいは訴訟物の観点からそれが許されるかどうかという問題の立て方自体が間違っているのかもしれない。

19)　駒田・前掲注 14) 132 頁は、「『全体』（＝「まとまりのある著作物」）の著作物の範囲を決める基準を一般的な形で明確にしておかなければ、事業者は今後、何を基準に既存の著作物との類否を判断してよいかわからず、看過しがたい法的不安定性が生じるであろう。そのような法的不安定性は、わが国のエンターテインメント産業の健全な発展にとって好ましくない」とする。しかし、既存の著作物に依拠する後続の事業者は、先行する著作物の著作権者がどのように被侵害著作物を特定して主張したとしても侵害とならないようにする必要があるから、看過しがたい法的不安定性が生じるとまではいえないだろう。

20)　横山久芳「〈講演録〉翻案権侵害の判断基準の検討」コピライト 609 号（2012 年）2 頁（16 頁）は、「被告の教科書が原告の教科書の翻案権侵害となるかを判断するにあたって、原告と被告の教科書全体を比較しなければならないのかというと、そんなことはありません。第 1 章のみを対比して翻案権侵害を論じれば十分です。なぜなら、被告の教科書の読者は、第 1 章とその他の章の記述を明確に分離して認識することが可能だからです。つまり、原告書籍と被告書籍とで、第 2 章、第 3 章の記述が全然違うからといって、第 1 章の表現上の創作性を直接感得できなくなるということは、通常、考えられません。」とする。

はないだろうか [21] [22]。よって、その範囲内において、原告によって指摘された類似箇所以外の被告作品の箇所を持ち出すことが、訴訟物の観点から直ちに許されないということにはならない。もっとも、被告作品の別の箇所を持ち出すことは、結果的に、原告によって特定された原告作品中の類似箇所とは別の箇所を持ち出すことになる場合が多いため、その観点からの制約は別途あり得ることになろう。

　　エ　不意打ち防止（弁論主義）の観点

　訴訟物の最小単位を一つの「まとまりのある著作物」（の著作権に基づく損害賠償請求権、差止請求権等）と考え、その範囲においては訴訟物は別個にならないと考えるとしても、一覧によって具体的表現を把握することが困難な著作物については、別紙対比表によって類似箇所が攻撃方法として特定される必要がある。同様に、被告の主張においては相違点が防御方法として特定される必要がある。

　後述のとおり、この場合の類似箇所又は相違箇所の主張は評価根拠事実／評価障害事実（主要事実）の主張となるから、原告・被告のいずれも主張していない箇所を裁判所が取り上げて類似性の判断要素とすることは弁論主義の観点からできないというべきである [23]。

　これに対し、絵画やイラストなど一覧することによってその具体的表現を把握できる著作物について、具体的表現の態様が訴状の別紙において特定されている場合、当該別紙に含まれる具体的表現のすべての構成要素は原告によって主張されていると考えることができるから、例えば人物イラストのうち瞳の部分の似ている・似ていないを原被告が直接の争点にしていなかったとしても、裁判所は瞳の部分の共通性を指摘して類似しているとの評価をすることができるというべきである。後述のとおり、類似しているかどうかは法的評価であり、どのように瞳が描かれているかという事実の主張は、訴状によって既に行われ

---

21)　前田・前掲注 17) 123 頁。

22)　ちなみに、釣りゲータウン 2 事件の原告も、被告のゲーム作品「釣りゲータウン 2」の記録の抹消等を求めている。

23)　規範的要件の評価根拠事実／評価障害事実を主要事実とみる主要事実説によればそうなるであろう。村田渉＝山野目章夫編著『要件事実論 30 講〔第 4 版〕』（弘文堂、2018 年）92 頁［村田］参照。

ており、よって当該事実の主張に基づいて裁判所は法的評価をすることができる。事実の主張（原告作品及び被告作品における瞳部分の表現の具体的態様の主張）がある以上、弁論主義に反することにはならないと思われる。

第 2 節　類似性の判断に関する法的構造

1　事実か法的評価か

　著作物の類似性判断は、事実認定ではなく法的評価の問題であろう。類否が問題となる被侵害著作物の具体的表現の態様及びそれに対応する被告作品の具体的表現の態様はもちろん「事実」であり、その事実認定がなされる必要がある。しかし、類似性判断は、原告作品と被告作品とに共通する部分が「思想・感情」そのものなのか表現なのか、表現であるとしてそれに創作性があるのか、あるとしてその創作性の程度は高いのか低いのか等によってなされるところ、それらの問題は法的評価であろう[24]。また何が「表現上の本質的な特徴」であるのか、それを「直接感得することができる」かどうか等も、やはり法的評価であろう。「直接感得性」については「事実」であるという意見もあり得るが、仮にそうだとしても、「本質的な特徴」が何かが法的評価である以上、「表現上の本質的な特徴の直接感得性」は全体として法的評価というべきである。

2　主張立証責任

(1)　具体的表現の特定

　類似性判断は法的評価であるとすると、評価根拠事実については原告が、評価障害事実については被告が主張立証責任を負い、裁判所は、立証された評価根拠事実及び評価障害事実を総合して類似性ありといえるかどうかを判断することになる。

---

24)　前田哲男「著作権法における要件事実から見た論点」伊藤滋夫編『要件事実の現在を考える』（商事法務、2006 年）167 頁。

　もっとも、一覧することによってその具体的表現を把握できる著作物について、被侵害著作物及び被告作品の具体的表現が訴状の別紙によって特定されていれば、上記のとおり、当該別紙に含まれる具体的表現のすべての構成要素は主張されていると考えることができるから、それ以上には「事実」の主張を要しないことも少なくないであろう。もちろん、このような場合にも当事者としては、裁判所の判断を自己の有利な法的評価へと導くべく、類似している点、あるいは逆に似ていない点を具体的に挙げて議論を戦わせるべきである。

　これに対して、一覧することによってその具体的表現を把握することが困難な著作物については、原告は、被侵害著作物をどのように特定するにせよ、別紙対比表によって類似箇所を具体的に特定して指摘する必要があり、指摘された箇所の具体的表現の態様が評価根拠事実になると考えることができよう[25]。同様に、被告が原告指摘箇所とは異なる箇所を相違点として指摘する場合、当該相違箇所の具体的表現の態様が評価障害事実になる。

(2)　具体的表現以外の要素

　類似性の判断は、被侵害著作物と被告作品の具体的表現の態様が主張されるか、あるいは両者の類似箇所・相違箇所が特定されてそれらの具体的表現の態様が主張されれば、基本的には可能となることも少なくないであろう。しかし、それ以外にも類似性判断に影響を与える事実があり得る。

　被侵害著作物と被告作品とを比較する場合、一見したところ似ている印象を受ける場合であっても、他の似たような著作物、とりわけ被侵害著作物に先行する他の似たような著作物が存在していることを知れば、類似性判断は異なり得る（創作性は低いことになり、類似範囲が狭く判断されることがある）。ほかにどのような著作物が世の中に存在しているのかを知り、それらの中に被侵害著作物と被告作品とを位置づけ、被侵害著作物・被告作品とその他の著作物との相互の「距離」関係を知ることは類似性判断において重要である。この観点から、被侵害著作物の創作前に創作された似たような著作物、及び、被侵害著作

---

25)　原告作品・被告作品全体の複製物が証拠として提出されることも実務上多いが、それによって作品全体の具体的表現の態様が主張されたことにはならない（主張と証拠の分離原則）。

物の創作後に創作された第三者の似たような著作物であって被侵害著作物に依拠しないものの存在は、評価障害事実になるというべきであろう[26]。それらの事実により「ありふれた」と評価される範囲が拡大することになる。

　被侵害著作物の創作の後に第三者によって創作された似たような著作物であって、被侵害著作物に依拠したものの存在はどうだろうか。原告からすれば、被侵害著作物に依拠した作品が世に増加したからといって、オリジナルである自らの作品の権利の及ぶ範囲が狭くなるのは納得がいかないだろう。確かに、海賊版が世に溢れているからといって被侵害著作物の類似範囲が影響を受けることはあり得ない。しかし、類似性判断は、つまるところ被侵害著作物にどれだけの範囲で独占権を認めるのが相当かという価値判断の問題である。そうだとすると、被侵害著作物に着想を得た他の著作物が世の中に多数存在しており、それらに対して原告が著作権侵害を主張していない実態が既に生じているなら、たとえそれらの著作物が被侵害著作物に依拠するものであるとしても、その事実は、上記価値判断に影響を及ぼす可能性も否定しきれないと思われる。

　また、需要者の誤認混同／著作物の著名性、依拠性の強さ等が、類似性という「振れ幅」のある評価に影響するとすれば、それらの事実（あるいはそれらの評価を根拠づけ、又は妨げる事実）が評価根拠事実／評価障害事実になるだろう。評価根拠事実／評価障害事実を主要事実とする主要事実説からは、それらの事実について当事者による主張立証が必要となるし、裁判所が類否の判断を示すに当たっては、それらの事実を認定した上で類似性判断の考慮ファクターにしたことを示す必要が生じる。この点については違和感もあり得るが、仮にそれらのファクターが類似性判断に影響するのなら、それを裁判所が「胸のうち」に留めておくのではなく、類似性判断がそれらのファクターを総合考慮に

---

[26]　大橋正春「著作物性の主張立証」斉藤博先生御退職記念『現代社会と著作権法』（弘文堂、2008 年）179 頁以下は、著作物であるとの主張について、それは法的主張であってその要件事実は著作物性を基礎づけるに足りる対象となるものの内容についての主張であるとし、裁判例の中には著作物性について主張立証を要求しているものがあることを指摘し、特殊・専門分野の知識がまったくない裁判官がありふれた表現でないとの結論を出すことがあることから、特殊・専門分野の知識が経験則となり、それについて主張立証責任が生じるとする。しかし、ありふれた表現かどうか等の判断に必要な特殊・専門分野の知識は、評価障害事実（あるいは評価根拠事実）として主張立証されるべきものであり、「経験則」として主張立証されるものではないであろう。

加えた結果であることが明示されるべきであると思う。

3　評価の時点

　被侵害著作物の後に創作された第三者の似たような著作物（とりわけ被侵害著作物に依拠しないもの）の存在が類似性の判断に影響することがあるから、類似性判断の評価をどの時点を基準に行うかの問題が生じる。また需要者の誤認混同／著作物の著名性等が類似性判断に影響するとすれば、その点でも判断の基準時が問題になる。

　類似性判断の基準時は、a) 差止請求については口頭弁論終結時、b) 不法行為による損害賠償請求については被告の行為時、c) 不当利得金返還請求権については利得発生時となろう。そのように解すると被告作品の創作時点では被侵害著作物と類似であったものが後に類似と判断されなくなる場合が生じ得ることになるが、侵害かどうかは、被告作品の創作時ではなく、被侵害著作物の利用行為の時点における判断になると思われる[27]。

---

27)　このような考え方を徹底していくと、創作時には「創作的」な表現と評価されて著作物としての保護を受けたものが、後にはそう評価されずに著作物としての保護を受けなくなるという現象の生じる余地があることになる。常識的に違和感を覚える（著作権が準物権であることによりとりわけその違和感は強い）現象であるが、評価が時間の経過によって変化することがあり得るのは当然であり、類似性判断をする裁判所は基準時における評価をすれば足りるのではないだろうか。

第 2 編　ケース編

第1章 イラスト

I 判例の概観

上　野　達　弘

1 総　説

　イラストというのは、イラストレーション（illustration）の語源が「分かり
やすくする」ことにあるせいか、写実的なものというより、シンプルな表現を
用いて対象の特徴を強調した一枚絵を意味することが多いようである[1]。具体
的には様々なものを含むが、人間等が有する特徴を強調して視覚的に表現した
単体のイラストは「キャラクター」と呼ばれ[2]、特に"かわいいもの"が好ま
れる日本では、漫画やアニメのキャラクターのみならず、いわゆる「ゆるキャ
ラ」などが数多く存在している。そうしたイラストとしてのキャラクターは、
シンプルな表現であっても創作性が認められ、著作物性は肯定されよう[3]。た

---

[1]　本来、illustration とは、例などを用いて分かりやすくすることを意味し、理解を容易にする
　　ための図解や挿絵等を指す。日本語の「イラスト」は、これと若干ニュアンスを異にするところ
　　があり、新村出編『広辞苑〔第7版〕』（岩波書店、2018年）213頁においても、「イラストレー
　　ションの略。特に、見て楽しいように誇張・変形した絵についていう」と定義されている。

[2]　なお、「キャラクター」とは、イラストとしてのキャラクターという意味のほか、フィクショ
　　ン作品（例：小説、漫画、映画、アニメ、コンピュータゲーム）の登場人物が有する抽象的な
　　"人物像"という意味でも用いられることがあり、その場合は著作物性が問題となる（詳しくは、
　　上野達弘「キャラクターの法的保護」パテント69巻4号49頁以下〔2016年〕参照）。実際のと
　　ころ、最判平成9年7月17日民集51巻6号2714頁〔ポパイ・ネクタイ事件：上告審〕も、「具
　　体的な漫画を離れ、右登場人物のいわゆるキャラクターをもって著作物ということはできない。
　　けだし、キャラクターといわれるものは、漫画の具体的表現から昇華した登場人物の人格ともい
　　うべき抽象的概念であって、具体的表現そのものではなく、それ自体が思想又は感情を創作的に
　　表現したものということができないからである」と述べているが、これは人物像としてのキャラ
　　クターについて論じたものと理解されよう。

[3]　上野・前掲注2）51頁参照。

だ、その著作権がどこまで及ぶか、すなわち類似性がどのような場合に認められるかという点は問題となる。なぜなら、イラストというものがシンプルな表現を用いて対象の特徴を強調したものである以上、同じ対象を描くと、どうしても似た表現になりやすいからである。

　例えば、もし"クマのイラスト"という点が他人の作品と共通しただけで著作権侵害になってしまうならば、誰もクマのイラストを描けなくなってしまいかねない。そうなると、本来であれば世の中に多種多様なクマのイラストが生み出される可能性があるにもかかわらず、これを妨げてしまう結果、文化の発展を阻害することになろう。そこで、著作権という権利は、あくまで具体的な「表現」を保護するのであり、"クマのイラスト"というような抽象的な「アイディア」は保護しないことになっているのである（アイディア／表現二分論）。したがって、単にクマのイラストという点が他人の作品と共通するだけでは著作権侵害が肯定されず、さらにどのような形や色でクマのイラストを描いているかという具体的な「表現」が共通しない限り、著作権侵害は肯定されないのである。

　また、具体的な「表現」といっても、例えば、"うさぎの耳が長くて立っている"ことや、"ネコの顔にひげが生えている"ことなどは、うさぎやネコを描こうとすれば誰でも行うありふれた表現と言える。そのような表現は、作者の個性があらわれているとは言えず、「創作性」が認められないため著作権保護を受けない。したがって、たとえ「表現」において他人の作品と共通する場合であっても、誰がやっても同じようなものになるありふれた表現が共通するだけでは著作権侵害は肯定されず、さらに作者の個性があらわれている「創作性」のある表現までが共通しない限り著作権侵害は肯定されないのである。

　ただ、アイディアと表現の区別も、創作性の有無も、境界線は微妙であり、その判断には常に困難が伴う。もし類似性をあまりにも緩やかに判断してしまうと、他者の自由が制約されすぎる結果、将来のクリエイタの創作活動に悪影響を及ぼしかねない。他方、類似性をあまりにも厳しく判断してしまうと、当該クリエイタの保護として不十分なものになりかねない。このように、類似性の問題とは、著作物をめぐる権利保護と自由確保のバランスの追究にほかならない。本章で見るように、イラストに関してはこの問題を考えるための実例が

豊富にある。以下では、そうした裁判例を判決の結論（肯定例／否定例）によって分類して概観しつつ、それぞれの妥当性についても考えてみよう。

2　裁判例

(1)　類似性を否定した裁判例

【ケース1-1】タウンページ・キャラクター事件 4)

　本件は、「古本物語」という漫画を創作した原告（控訴人）が、被告（被控訴人）がハローページの裏表紙の内側のページに被告イラスト（「タウンページ」と記載された3体のキャラクターがマンホールから出ている絵および吹き出しの部分）を掲載して発行していることが、原告の有する著作権の侵害に当たると主張して、損害賠償等を請求した事案である。

　裁判所は、「原告漫画のキャラクターと被告イラストのキャラクターは、本を擬人化したという点は共通しているが、それ自体はアイデアであって、著作権法で保護されるものではない」と述べた上で、①「原告漫画のキャラクターの本の形状は、背表紙の付近が丸みを帯び、やや本が開いた状態のものもあるが、被告イラストのキャラクターの本は、全体的に角張っており、表表紙の上辺よりも裏表紙の上辺の方が長い独特の形状となっている」こと、②「被告イラストのキャラクターは、目が斜めに配置されているが、原告漫画のキャラクターは、目は真横に並べられている」こと、③「被告イラストのキャラクターには、大きく鼻が描かれているのに対し、原告漫画のキャラクターには鼻が存在しない」こと、④「被告イラストのキャラクターは、本の中央から腕が生えているのに対し、原告漫画のキャラクターは、本の表紙、すなわち顔の面から、腕が生えている。また、被告イラストのキャラクターの腕及び手は立体的で、手は黒く塗りつぶされた丸形である……が、原告漫画のキャラクターの腕及び手は立体的でなく、手も白い丸形である」こと、⑤「被告イラストのキャラクターの額にあたる部分にはタウンページという文字が描かれているが、原告漫

---

　4)　東京高判平成12年5月30日（平成12年（ネ）第464号）〔タウンページ・キャラクター事件：控訴審〕。

画のキャラクターには何らの文字もない」ことといった相違点を指摘して、類似性を否定した[5]。

　たしかに、原告イラストとは、"本を擬人化したイラスト"という点では共通するが、それ自体が著作権保護を受けてしまうと、このイラストに接した者は、当該著作権が存続する限り、"本を擬人化したイラスト"を描けなくなってしまいかねない。したがって、"本を擬人化したイラストを描く"という抽象的なアイディアは著作権保護を受けない。他方、"本を擬人化したイラストを描く"というアイディアをどのように具体化しているかという表現において、原告のイラストは著作権保護を受ける。本件における両イラストを比較すると、手の生えている場所、本の閉じ方、本の背の形状、鼻の有無、両目の高さといった具体的な表現において相違があると言え、本件において類似性を否定した裁判所の結論は支持されよう。

　なお、本件の控訴審では、被告のタウンページCMについても問題となり、その過程で、原告は、両著作物における後方右端のキャラクターの眉毛の形が両者ともハの字を逆にした形をしている点を主張したが、裁判所は、「控訴人漫画の前記枠では、眉毛の角度が急で怒りの感情を表現していると認められるのに対し、被控訴人CM1の前記枠では眉毛の角度がゆるやかで、使命感を帯びた厳めしさを表現しているものと認められ、そこに怒りの感情を読みとることはできないから、両者のキャラクターの表情は、大いに異なるというべき」と判示している。言われてみればそのようにも感じられるところであり、イラストの類似性を考える上で参考になろう。

---

5)　第一審判決（東京地判平成 11 年 12 月 21 日（平成 11 年（ワ）第 20965 号））引用部分。

原告漫画

被告イラスト

【ケース1–2】けろけろけろっぴ事件[6]

　本件は、カエルをモチーフにした本件著作物を創作した原告（控訴人）が、被告（被控訴人）が「けろけろけろっぴ」の名称で被告図柄を使用等していることが、原告の有する著作権および著作者人格権の侵害に当たると主張して、損害賠償等を請求した事案である。

　裁判所は、本件著作物（原告イラスト）の「基本的な表現」として、①「顔の輪郭が横長の楕円形であること」、②「目玉が丸く顔の輪郭から飛出していること」、③「胴体が短く、これに短い手足をつけていること」を挙げた上で、「カエルを擬人化する場合に、作品が、顔、目玉、胴体、手足によって構成されることになるのは自明である。擬人化されたカエルの顔の輪郭を横長の楕円形という形状にすること、その胴体を短くし、これに短い手足をつけることは、擬人化する際のものとして通常予想される範囲内のありふれた表現というべきであり、目玉が丸く顔の輪郭から飛び出していることについては、我が国においてカエルの最も特徴的な部分とされていることの一つに関するものであって、これまた普通に行われる範囲内の表現であるというべきである。そうすると、本件著作物における上記の基本的な表現自体には、著作者の思想又は感情が創作的に表れているとはいえないことになる」と述べて、このような「基本的表現自体には『著作物』の要件としての創作性を認めることができない」とする

---

6)　東京高判平成13年1月23日判時1751号122頁〔けろけろけろっぴ事件：控訴審〕。

一方で、「それを現実化するに当たっての細部の表現においては、擬人化した
カエルの図柄に、形状、配置、配色によるバリエーション（変形、変種）を与
えることによって、表現全体として作者独自の思想又は感情が表現されている
ということができ、ここに創作性を認めることができる」とした上で、「独自
の創作性を認めることができる本件著作物の形状、図柄を構成する各要素の配
置、色彩等による具体的な表現全体に関して、本件著作物……と、被控訴人図
柄……を、それぞれ個別的に対比してみると、輪郭の線の太さ、目玉の配置、
瞳の有無、顔と胴体のバランス、手足の形状、全体の配色等において、表現を
異にしていることが明らかであり、このような状況の下で、被控訴人図柄を見
た者が、これらから本件著作物を想起することができると認めることはできな
いから、被控訴人図柄を、そこから本件著作物を直接感得することができるも
のとすることはできないというべきである」と判示して、類似性を否定した。

　本件において、原告イラストと被告イラストは、"カエルを擬人化したイラ
スト"という点では共通するが、"カエルを擬人化したイラスト"というもの
自体は抽象的なアイディアとして著作権保護を受けない。その上で、"カエル
を擬人化したイラスト"というアイディアを具体的にどのような形状や色彩で
描くかという点が「表現」である。そのような表現において創作性が発揮され
ることになり、創作性のある表現において共通性が認められる場合は類似性が
肯定されることになる。

　たしかに、本件における両イラストは、単に"カエルを擬人化したイラス
ト"という点で共通するだけではなく、「擬人化されたカエルの顔の輪郭を横
長の楕円形という形状にすること、その胴体を短くし、これに短い手足をつけ
る」といった具体的な表現の点でも共通していると言えよう。しかし、そのよ
うに、カエルの顔の輪郭を横長の楕円形にすることや、胴体を短くするといっ
た形状は、カエルを擬人化したイラストを描く際に誰でもやるような表現であ
り、創作性が発揮されているとは言い難い。本判決も、これらの点について
「擬人化する際のものとして通常予想される範囲内のありふれた表現というべ
き」と判示している[7]。その上で、本判決は、両イラストの具体的表現におけ

7）　なお、本件原告は、両イラストが、目玉が丸く顔の輪郭から飛び出している点についても共通

る相違点（例：輪郭線の太さ、目玉の配置、瞳の有無、顔と胴体のバランス、手足の形状、全体の配色）を指摘して創作的表現の共通性を否定したものであり、その結論は支持されよう。

原告イラスト（本件著作物）　　　　　　　　　　　被告図柄

【ケース 1-3】うるせぇトリ事件 8)

　本件は、連載漫画「Mr.BEAK」の著者である原告が、被告が「うるせぇトリ」と題するキャラクターを制作して、LINE においてクリエイターズスタンプとして販売したり、グッズを販売したりする行為が、原告の有する著作権および著作者人格権を侵害するなどと主張し、差止・損害賠償を請求した事案である。

　裁判所は、「原告作品に描かれた原告キャラクターの上記特徴のうち、キャラクターの髪を描かず、頭部を半楕円形で描く点は同別紙の『エリザベス』及び『タキシードサム』と、目を小さい黒点のみで描く点は同別紙の『タキシー

　すると主張したが、本判決は、「目玉が丸く顔の輪郭から飛び出していることについては、<u>我が国においてカエルの最も特徴的な部分とされていること</u>の一つに関するものであって、これまた普通に行われる範囲内の表現である」（下線筆者）と判示しており、この点も興味深い（「我が国」以外では異なるのであろうか……）。

8)　東京地判令和 2 年 10 月 14 日（令和元年（ワ）第 26106 号）〔うるせぇトリ事件〕。

ドサム』、『アフロ犬』、『ハローキティ』、『にゃんにゃんにゃんこ』及び『ライトン』と、口唇部分を全体的に厚く、口を横に大きく描く点は同別紙の『おばけの Q 太郎』と、顔部分と下半身部分とを明確に区別をせずに寸胴に描き、手足は手首・足首を描かずに先細の棒状に描く点は同別紙の『おばけの Q 太郎』及び『エリザベス』（ただし、いずれも手の部分）と共通し、いずれも、擬人化したキャラクターの漫画・イラスト等においては、ありふれた表現であると認められる。……そうすると、原告作品は、上記の特徴を組み合わせて表現した点にその創作性があるものと認められるものの、原告作品に描かれているような単純化されたキャラクターが、人が日常的にする表情をし、又はポーズをとる様子を描く場合、その表現の幅が限定されることからすると、原告作品が著作物として保護される範囲も、このような原告作品の内容・性質等に照らし、狭い範囲にとどまるものというべきである」と述べた上で、個別に検討した結果、すべてについて類似性を否定した。

　例えば、原告作品 6-1 と被告作品 6 について、本判決は、「原告作品 6-1 と被告作品 6 とを対比すると、両作品は、頭部が半楕円形で髪がない点、目を黒点のみで描いている点、くちばしと肌の色を明確に区別できるように描いている点、顔部分と下半身部分とを明確に区別をせずに描いている点、胴体部分に比して手を短く描いている点のほか、腕を組んでいる点において共通するが、腕を組むというポーズを描くこと自体は、別紙 6『対比キャラクター』のエリザベスにも見られるようにありふれている上、その余の共通点も、いずれも擬人化されたキャラクターにおいてはありふれた表現であると認められる。他方、両作品には、作品に共通する相違点のほか、原告作品 6-1 では、キャラクターの足を除いた部分が、頭から下半身に向けて細くすぼまるように描かれており、上のくちばしがへの字状、下のくちばしが円弧状に描かれ、くちばしのすぐ下で腕を組んでいる様子が表現されているのに対し、被告作品 6 では、両足で立つキャラクターの全身が、頭から下半身に向けてわずかに幅が狭くなるように描かれており、右目を左目の斜め上方で顔の縦方向の中心線から遠くに配し、黄色い上下のくちばしの形状はほぼ同じで、くちばしからやや離れた下方で腕を組んでいる様子が表現されているなどの相違点があり、その具体的な表現は異なっている。以上のとおり、両作品の共通点はありふれており、取り分け、

擬人化されたキャラクターが腕を組むというごくありふれたポーズを描く場合にはその表現の選択の幅は狭くならざるを得ない上、両作品には具体的な表現としても上記のとおりの相違点があることにも照らすと、被告作品 6 から原告作品 6-1 の本質的特徴を感得することはできないというべきである」と判示して、類似性を否定した。

　本件におけるイラスト（1～22）を、それぞれ個別的に比較すると、シンプルな表現を用いたイラストであるために、もしこの程度で類似性が肯定されてしまうならば、同じようなイラストを描く自由が過度に制約されてしまうと考えられる。したがって、本件において類似性を否定した本判決の結論は支持されよう。ただ、全イラストをセットで見た場合や、もし原告イラストが特別に著名な人気キャラクター（例：リラックマ）だった場合でも、そうした類似性判断が影響を受けないかどうかという点は検討の余地があろうか。

　なお、一般論として、裁判所が類似性を判断するためには、創作的表現における共通性があるかどうかを判断する必要があり、そのためには、ある表現がありふれているかどうかを判断する必要があるが、その際、裁判所がその認定を行うための根拠ないし証拠が必要となる。本件では、被告側が、証拠として多数の対比キャラクター（例：おばけの Q 太郎、エリザベス）を提出したことによって、裁判所が、原告作品の様々な特徴（キャラクターの髪を描かず、頭部を半楕円形で描く点、口唇部分を全体的に厚く、口を横に大きく描く点、顔部分と下半身部分とを明確に区別をせずに寸胴に描き、手足は手首・足首を描かずに先細の棒状に描く点）について、「擬人化したキャラクターの漫画・イラスト等においては、ありふれた表現であると認められる」という認定を行うことを可能ないし容易にした側面があるかも知れない。

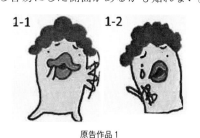
原告作品 1

被告作品 1

原告作品5

被告作品5

原告作品6

被告作品6

原告作品7　　被告作品7　　原告作品10　　被告作品10

原告作品14　　被告作品14　　原告作品22　　被告作品22

対比キャラクター
（おばけの Q 太郎）

対比キャラクター
（エリザベス）

【ケース 1–4】コーポレーションペンギン事件 9) 10)

　本件は、原告らが、被告が訴外スチュワート・マスコウィッツ（Stewart Moskowitz）によって創作された「コーポレーション」と題するペンギンの絵画（本件絵画）の著作権を有するなどと主張して、被告人形（本件人形）を製造して、これを「ムニュムニュ」という名称で販売することが、コーポレーションペンギンおよび原告人形（コーポレーションペンギンに基づいて「コーポレットペンギン」という名称で販売されているもの）について原告らの有する著作権の侵害に当たるなどと主張して、差止・損害賠償を請求した事案である。

　裁判所は、「コーポレーションペンギンと本件人形は、黒色の目、その周りの比較的大きい白色部分、黄色のくちばし及びその余の黒色部分からなる頭部、白色の胸腹部及び黒色の背部からなる胴体、正面が白色で背面が黒色の翼並びに黄色の下肢から構成されている点並びにくちばしのすぐ上に目があり、翼の先端が丸くなっている点において共通していること、これらの共通点のうちくちばし及び下肢が黄色であること並びに目の周りに前記のような白色部分があることが、自然界のペンギンには見られない点である」としながらも、「コーポレーションペンギンと本件人形とは、いずれもペンギンを題材としたものであるから、全体の構成が類似してくるのはやむを得ない面があるうえ、目の周りに白色又は黄色の部分があるペンギン又はその絵画は、その大きさや形状を

---

9)　東京地判昭和 62 年 7 月 17 日特許管理別冊判例集昭和 62 年 II 182 頁（昭和 60 年（ワ）第 8776 号）〔コーポレーションペンギン事件〕。

10)　評釈として、牛木理一『キャラクター戦略と商品化権』（発明協会、2000 年）329 頁以下参照。

別にすれば存在しないわけではなく……、また、くちばし等が黄色であるとい
う点も、一般にくちばし等が黄色い鳥が少なくないことからすると（公知の事
実）、さほど特異なものではないと認められるから、これらの点は必ずしも本
件人形が、コーポレーションペンギンに類似していることの根拠となるもので
はないということができる。逆に……、本件人形は、コーポレーションペンギ
ンが雪だるま状の体型で約四頭身であるのに対し、体型が台形状で約二頭身で
あり、極めて太つた印象を与えること、コーポレーションペンギンのくちばし
が頭部の面積の約2分の1ないし3分の1程度であるのに対し、本件人形のく
ちばしの大きさは、頭部の面積の約3分の2と極めて大きいこと、本件人形の
くちばしは、コーポレーションペンギンのくちばしと異なり、へん平であつて、
かつ、くちばしに鼻孔が存在しないこと、本件人形の目は、点状のコーポレー
ションペンギンの目と異なり、かなり大きい円形であること、本件人形の目の
周りの白色部分の形が、コーポレーションペンギンのようなだ円形ではなく異
なつていること、本件人形には腹部にへそが存在しないこと、コーポレーショ
ンペンギンには一応脚があり、かつ、足が分厚く大きいのに対し、本件人形に
は、脚に相当する部分がなく、足もへん平であり、その形がまつたく違うこと
などの相違点があることが認められる。そして、右相違点は、いずれも見る者
の目を特に引き付ける特徴的な部分に関するものであるから、前述の共通点が
あることを考慮に入れても、本件人形は、コーポレーションペンギンとは、外
観が著しく異なり、全く別異の印象を与えるというべきであり、したがつて、
仮に10才前後の子供を基準にしたとしても、コーポレーションペンギンに類
似しているとは到底認められない」と判示して、類似性を否定した。

　また、原告人形と被告人形について、裁判所は、「原告人形と本件人形とは、
黒色の目、その周りの白色部分、黄色のくちばし及び黒色の地の部分からなる
頭部、胸腹部が白色で背部がほぼ黒色の胴体、上側が黒色で下側が白色の翼及
び黄色の下肢からなつている点、また、正面から見た形状は、両者とも、黒色
円形状の目が、くちばしのすぐ上にあり、その目の周りに白色部分があること、
一対の翼が胴体の背面側上部両脇から伸びていること、翼の先端が丸くなつて
いること、下肢は脚に相当する部分が存在せず足のみであること、更に、背面
が黒色であり、側面の全体的形状がおおよそ卵形であつて、底部が平らである

点、頭部の側面は、地の黒色部分が後頭部から顔面にかけて広がつており、黄色のくちばし及び右白色部分に接していて、顔面側に『く』の字状（左側面を見た場合。右の側面を見た場合には逆「く」の字状になる。）に突き出た形になつており、目の周りの白色部分が、頭部の正面側上方に存在する点等において共通していると認められる。しかし、前記1の事実によると、正面から見た形状が原告人形にあつてはやや縦長の雪だるま状で、三頭身から四頭身であり、かつ、胴体の厚みが背の高さの約2分の1であるのに対して、本件人形は、やや縦長の台形状で、約二頭身であり、かつ、胴体の厚みが背の高さの約3分の2であつて、原告人形に比し極めて太つている印象を与える点、原告人形にあつては、くちばしが全体にふつくらと丸みを帯び、かつ、正面から見ると概略横長の長方形で上辺が山形になつており、更に、前方に太く突き出ていて、上のくちばしが下のくちばしを覆うような形で下方に湾曲し、かつ、その先端付近において上のくちばしと下のくちばしとに分かれているのに対し、本件人形のくちばしは、幅広の三角形状をしており、ほとんど突き出ておらず、へん平であつて、かつ、くちばしの根元からその幅一杯に引かれた逆『へ』の字形の線で上下のくちばしに分けられている点、くちばしの大きさが、原告人形にあつては、幅が頭部の幅の約3分の2、面積が頭部の面積の約3分の1強であるのに対し、本件人形のくちばしは、幅が頭部の幅と等しく、面積が頭部の面積の約3分の2であり極めて大きい点、原告人形のくちばしには、上部に一対の鼻孔があるのに対し、本件人形には、鼻孔がない点、原告人形に比べて本件人形の目が相対的に、すなわち、体全体に対する比率において大きく、目の周りの白色部分の形が原告人形にあつては、ほぼ横長のだ円形で下部が山形にくぼんだ形であり、その幅が、頭部の幅の約2分の1強であるのに対し、本件人形のそれは、上半分が横長のだ円形で、両側の下方がほぼ直線状で、下部が山形にくぼんだ形であり、その幅が頭部の幅の約2分の1弱である点、胸腹部の形が原告人形にあつてはわずかに縦長のだ円形で、白色であり、その下部中央には黒色で点状のへそがついているのに対し、本件人形は、横長の台形状であつてへそがついていない点、翼及び下肢が原告人形にあつてはかなり厚いのに対し、本件人形はへん平である点等において相違している……。以上のとおり原告人形と本件人形とは種々の点で相違しているが、特に、原告人形と本件人形

との体型、くちばしの大きさ及び形、目の大きさ、鼻孔の有無、目の周りの白色部分の形、への有無並びに下肢の形状といつた相違点は、いずれも見る者の注意を特に引き付ける特徴的な点における相違点であると認められるから、原告人形と本件人形がいずれもペンギンを題材とした人形であることをも併せ考慮すると、前記のような共通点があるとしても、両者の外観はまつたく異なつているというべきであり、10才前後の子供を基準に考えたとしても、これらが類似しているとは認められない」と判示して、類似性を否定した。

　もちろん、複数のペンギンを組み合わせたコーポレーションペンギンとしては高い創作性があると考えられようが、ペンギン単体を個別的に比較するならば、本件における両イラストの共通性くらいで類似性が肯定されてしまうと、例えば、動物園で販売されているごく普通のペンギンのぬいぐるみ等も著作権侵害になってしまいかねないように思われる。本判決は、両イラストの相違点を詳細に認定して類似性を否定したものであり、その結論は支持されよう。

コーポレーションペンギン[11]

原告人形[12]　　　　　　　被告人形（本件人形）[13]

---

11)　Stewart Moskowitz, Fred's Pyramid（Simon & Schuster, 1983）表紙より。

12)　牛木・前掲注10）330頁および特許管理別冊判例集昭和62年Ⅱ 191頁・193頁より。

13)　同上。

【ケース1-5】坂井真紀イラスト事件 14)

本件は、イラストレータである原告が、映像制作等を業とする被告がタレント新人オーディションの雑誌広告において被告イラストを用いたことが、女優坂井真紀の人物画である本件著作物について原告が有する著作権を侵害すると主張して、差止請求を行った事案である。

裁判所は、両イラストを比較した上で、「被告イラストレーションは、本件著作物とは、顔の輪郭の上半部が円形であること、目の形状が銀杏の実のような形状で、瞳が大きく描かれていること、鼻が口に近い位置に配置されていること、片手を前、もう一方の手を後ろにし、足はこれと左右逆であること、バッグを肩から後ろへ向かって掛けていることが共通する。しかし、本件著作物と被告イラストレーションとでは、顔のうち、その同一性を左右する主要な部分について右……のとおり違いがあるから、右のような共通する点があるとしても、顔について同一性を認めることはできず、また、顔以外の部分にも、右……のとおり違いがある。したがって、本件著作物と被告イラストレーションの同一性を認めることはできない」と判示して、類似性を否定した。

本判決が類似性を否定した結論は基本的に支持されようが、両イラストを見ると、鼻が口にかなり近い位置に配置されている点など、それなりに特徴的な要素の組み合わせにおいて共通性があるように見えなくもない 15)。仮に、そのような特徴によって原告イラストが特別に著名な人気キャラクターになった場合でも、類似性判断が影響を受けないかどうか検討の余地もあろうか。

14)　東京地判平成11年7月23日（平成10年（ワ）第29546号）〔坂井真紀イラスト事件〕。

15)　本件について類似性が肯定されるべきとする見解として、荒竹純一『ビジネス著作権法——侵害論編〔新版〕』（中央経済社、2014年）182頁（両者が顔の特徴の表現方法やポーズの描き方において共通していることから「後行イラストは先行イラストとは違う別個の創作性が付加されているとしても、先行イラストの創作的表現の利用があるといわざるをえず、翻案権侵害が肯定されるべき事案であろう」とする）参照。

原告イラスト（本件著作物）

被告イラスト[16]

【ケース1-6】 マンション読本事件[17) 18)]

本件は、『独り暮らしをつくる100』と題する書籍および原告各イラストを創作した原告が、被告らが「マンション読本」と題する冊子等の中で被告各イラストを使用していることが、原告の有する著作権および著作者人格権の侵害に当たると主張して、差止・損害賠償等を請求した事案である。

裁判所は、まず、「原告各イラスト全体を観察し、原告各イラストを通じてそのキャラクターとして表現されているものを特徴付ける際だった共通の特徴を抽出し、これをもとに個々の原告各イラストの本質的な表現上の特徴がどこにあるかを認定すべき」とした上で、「原告各イラストを特徴づける本質的な表現上の特徴は、顔面を含む頭部に顕れた特徴ということにならざるを得ない」と述べ、両イラストの「顔面を含む頭部」について、「髪の毛を灰色地に引いた略直線で表現し、これを頭頂部付近で二重の略楕円形状に束ねていること、顔の左右に略円形状のピンクのぼかしたほお紅を入れていること等において、原告イラスト1と共通するところがあり、これらの各要素が共通すること

---

16)　TVLIFE誌首都圏版（1998年9月25日号）124頁より。

17)　大阪地判平成21年3月26日判時2076号119頁〔マンション読本事件〕。

18)　評釈として、丁文杰「キャラクターの絵画的表現の保護範囲――マンション読本事件」知的財産法政策学研究30号201頁（2010年）、諏訪野大「同一コンセプトの下に描かれたキャラクターのイラスト――マンション読本事件」三山峻司先生＝松村信夫先生還暦記念『最新知的財産判例集――未評釈判例を中心として』（青林書院、2011年）604頁、谷川和幸「類似性（9）――イラスト〔マンション読本事件〕」著作権判例百選〔第5版〕124頁、山根崇邦「依拠の立証〔マンション読本事件〕」著作権判例百選〔第6版〕88頁参照。

によって一見すると似たような印象を受ける」とする一方、相違点として、①「原告イラスト 1 が眉、口を『－』と直線で表現するとともに、目のひとみ部分を黒く塗りつぶしていないのに対し、被告イラスト 1 においては、眉及び口をそれぞれ『⌒』、『⌣』で表現するとともに、目のひとみ部分を黒く塗りつぶしている点」、②「髪の毛の描き方が、原告イラスト 75 においては、薄い茶色地に頭頂部から下方に向けて放射状に伸びた 2 本の直線で表現しているのに対し、被告イラスト 1 においては、比較的濃い灰色地に数本の斜線をほどこすことで表現している点」、③「顔の輪郭が、原告各イラストでは菱形のやや鋭角的であるのに対し、被告各イラストでは下ぶくれの略円形（卵型）である点」、④「表情の点」を挙げた上で、「このような相違によって、原告イラスト 75 が、独特の透明感のあるクールなタッチで、知的で好奇心がおう盛な若い独り暮らしの女性であることを強く印象づけるものとなっているのに対し、被告イラスト 1 は、比較的平凡なタッチで、柔和で優しく親しみやすい若い母親を印象づけるものになっているといえる」と判示して、類似性を否定した[19]。

　本判決は、多数ある原告著作物と被告著作物を個別に対比するというより、原告各イラスト（127 点）全体を通じて表現されている「共通の特徴」を抽出した上で検討するという手法を採用しており、具体的には、「顔面を含む頭部」に着目して類似性判断を行っている。その背景には、本件のように多数の著作物が問題になる事案における依拠性の認定が関係しているとも指摘されているが[20]、本件訴訟において、原告イラストと被告イラストのすべてについて著作権侵害の有無が問題となっている以上、依拠性の認定とは別に、類似性について個別に判断する必要があり、そうであれば、頭部のみならず、体型や姿勢、

---

[19]　本判決は、被告イラストが掲載されたのはマンション購入希望者にノウハウを教示するための冊子「独り暮らしをする若い女性」であり、被告イラストは、夫と幼い息子がおり、これから家族の住むマンションを購入しようと考えている 30 歳の主婦という設定で描かれたものであることから（イラスト中にも「mum」と記載されている）、「顔の表情が柔和で、ほほえんでいるようにみえる」のに対して、原告イラストが掲載されたのは独り暮らしの若い女性向けに作られた『独り暮らしをつくる 100』という書籍であり、「顔の表情が感情に乏しく無表情で堅めであること」などと述べて、両イラストの相違点を強調しており、イラストの類似性を考えるに当たって参考になり得ようか。

[20]　丁・前掲注 18）259 頁、谷川・前掲注 18）125 頁、山根・前掲注 18）89 頁参照。

あるいは服装における共通性も含めて類似性判断が行われるべきであったようにも思われる[21]。

　特に、原告イラスト75と被告イラスト1においては、頭部のみならず、体型や姿勢、あるいは服装においても共通性が認められ、また、例えば「極端ななで肩」であることなど、たしかにそれ単体では創作的表現に当たらなくても、原告イラスト75全体の創作的表現を基礎づける要素の一つになり得るとの考えもあろう。そのような観点から、本件においては類似性が肯定されるべきであったという見解も少なくない[22]。

　この点について、本判決は、原告が原告各イラストの特徴として指摘した「極端ななで肩としたこと、○や△に近い単純なシルエットとしたこと、顔と身体をほぼ同じ幅としたこと、手足が先端に行くほど細く、直立時の足はハの字に開いていること、人間に近いプロポーションを採用した（顔を1としてほぼ6等身）」点について、「これらの各特徴は、人物をイラストで単純化して表現する場合にごく一般的に見られるものというべきであり……、それ自体を取り出してみても、痩身の若い女性を単純化して描いたイラストとしての本質的な表現上の特徴というべきものとはいえない」と判示したが、もしそれが、頭部を除外した首から下の部分には創作性がないことを意味するのであれば、その部分だけでは著作物性がないことになり、たとえ原告イラスト75の首から下の部分をデッドコピーしても著作権侵害にならないことになるように思われ

---

21)　伊藤真＝前田哲男「似ている？似ていない？」高林龍編集代表『著作権ビジネスの理論と実践Ⅲ（2011年度JASRAC寄付講座早稲田大学ロースクール著作権法特殊講義5）』（2013年）103頁［前田］（「大阪地裁は、いろんな服装をするのだからということで服装の類似を捨象して、侵害でないとしているのですが、ちょっとどうかのかな、やはり対比をするときには、この絵とこの絵とで対比をするのが原則じゃないかなと思います。このキャラクターがいろんな服装に着がえることがあるとしても、やはり、この絵とこの絵とが対比されたら、服装とか姿勢の類似性も、判断のファクターに入ってくるのではないか」とする）、諏訪野・前掲注18）614頁（「わざわざキャラクターを特徴付けるX各イラスト共通の特徴を見いだす必要はないであろう」とする）、山根・前掲注18）89頁（「あえてX各イラスト全体に共通する特徴を抽出する必要はなく、頭部のみならず、服装や姿勢等を含めて、Xイラスト75の全体をYイラスト1と対比すれば足りたように思われる」とする）、荒竹・前掲注15）175頁も同旨。

22)　伊藤＝前田・前掲注21）102頁［伊藤］（「私は、これはアウトと言っていいのかなと思います」とする）・103頁［前田］（「私も、これはかなり微妙な事案ではありますが、侵害になってもおかしくなかったようなケースのような気がいたします」とする）参照。

るが、そうだとすれば疑問の残るところである。

　もっとも、仮に「顔面を含む頭部」に焦点を当てるならば、本判決が「その特徴的な部分において相当顕著に異なる」と述べたように、具体的な表現に相違があるのもたしかである。ただ、もし原告イラストが特別に著名な人気キャラクターだったとすると、本件程度の共通性があれば、これに接した者は十分に原告イラストを想起するように思われるが、それでも類似性判断は影響を受けないかどうか、課題となり得よう。

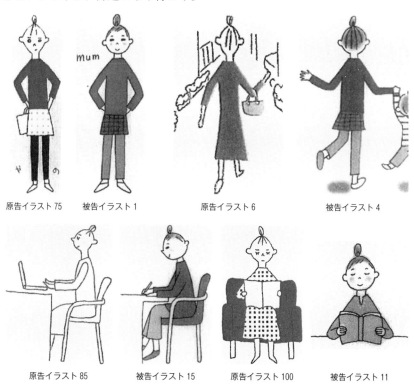

原告イラスト75　　被告イラスト1　　　　　原告イラスト6　　　　　　被告イラスト4

原告イラスト85　　　被告イラスト15　　　原告イラスト100　　　被告イラスト11

【ケース1-7】博士イラスト事件 [23] [24]

　本件は、幼児向けの教育用DVD等を製造販売する原告が、被告が同様のDVD商品を販売することが、原告商品のパッケージカバー等において使用されているキャラクター（原告博士絵柄）について原告が有する著作権の侵害に当たるなどと主張して、損害賠償を請求した事案である。

　裁判所は、共通点について、「①角帽を被ってガウンをまとい、髭を生やしたほぼ2頭身の年配の男性の博士であり、頭部を含む上半身が強調されて、下半身がガウンの裾から見える大きな靴で描かれていること、②顔のつくりが下ぶくれの台形状であって、両頬が丸く、中央部に鼻が位置し、そこから髭が左右に『八』の字に伸びて先端が跳ね上がり（カイゼル髭）、目が鼻と横幅がほぼ同じで縦方向に長い楕円であって、その両目の真上に眉があり、首と耳は描かれず、左右の側頭部に3つの山型にふくらんだ髪が生えていることが共通している」とする一方で、相違点について、「①被告博士絵柄は、原告博士絵柄と対比して、より立体的な質感があって、瞳などに光の輝きがあり、顔や全身がより細身に描かれているのに対し、原告博士絵柄は、被告博士絵柄と対比して、平板な感じで全体的にのっぺりとして、顔や全身が横太に描かれており、②被告博士絵柄は、耳が描かれ、鼻が縦方向の楕円で、瞳が黒く、眉は灰色で両端が下方に湾曲し、髭が白色であるのに対し、原告博士絵柄は、耳がなく、鼻がほぼまん丸で、瞳がグレー、眉は黒色で横長の楕円で、髭が黒色であり、③被告博士絵柄は、角帽の角が顔の中心線上で、つばに角度があり、赤い蝶ネクタイを付けて、金ボタンの付いた紺色のガウンをまとっているのに対し、原告博士絵柄は、角帽の角が顔の端に寄って、つばに角度がなく、蝶ネクタイはなく、黒色のガウンに装飾がない」とした上で、「原告博士絵柄のような博士の絵柄については、……角帽やガウンをまとい髭などを生やしたふっくらとした年配の男性とするという点はアイデアにすぎず、……原告博士絵柄と被告博士絵柄との共通点として挙げられているその余の具体的表現（ほぼ2頭身で、

---

23)　東京地判平成20年7月4日（平成18年（ワ）第16899号）〔博士イラスト事件〕。

24)　評釈として、津幡笑「絵画的な表現の著作物の保護範囲——博士イラスト事件」知的財産法政策学研究24号97頁（2009年）、同「翻案権と類似性（6）——イラスト」著作権判例百選〔第4版〕112頁参照。

頭部を含む上半身が強調されて、下半身がガウンの裾から見える大きな靴で描かれていること、顔のつくりが下ぶくれの台形状であって、両頬が丸く、中央部に鼻が位置し、そこからカイゼル髭が伸びていること、目が鼻と横幅がほぼ同じで縦方向に長い楕円であって、その両目の真上に眉があり、首と耳は描かれず、左右の側頭部にふくらんだ髪が生えていること）は、きわめてありふれたもので表現上の創作性があるということはできず、両者は表現でないアイデアあるいは表現上の創作性が認められない部分において同一性を有するにすぎない」などと判示して、類似性を否定した。

　たしかに、"博士のイラスト"というもの自体は抽象的なアイディアであり、著作権保護を受けないことに異論はない。その上で、本判決は、「角帽やガウンをまとい髭などを生やしたふっくらとした年配の男性とするという点はアイデアにすぎ」ないと述べている。このように、"角帽やガウンをまとい髭などを生やしたふっくらとした年配の男性の博士のイラスト"というものも、依然として抽象性が高いため、アイディアの領域に属すると考えられよう。しかし、本件における両イラストは、さらに具体的な表現——「ほぼ2頭身で、頭部を含む上半身が強調されて、下半身がガウンの裾から見える大きな靴で描かれていること、顔のつくりが下ぶくれの台形状であって、両頬が丸く、中央部に鼻が位置し、そこからカイゼル髭が伸びていること、目が鼻と横幅がほぼ同じで縦方向に長い楕円であって、その両目の真上に眉があり、首と耳は描かれず、左右の側頭部にふくらんだ髪が生えていること」においても共通性が見られ、これをどのように評価するかが問題となる。

　一般に、あるイラストの具体的表現が複数の要素によって構成されている場合に、それらの要素がそれぞれ単体のみで創作的表現に当たるとは言い難い場合はあろう。ただ、そうした複数の創作的要素をすべて組み合わせた総体が創作的表現に当たると評価できる場合はあると考えられ、その場合は、それらの創作的要素の組み合わせが共通すれば類似性が肯定されることになろう。そのような観点から、本件において類似性を否定した本判決については議論のあり得るところであり、実際のところ、結論として類似性を肯定すべきであったとする見解も少なくない[25]。

原告商品[26)] 　　　　　　　　　被告商品[27)]

【ケース1-8】レターセット事件[28)]

　本件は、文房具等の製造販売等を業とする原告が、原告の元従業員デザイナーである被告Aが原告を退社後に委託を受けて作成した被告著作物を付した便箋や封筒等を被告会社が製造販売する行為が、被告Aが原告在職中に関与した原告著作物について原告が有する著作権の侵害に当たるなどと主張して、損害賠償を請求した事案である。

　裁判所は、原告著作物について職務著作の成立を認めて原告が著作権を有することを認めたが、両イラスト（1〜8）を個別に検討した結果、類似性を否定した。

　例えば、原告著作物（1）と被告著作物（1）の1について、本判決は、「淡い緑色の背景に、丸い胴体に左右のひれと尾びれを付けて形を単純化した赤い

25)　伊藤＝前田・前掲注21）104頁［前田］（「結果として非侵害になっていますけど、ジャケットだけを比べたら侵害でもよかったんじゃないかと私は思いました」とする）、津幡・前掲注23）「翻案権と類似性（6）」113頁（「両著作物の酷似度に鑑みると疑問が残る」とする）、同・前掲注24）「絵画的な表現の著作物の保護範囲」115頁（「侵害を否定した本件の取扱いには疑問が残る」とする）参照。

26)　『楽しいおべんきょう　あいうえおってなあに？』（PSG、2000年）パッケージより。

27)　『はじめてのカタカナ　アイウエオってなあに？』（KEEP、2005年）パッケージより。

28)　東京地判平成15年7月11日（平成14年（ワ）第12640号）〔レターセット事件〕。

金魚、及び、水草に模した緑色の円形を配置した限りにおいて共通する。しかしながら、赤い金魚と緑色の水草を点在させる表現方法は、通常の部類に属する手法であると考えられる上に、デフォルメを施したといっても、金魚を上記のように単純化して描くことは、多くの絵画に見られるありふれた表現方法というべきであるから、このような点が共通するからといって、被告著作物（1）の1から、原告著作物（1）の創作的特徴が直ちに感得できるとはいえない。その一方で、これらの著作物は、全体の構図・配置が全く異なる上に、金魚の数、向き及び配置が異なっており、また、水草に模した緑色円形の数、形、大きさ及び配置も異なる」と判示して、類似性を否定した。

　また、原告著作物（3）と被告著作物（3）について、本判決は、「切り分けた三角形のスイカ片、僅かに実の部分が残ったスイカ片及び合計5つの種を、この順序で並べて描いた限りにおいて共通する。しかしながら、これらの素材をこのように並べること自体は、Dスイカ……等の既存の著作物において既に見られる表現方法であるし、切り分けた三角形のスイカ片等の個々の素材についても、特に特徴的な表現方法が見られるものではなく、むしろ、スイカ片や種の描写としては、一般的な表現方法が採られている。したがって、上記の点が共通するからといって、被告著作物（3）から、原告著作物（3）の創作的特徴が直ちに感得できるとはいえない。その一方で、原告著作物（3）は、3つの素材（三角形のスイカ片、僅かに実の残ったスイカ片及びすぐ左横に5つの種を伴った皮だけのスイカ片）を縦1列に配列しているのに対し、被告著作物（3）は、4つの素材（半円形のスイカ片、三角形のスイカ片、わずかに実の残ったスイカ片及びやや間隔を置いて配された合計5つの種）を横1列に配列している上に、原告著作物（3）における種が、皮だけになったスイカ片のすぐ左横に5つまとまって配置されているのに対し、被告著作物（3）における種は、僅かに実の部分が残ったスイカ片から少し離れた位置に1つ、そこから更に少し離れた位置に4つというように、さほどのまとまりを感じさせない間隔を保って配置されているから、これらの著作物は、一見して、素材の選択・配列において異なった印象を与える」と判示して、類似性を否定した。

　本件は、退職したデザイナーが在職中に作成した著作物と同じような作品を退職後に作成したという事案であり、両著作物とも同一人物が描いたものであ

るため、そのスタイルが共通してくるのは当然と言えよう。しかし、スタイルや画風は抽象的なアイディアとして著作権保護を受けず、また、金魚・スイカ・花火といったテーマそれ自体もアイディアであるため、その点が共通するに過ぎない場合は類似性が否定される。その上で、本判決は、両イラストにおける具体的な描き方においても共通性がないとして類似性を否定したのであるが、本件における具体的な表現の相違に鑑みれば、その結論は支持されよう。

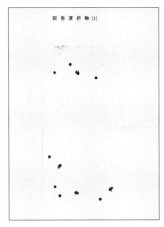

原告著作物（1）

被告著作物（1）の 1

原告著作物（3）

被告著作物（3）

原告著作物（5）の 1

被告著作物（5）

(2)　類似性を肯定した裁判例

【ケース 1-9】サザエさんバス事件 [29] [30]

　本件は、漫画家である原告が、バス会社である被告が「サザエさん観光」という名称で、1951 年 5 月 1 日から 1970 年 12 月 31 日までの間、バスの車体の両側に原告の創作した漫画「サザエさん」の登場人物（サザエさん・カツオ・ワカメ）を配した被告イラスト（本件頭部画）を作出して、そのバスを運行して貸切バス業務を営んだことが、原告の有する著作権の侵害に当たると主張して、損害賠償を請求した事案である。

　裁判所は、「本件頭部画は、成立に争いがない甲第五号証で認められるとおり、誰がこれを見てもそこに連載漫画『サザエさん』の登場人物であるサザエさん、カツオ、ワカメが表現されていると感得されるようなものである。つまり、そこには連載漫画『サザエさん』の登場人物のキヤラクターが表現されているものということができる。ところで、本件頭部画と同一又は類似のものを『漫画サザエさん』の特定の齣の中にあるいは見出し得るかも知れない。しか

---

29)　東京地判昭和 51 年 5 月 26 日無体裁集 8 巻 1 号 219 頁〔サザエさんバス事件〕。

30)　評釈として、土井輝生「漫画キャラクターのサービス・マークとしての使用と著作権侵害」判時 832 号 160 頁（1977 年）、斉藤博「漫画『サザエさん』のキャラクター事件」伊藤正己＝堀部政男編『マスコミ判例百選〔第 2 版〕』（有斐閣、1985 年）186 頁、尾中普子「本質的特徴（1）──サザエさん事件」著作権判例百選〔第 3 版〕122 頁、森美樹「いわゆるキャラクターと著作権侵害」企業法研究 277 号 34 頁（1978 年）等参照。

し、そのような対比をするまでもなく、本件においては、被告の本件行為は、原告が著作権を有する漫画『サザエさん』が長年月にわたつて新聞紙上に掲載されて構成された漫画サザエさんの前説明のキヤラクターを利用するものであつて、結局のところ原告の著作権を侵害するものというべきである」と判示して、類似性を肯定した。

　本件は、現代の目から見れば明らかな著作権侵害にも見えるが、当時は、「キャラクター」の著作物性が議論されていたところでもあり、被告は「本件漫画の登場人物の、原告が右主張するようないわゆるキヤラクターを再製したものではない」などと主張して争った。本判決は、「漫画の登場人物自体の役割、容ぼう姿態など恒久的なものとして与えられた表現は、言葉で表現された話題ないしは筋や、特定の齣における特定の登場人物の表情、頭部の向き、体の動きなどを超えたものであると解される」と述べて、本件連載漫画に登場するイラストとしてのキャラクターの著作物性を認めたものである [31]。その上で、本判決は両イラストの類似性を肯定したものであり、「誰がこれを見ても」といったような理由付けは気になるものの、その結論は支持されよう。

原告漫画
（第3巻）[32]

被告イラスト
（本件頭部画）

---

31)　本判決は、わが国で初めて漫画のキャラクターについて著作権保護を認めた裁判例とされる（土井・前掲注30）160頁、尾中・前掲注30）122頁参照）。

32)　長谷川町子『漫画サザエさん　第3巻』（姉妹社、1950年）表紙より引用。

【ケース 1-10】 たいやきくん事件 [33] [34]

　本件は、訴外 T が創作した本件原画（原告作品）の著作権を有する原告が、被告が訴外会社に請け負わせて本件ぬいぐるみ（被告製品）を製造させ、これを販売していることが、原告の有する著作権の侵害に当たると主張して、差止・損害賠償を請求した事案である。

　裁判所は、「本件縫いぐるみは、縫いぐるみ人形であって、数種の色彩、柄の布地を裁断して縫製し、その内部に綿類等の芯を詰め入れ、魚の顔、体を形成しているが、その形体、表情は、本件原画のそれと殆んど同一であることが認められ、他に右認定をくつがえすに足りる証拠はない。右認定の事実によれば、本件縫いぐるみは、本件原画に依拠して、これを変形して製造されたものと認めるのが相当である」と判示して、類似性を肯定した。

　たいやきくんは、1975 年にフジテレビの番組『ひらけ！　ポンキッキ』で発表された大ヒット曲「およげ！　たいやきくん」のアニメ映像で用いられたキャラクターであり、被告製品はこれを無断で商品化したものと言えるため、類似性を肯定した本判決の結論は支持されよう [35]。もっとも、たいやきくんは、昭和世代にとっては誰もが知る極めて著名な人気キャラクターであるが、そのことを捨象してこれを客観的に見ると、その形態は、手のようなものが生えている魚のイラストに過ぎないという見方もあり得るところであり、その点が共通するだけで類似性を肯定してよいかどうか検討の余地もあろうか。

---

33)　東京地判昭和 52 年 3 月 30 日（昭和 51 年（ワ）第 3895 号）〔たいやきくん事件〕。判決文は、著作権判例研究会編『最新著作権関係判例集 I』（ぎょうせい、1978 年）713 頁以下および著作権研究 9 号 233 頁以下（1978 年）に掲載されている。

34)　評釈として、染野啓子「アニメーションのキャラクター──たいやき君事件」著作権判例百選〔第 2 版〕46 頁、牛木・前掲注 10）121 頁参照。

35)　ただし、変形権（著作権法 27 条）の侵害に当たるというためには、被告製品における新たな創作性が必要になると解されるところ（反対として、染野・前掲注 34）47 頁参照）、この点に関する主張も認定もないまま、本判決が原告の主張するまま変形権侵害を肯定したことには検討の余地が残る（牛木・前掲注 10）124 頁も参照）。なお、牛木・前掲注 10）124 頁以下は、漫画に基づいて量産品であるぬいぐるみに転用したものは美術鑑賞に堪えず著作物に当たらないことを理由に、「原告が意匠権を専有していれば意匠権の侵害になり得るけれども、著作権の複製権や変形権の侵害にはならないと解する」（127 頁）とする。

本件原画
（原告作品）

本件ぬいぐるみ
（被告製品）

【ケース 1-11】ライダーマン事件[36)37)]

　本件は、玩具の製造販売を業とする原告が、本件物件（塩化ビニール製の子供用お面）の製造販売は、被告が製作するテレビ映画「仮面ライダー V3」に登場する改造人間「ライダーマン」（普段は通常の人間の姿をしているが、必要に応じて、昆虫にヒントを得て創作された特異なマスクをつけることにより変身し、右腕の義手に仕組まれたロープ、投網、鉄の爪等を自在にあやつり活躍するキャラクター）の著作権を侵害するものではないと主張して、被告が差止請求権を有しないことの確認を請求した事案である。

　裁判所は、「両者は、口及びその周辺部を残すのみで、頭部及び顔面のその余の部分を全体的に覆う特異な構成のヘルメットを被つていること、そのヘルメットは、大きく前面に膨出した楕円半球状の赤い眼をもち、また、鼻梁から前頭部を経て頭頂部に向け、その中央部に大、中、小の三つの V 字状輪郭を、小なる輪郭が大なる輪郭内に順次挟挿されるように描き出していること等において、基本的に同一の特徴を備え、両者間に存する些細な相違、すなわち、前記眼にダイヤカット状の平坦面を有するか否か、触角の存否及び存在する場合のその長短など形状、各部における彩色の違い等にもかかわらず、全体的観察

---

36)　東京地判昭和 52 年 11 月 14 日無体裁集 9 巻 2 号 717 頁〔ライダーマン事件〕。

37)　評釈として、森美樹「テレビ映画のキャラクターの無断利用による著作権侵害を認めた事例」特許管理 30 巻 1 号 77 頁（1980 年）、牛木理一「ライダーマンお面事件」著作権研究 9 号 142 頁（1978 年）、同「映画のキャラクター——ライダーマン事件」著作権判例百選〔第 2 版〕44 頁参照。

においては、ともに昆虫を連想せしめる一種独特の印象を与え、結局のところ、本件各物件は、一般視聴者とくに児童幼児をして、本件映画に登場する『ライダーマン』と認識させるに十分な容貌を有するものということができる」と判示して、類似性を肯定した。

　本件において類似性を肯定した本判決の結論にはこれまで異論が見られないが、ライダーマンというものが、1970 年代に平均視聴率 20％ を超える人気番組「仮面ライダー V3」の登場人物であったことが類似性判断に影響していないかという点は課題となり得る。少なくとも現時点で、このような両者について類似性を肯定することが、同様の昆虫風マスクや戦隊モノの創作における自由を過度に害しないかという点は、議論の余地があり得るかも知れない。

　なお、本件テレビ映画は、訴外漫画家の連載漫画を原作とするものであるところ、仮にライダーマンの視覚的表現がすべて原作に存在していたとすれば、本判決が、「原告が本件各物件を製造する行為は、本件映画に登場する『ライダーマン』の前記認定のような特徴すなわちキヤラクターを利用するものであり、このことはとりもなおさず被告が有する<u>本件映画の著作物の著作権を侵害するものである</u>」（下線筆者）と判示して、本件テレビ映画についての著作権の侵害を肯定したことが妥当であったかどうかは問題になり得るところであろう[38]。

ライダーマン
（被告）

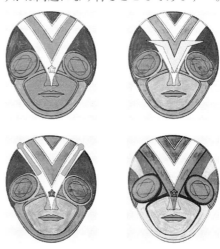

本件物件
（原告）

【ケース 1-12】無人契約機¥en むすび事件 39)

　本件は、イラストレータである原告が、被告らが「無人契約機¥en むすび」の新聞広告に被告イラストを使用したことが、原告が「アラウンド・ザ・ワールド」をテーマに作成した原告イラストについて有する著作権の侵害に当たると主張して、損害賠償を請求した事案である。

　裁判所は、共通点として、「両者とも、①横長のイラストであって、左から右へ順に、エッフェル塔、ピサの斜塔、ピラミッド及びラクダ、ビッグベン及び 2 階建てバス、風車、椰子の木、ヨット、摩天楼、コロッセオ及び椰子の木、と世界に現存する名所旧跡を、取捨選択して描いていること、②ピサの斜塔の傾きの方向、ピラミッドの方向とラクダの向き、2 階建てバスの進行方向、ビッグベンの時計の指す時刻、ビッグベンとバスの位置関係、風車の羽の位置、風車の横の椰子の木の本数と枝の本数及び傾き、ヨットの進行方向、船舶の数（原告イラストがヨットであるのに対し、被告イラストはヨットと客船であるが、いずれも 2 艘である。）、コロッセオの方向（コロッセオの崩壊部分が同一である。）、コロッセオの前の椰子の木の本数及びその枝の数及び位置等において、細部に至るまで同一又は酷似していること、③個々の名所旧跡について、縮尺を変えて高さを揃えるように描かれていること等の点において、共通である」とする一方、相違点として、「原告イラストは、①『特徴に乏しい建物』、羽が小さく脚部が二本の風車が、それぞれ描かれ、②境界線を曖昧にして、にじみだすような筆致で、各名所旧跡をデフォルメして描かれているのに対して、被告イラストは、①パゴダ風の建物、イスラム風の建物、万里の長城、雲、羽が大きく脚部が台形状の風車が、それぞれ描かれ、②シャープな描線が用いられ、個々の名所旧跡も写実的に表現されている点において、相違する」と述べた上で、「被告イラストは、原告イラストとは、その筆致を異にし、その表現

---

38)　牛木・前掲注 37)「ライダーマンお面事件」148 頁以下、同・前掲注 37)「映画のキャラクター」45 頁（「漫画キャラクターの無断使用をめぐる著作権問題は、原画すなわち美術の著作物を著作権の保護対象とすることが、法理論としては筋が通る」とする）、同・前掲注 10) 136 頁（「映画フィルムの一カットが無断で使用された場合は映画の著作権の一部侵害といえるかも知れないが、そこに登場する人物の衣裳の一部を利用してお面を製作したような場合までも、映画の著作権の侵害というのは疑問である」とする）も参照。

39)　東京地判平成 15 年 11 月 12 日判時 1856 号 142 頁〔無人契約機¥en むすび事件〕。

対象について若干の違いはあるものの、個々の名所旧跡のイラストの配置やその一部を切り出しても独立のイラストとして使用することができることとする構成やイラスト化された個々の名所旧跡の形状が酷似しており、被告イラストは、原告イラストと実質的に同一であり、また、被告イラストは、原告イラストの創作性を有する本質的な特徴部分を直接感得し得るものであるということができる」と判示して、類似性を肯定した。

　本件における両イラストは、描かれている個々の名所旧跡のイラストについては、それぞれ対象となる建物等が存在する以上、これを単体で見る限りは必ずしも創作性は高くないと考えられ、仮に個々のイラスト同士を比較するのであれば、著作権侵害は否定されるように思われるが、複数の名所旧跡イラストを組み合わせた本件イラスト全体については、その選択配列や組み合わせの点でも創作性が発揮されていると考えられるため、本件において類似性を肯定した本判決の結論は支持されよう。

原告イラスト[40]

被告イラスト[41]

---

40)　「ソックリ広告博物館」（https://www.artparadise.com/museum/7/23479.html）より。

41)　同上。

【ケース 1-13】パンシロントリム事件 [42] [43]

　本件は、アドルフ・ムーロン・カッサンドル（Adolphe Mouron Cassandre）が創作した原告著作物の著作権を有する原告が、被告が製造販売する胃腸薬「パンシロントリム」の包装箱等に被告図柄（別紙目録一（1）〜（3））を使用していることが、原告の有する著作権の侵害に当たると主張して、損害賠償を請求した事案である。本件における被告図柄は、被告から委託を受けた訴外会社のデザイナーＨが、被告医薬品の特徴である「弱った胃をイキイキ動かす」点をうまく表現するために、デザイン画集「IDEAS ON DESIGN BY PENTAGRAM」に掲載されていた訴外アラン・フレッチャー作のデザイン画（フレッチャー画）を参考にして作成したものであるが、同じページには、フレッチャー画のオリジナルとして原告著作物Ｃも登載されている。

　裁判所は、「フレッチャー画と原告著作物Ｃとを比較すると、そこで描写されている男性の姿は、①白黒かカラーか、②左向きか右向きか、③服装が縞模様のパンツ姿か青色のスーツ姿かという違いがあるだけであって、原告著作物Ｃの特徴である（a）丸い山高帽をかぶった男性が力こぶを出すポーズで立っており、（b）大きく丸い眼球と小さな黒目と、細い眉毛と、顔から鼻頭にかけて直線的な稜線を有することを特徴とする横顔が描かれ、（c）顔から上の部分は真横から見た描写であるのに対し、首から下の部分は斜め前方から見た描写となっており、（d）身体の線が直線的に描かれ、（e）力こぶを出している腕と反対側の腕を曲げて、手にワイングラスを持っている等の点において共通しているから、原告著作物Ｃの内容及び形式を覚知させるに足るものを再生していることは明らかというべきであり、しかもフレッチャー画が原告著作物Ｃに依拠して作成されたものであることは前記認定事実のとおりであるから、フレッチャー画は少なくとも原告著作物Ｃの複製物であると認められる」と述べた上で、「被告図柄と原告著作物Ｃに描かれている男性の図柄の間には、前記2の（a）のうち丸い山高帽をかぶった男性が立っている点、（b）及び

42）　大阪地判平成11年7月8日判時1731号116頁〔パンシロントリム事件〕。

43）　評釈として、五味由典「医薬品パッケージへの図柄無断使用事件——カッサンドル事件」国士舘法学31号143頁（1999年）、伊藤真「イラストの類似性〔パンシロントリム事件〕」著作権判例百選〔第6版〕106頁参照。

（c）の点において共通しており、また、別紙目録一（2）（3）の被告図柄については（d）（e）のうち左右の肩から腕、手にかけての線で、さらに同（3）の被告図柄については（a）全部の点で類似しており、そこにはなお原告著作物Cの創作的表現が再生されているものというべきであるから、被告図柄においては右原告著作物Cの内容及び形式を覚知させるに足るものを再生していると認められる」と判示して、類似性を肯定した。

　本件における両イラストは、単に"丸い山高帽をかぶった男性"という点で共通するのみならず、特に、「顔から鼻頭にかけて直線的な稜線を有する」横顔など、特徴的な点で共通性を有するように思われるため、類似性を肯定した本判決の結論は支持されよう。

原告著作物A

原告著作物B

原告著作物C

フレッチャー画

被告図柄
（別紙目録一（1）～（3））

【ケース 1-14】出る順シリーズ事件 44) 45)

　本件は、イラストレータである原告が、被告 L が出版する「出る順シリーズ」において被告 H がデザインした被告イラストが用いられていることが、原告の有する著作権および著作者人格権の侵害に当たると主張して、差止・損害賠償等を請求した事案である。

　裁判所は、「原告イラスト 1 と被告イラスト 1 の共通点のうち、立体の人形を左斜め上にライティングを施して撮影する表現方法、人形を、頭や手足を球状ないしひしゃげた球状にしてデフォルメする表現方法、人形に物を持たせる表現方法等は、美術の著作物としてありふれた表現方法であって、かかる点が共通していることのみをもって被告イラスト 1 が原告イラスト 1 に類似しているということはできない。しかしながら、人形を肌色一色で表現した上、人形の体型を A 型にして手足を大きくすることで全体的なバランスを保ち、手のひらの上に載せた物が見る人の目をひくように強調するため、左手の手のひらを肩の高さまで持ち上げた上、手のひらの上に載せられた物を人形の半身程度の大きさに表現するという表現方法は、原告の思想又は感情の創作的表現というべきであり、原告イラスト 1 の特徴的な部分であるということができる。そして、被告イラスト 1 は、このような原告イラスト 1 の創作的な特徴部分を感得することができるものであるから、原告イラスト 1 に類似するものというべきである。したがって、被告イラストにおいて、人形の材質、上半身の傾き方、右腕の格好、脚の開き方、左手の上の家の数等の具体的表現において、独自の表現を加えている点を考慮してもなお、被告イラスト 1 は原告イラスト 1 の翻案物に該当すると認めるのが相当である」と判示して、類似性を肯定した。

　本件においても、"立体の人形を模したイラスト"というもの自体は抽象的なアイディアであるため、その点が共通するだけであれば類似性は肯定されない。その上で、創作的な表現における共通性があるかどうかが問題となるが、本判決によれば、「立体の人形を左斜め上にライティングを施して撮影する表

---

44)　東京地判平成 16 年 6 月 25 日（平成 15 年（ワ）第 4779 号）〔出る順シリーズ事件〕。

45)　評釈として、坂田均「イラスト著作物の類否とイラスト依頼者の法的責任」知財管理 55 巻 5 号 593 頁（2005 年）、井奈波朋子「出版社の過失〔LEC イラスト事件〕」著作権判例百選〔第 6 版〕184 頁参照。

現方法、人形を、頭や手足を球状ないしひしゃげた球状にしてデフォルメする表現方法、人形に物を持たせる表現方法等」は、立体の人形を模したイラストを描く際に、誰でもやるような表現であり、創作性がないとされたため、この点が共通するだけでは類似性は否定されることになる。他方、本判決は、「人形を肌色一色で表現した上、人形の体型を A 型にして手足を大きくすることで全体的なバランスを保ち、手のひらの上に載せた物が見る人の目をひくように強調するため、左手の手のひらを肩の高さまで持ち上げた上、手のひらの上に載せられた物を人形の半身程度の大きさに表現するという表現方法は、原告の思想又は感情の創作的表現というべき」と判示しており、その点には創作性があると判断した上で、この点で共通性が認められることから、結論として類似性を肯定したのである。

　もっとも、本件イラストは、基本的に単色のシンプルな表現で描かれた人形のイラストであり、その創作性はさほど高くないとの見方もあり得るように思われるため、本件において類似性を肯定した本判決の結論については議論の余地もあり得ようか。

原告イラスト 1　　　原告イラスト 2　　　　　被告イラスト 1　　　　　被告イラスト 2

【ケース 1–15】パンダイラスト事件 [46)]

　本件は、イラストレータである原告が、加工食品の製造販売等を業とする被告らが被告イラストを用いて「上野のアイドル　上野あかちゃんパンダ」の商

---

46)　東京地判平成 31 年 3 月 13 日（平成 30 年（ワ）第 27253 号）〔パンダイラスト事件〕。

品として菓子（被告商品）を製造販売していることが、原告ブログに掲載されていた手ぬぐいの写真における本件イラストについて原告が有する著作権および著作者人格権の侵害に当たると主張して、差止・損害賠償等を請求した事案である。

　裁判所は、「互いの額を接して向き合う大小2頭のパンダを描いたものであり、2頭のパンダの姿勢、表情、大きさの比などを含めた構成が類似しており、表現上の本質的な特徴が同一である」と判示して、類似性を肯定した[47]。

　本件において、もし単に"大小2頭のパンダを描く"という抽象的なアイディアにおいて共通するだけであれば、類似性は否定されるべきであるが、本件は、完全なデッドコピーとまでは言えないものの、具体的な表現において共通し、また、その表現ぶりには創作性が認められるように思われる。本判決は類似性について詳細な検討を行ったものではないが、類似性を肯定したその結論は支持されよう。

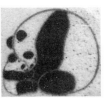

本件イラスト　　　　　　　　被告イラスト1　　　　　　被告イラスト2

---

47)　なお、本判決は、被告イラストが、「パンダの黒く示されている足及び耳について灰色の線で縁取られている部分があり、パンダの目の部分が黒一色で表され、白い部分がないほか、大きい方のパンダの耳の形が半円に近い形であり、2頭の鼻と口を示す線がより太く表されており、本件イラストと相違している部分がある」とした上で、これについて同一性保持権の侵害を肯定した。また、本件事案における被告商品のパッケージ等は、外注業者（補助参加人）が制作したものであったが、本判決は、「補助参加人等に対して被告イラストの作成経過を確認するなどして他人のイラストに依拠していないかを確認すべき注意義務を負っていたと認めるのが相当である」として、被告らの過失を認めた。

【ケース 1-16】ノンタン事件 [48] [49]

　本件は、絵本シリーズ「ノンタン」(当初、原告および元夫Oが共著者として表示されていた)の作者である原告が、元夫Oが代表取締役であった被告会社らが、本件商品(ノンタンを図柄に取り入れ、「nontan」の表示をしたタオルやハンカチ等)を製造販売していることに対して、原告が著作権を有することの確認を求めると共に、差止・損害賠償を請求した事案である。

　裁判所は、原告作品(本件絵本(一))に描かれたノンタンの絵の特徴として、①「身体、顔、尻尾等の輪郭がいずれも黒く、毛糸が縮れたような(震えたような)太い波線をもって描かれ、毛の色は白一色である」こと、②「身体に比べ、大きな四角型(横長)の顔と、内側が桃色に彩色された三角の大きな耳を持ち、ひげは左右に三本で身体の輪郭と同様の波線をもって描かれている」こと、③「両目と鼻の位置関係は水平にほぼ横一直線であり、鼻は桃色で丸く、目は開いているときは鼻より大きく、丸く描かれている」こと、④「顔は正面を向いていることが多く、身体の姿勢も単純である」こと、⑤「絵本の背景などは白、赤、青、黄、緑、桃色、水色等の原色で描かれている」ことを挙げた上で、「本件に即していえば、複製といいうるためには、本件商品に表示されたノンタンの図柄が本件絵本(一)のうちの特定の画面に描かれたノンタンの絵と細部まで一致することを要するものではなく、その特徴が本件絵本(一)に描かれたノンタンを描いたものであることを知りうるものであれば足り[ママ]と解される。本件においては、……本件商品に表示されたノンタンの図柄は、前記……に記載されたその外面的特徴を備えており、本件絵本(一)に登場するノンタンを描いたものであることを知りうるものであるから、本件絵本(一)に描かれたノンタンの絵の複製に当たる」と判示して、類似性を肯定した [50]。

　本件は、ノンタンの著作者の認定が主たる争点となった事案である。本件絵本(一)は、原告および元夫Oが共著者として表示されていたため、著作権

---

48)　東京高判平成 11 年 11 月 17 日(平成 10 年(ネ)第 2127 号)〔ノンタン事件：控訴審〕。

49)　評釈として、村井麻衣子「著作者の立証〔ノンタン事件〕」著作権判例百選〔第 6 版〕36 頁参照。

50)　第一審判決(東京地判平成 10 年 3 月 30 日(平成 2 年(ワ)第 4247 号・平成 3 年(ワ)第 14827 号))引用部分。

法14条により両者の共同著作物と推定されるところ、本判決は、詳細な事情を考慮した上で、「仮に亡Oが原告に何らかの助言をしたり、あるいは作品の仕上げ等に関与していたとしても、それは補助的作業にとどまり、著作物の創作行為と評価することはできない」とした上で、「本件絵本（一）の著作者は原告であると認められ」ると判示したものである。他方、本件においては、被告製品がノンタングッズとして製造販売されていたことには異論がないため、本判決も類似性については簡単に肯定している。

　もっとも、もし両イラストだけを虚心坦懐に観察するならば、被告商品のすべてについて創作的表現の共通性があると言えるかどうか、検討の余地もあろうか。特に、原告作品が無名であり、また、被告製品に「nontan」との表記がない場合であっても、類似性判断に影響がないかどうか課題になり得るように思われる。

原告作品
（本件絵本（一））[51]

被告商品

【ケース1-17】ひこにゃん事件 [52] [53]

　本件は、債権者が、「彦根城築城400年祭」のイメージキャラクター「ひこ

51）　キヨノサチコ『ノンタンぶらんこのせて〔第2版〕』（偕成社、1976年）表紙より。

にゃん」（本件各イラスト）について著作権を有すると主張して、債務者らが相手方各イラストを用いた「ひこねのよいにゃんこ」という名称の商品の製造販売等を菓子等製造販売業者に許諾していることが、債権者の有する著作権の侵害に当たるなどと主張して、差止請求を行った事案である。

　裁判所は、債権者イラスト（本件各イラスト）の特徴として、①「白い猫が兜を着用している」こと、②「兜に内向きの二本の大きな角がある」こと、③「顔の輪郭が下ぶくれの丸顔である」こと、④「顔は白地に黒の点二つで目を、黒い点の下に漢字の『人』ようのものをつけた形で鼻を、その左右に各二本の黒い線を引いてひげを表している」こと、⑤「猫の胴体の色は白で、形は概ね四角形をなしている」こと、⑥「首に鈴のついたチーフのようなものを巻いている」ことを挙げた上で、「相手方イラストは、上記列挙した特徴の全部ないし多くを有し、その特徴から本件各イラストと同一のキャラクターを描いたものであることを容易に知り得るものである。したがって、相手方らが、相手方イラストを用いた菓子、絵はがきその他の印刷物（絵本を除く。）、文房具類その他の商品を販売、頒布することは、抗告人の専有する本件各イラストの複製権ないし翻案権を侵害する」と判示して、類似性を肯定した。

　本件は、著作権の帰属が主な争点になった事案であるが、本判決は、債権者がすべての著作権を譲り受けたと判断した上で、相手方各イラストは債権者の有する複製権ないし翻案権を侵害すると認めたものである。たしかに、債権者イラスト（本件各イラスト）「ひこにゃん」が有する上記のような特徴が相手方イラストにおいても共通するように見えることから、本件において類似性を肯定した本判決の結論は支持されよう。

52)　大阪高決平成 23 年 3 月 31 日判時 2167 号 81 頁〔ひこにゃん事件：抗告審〕。

53)　評釈として、岡邦俊「翻案権を『特掲』しない著作権譲渡契約について法 61 条 2 項の推定を覆した事例──『キャラクター・ひこにゃん』事件」JCA ジャーナル 60 巻 10 号 60 頁（2013 年）、池村聡「著作権譲渡における特掲要件〔ひこにゃん事件：抗告審〕」著作権判例百選〔第 5 版〕170 頁、山名美加「著作権譲渡における特掲要件〔ひこにゃん事件：抗告審〕」著作権判例百選〔第 6 版〕198 頁参照。

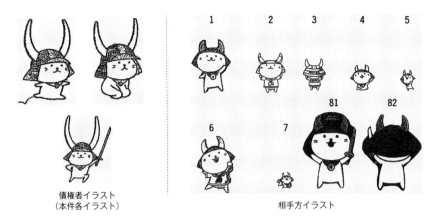

債権者イラスト
（本件各イラスト）

相手方イラスト

【ケース 1-18】 フラねこ事件 [54]

　本件は、原告イラストを自己のホームページに掲載していたイラストレータである原告が、被告らが原告イラストをダウンロードして、その頭部を切り取った上で、これにフラダンスの衣装等を組み合わせて被告イラスト1を作成し、これをもとに被告イラスト2〜17を作成した上で、これらを用いて地域活性化イベント「いわきフラオンパク」のガイドブックを作成等したことが、著作権および著作者人格権の侵害に当たると主張して、差止・損害賠償等を請求した事案である。

　本件事案において、類似性は明示的に争われていないようにも見えるが、裁判所は、「被告イラスト1は、首より下の部分は原告イラストと異なるが、頭部の描画が原告イラストとほぼ同一であるから、原告イラストの本質的特徴を感得し得るものである。そして、このような類似性に加え、前記認定のような被告P2が被告イラスト1を作成した経緯からすると、被告P2は、原告のホームページにアクセスし、原告イラストに依拠して被告イラスト1を作成したと推認される。したがって、被告イラスト1は、原告イラストを翻案したものであり、被告P2は、原告の翻案権、氏名表示権及び同一性保持権を侵害したということができる」と判示しており、類似性を肯定している [55]。

---

54)　大阪地判平成 27 年 9 月 10 日判時 2320 号 124 頁〔フラねこ事件〕。

　本件において、被告 P2 は、「寺に奉納する招き猫の縫いぐるみの下絵を書くように依頼されたため、パソコン上の画像検索で『黒猫』を探し、黒猫の顔をコピーし、パソコン上でフラダンスの衣装を付して下絵を作成し」たとされており、少なくとも被告イラスト 1 の頭部は原告イラストのほぼデッドコピーと言えよう。そして、本判決が、「頭部の描画が原告イラストとほぼ同一であるから、原告イラストの本質的特徴を感得し得る」と述べているように、この頭部だけで著作物性が認められる以上、いくらそれ以外の部分を追加しても、類似性は肯定されることになろう。

原告イラスト　　　　被告イラスト 1　　　　被告イラスト 17

【ケース 1-19】 眠り猫事件 [56]

　本件は、原告イラストを付した「眠り猫」という商品名の T シャツを販売している原告が、被告が被告イラスト（1〜16）を付した T シャツやトレーナー等（被告商品）を製造して、「家紋猫」「流水家紋猫」「眠り猫」「荒波猫」「波猫」等の商品名で販売していることが、原告の有する著作権および著作者人格権の侵害に当たると主張して、差止・損害賠償等を請求した事案である。

　裁判所は、被告イラスト 1〜16 について類似性を肯定する一方で、被告イラ

---

55)　なお、原告ホームページにおいては、「『1000 匹猫イラスト』は著作権フリーではありませんが、下記ルールで多くの猫好きの皆様にご利用頂くのは大歓迎です。」などと記載された上、個人が非営利目的でブログの背景に使用するもの等について包括的な使用許諾をすること、ただしその場合でも、原寸より拡大したり修正を加えること等を禁止することが記載されていたため、本件においても被告らの過失の有無が争点になったが、本判決は、当該記載からすれば、被告らは本件行為が著作権および著作者人格権の侵害に当たることを容易に認識し得たとして、過失を肯定した。

56)　大阪地判平成 31 年 4 月 18 日（平成 28 年（ワ）第 8552 号）〔眠り猫事件〕。

スト17〜20について類似性を否定した。

　例えば、被告イラスト1〜4について、本判決は、「丸まって眠っている猫を上方から円形状にほぼ収まるように描くとともに、片前足と片後ろ足と尻尾をほぼ同じ位置でまとめて描きつつ、耳や片後ろ足を若干円形状から突出して描いている点で共通している。これらの共通点は、前記1で認定した原告イラストの創作性が認められる表現上の特徴部分そのものであり、上記各被告イラストの表現上の特徴は、原告イラストのそれと共通しているといえる。他方、原告イラストでは猫の目の周囲が黒いのに、上記各被告イラストはそうではないが、全体からすると微差にとどまるものというべきである。また、上記各被告イラストでは、猫の胴体部分に波様の紋様が描かれており、原告イラストの雲様の紋様とは異なっているが、前述のとおり、原告イラストの表現上の特徴は、上半分に猫と分かるよう描かれた模様が徐々に変化して抽象的な紋様につながり、猫の片前足の付け根の模様が、下半分の紋様にも使われるなど、猫を描いた部分と抽象的な紋様とが連続的、一体的に構成され、全体として略円形状のマークのような印象を与える点にあると解され、上記各被告イラストは、これらをすべて有していると認められるが、下半分の抽象的な紋様にどのようなものを用いるかは表現上の本質的特徴といえるものではない」と判示して、類似性を肯定した。

　次に、被告イラスト5〜8について、本判決は、上記の「原告イラストと被告イラスト1ないし4の共通点は、被告イラスト5ないし8にも認められる」とした上で、「他方、被告イラスト5ないし8には、猫の前足が2本とも描かれる一方で、ひげが描かれておらず、抽象的な紋様が唐草様であるといった相違点もみられるが、それらの前足は片後ろ足や尻尾とほぼ同じ場所にまとめて描かれており、前記1で認定した原告イラストの表現上の特徴は維持されているといえるし、ひげの有無等の相違点は微差であり、抽象的な紋様の相違は本質的ではない」と判示して、類似性を肯定した。

　さらに、被告イラスト9〜12について、本判決は、上記の「原告イラストと被告イラスト1ないし4の共通点は、被告イラスト9ないし12にも認められる」とした上で、「猫の前足が2本とも描かれ、そのうち左前足が円形状の外に突出しているという相違点や、足裏（肉球）が見えるように描かれている

（したがって、猫が両前足を上げているように描かれている）という相違点等が認められる。しかし、右前足は片後ろ足や尻尾とほぼ同じ場所にまとめて描かれており、前記1で認定した原告イラストの表現上の特徴が基本的に維持されているということができるし、左前足が円形状から突出しているものの、耳や片後ろ足の円形状からの突出の程度は原告イラストと同程度にすぎず、丸まって眠っている猫を上方から描き、猫を描いた部分と抽象的紋様の部分が連続的、一体的に構成され、全体として略円形状のマークのように見えるという原告イラストの基本的な特徴は維持されており、上記相違点によって、原告イラストの表現上の本質的な特徴を感得できなくなるものとは認められない」と判示して、類似性を肯定した。

　そして、被告イラスト13〜16について、本判決は、「被告イラスト5ないし8と類似している点が多く、被告イラスト13ないし16では、顔の傾きや2本の前足の重ね具合、片後ろ足が円形状の中に収められている点等が異なっているものの、ひげが描かれている点で原告イラストに近く、全体として前記イの判断が妥当するといえる」と判示して、類似性を肯定した。

　これに対して、被告イラスト17〜20について、本判決は、「被告イラスト17ないし20は、そもそも丸まって眠っている猫を描いたものではなく、前記1で認定した原告イラストの表現上の特徴との共通点がみられない。したがって、上記各被告イラストは原告イラストを有形的に再製したものとは認められないし、その表現上の本質的な特徴の同一性を維持していると認めることもできない」と判示して、類似性を否定した。

　本件は、かなり微妙な事案のように思われ、被告イラスト1〜16のすべてについて類似性を肯定した本判決の結論については議論のあり得るところであろう。

原告イラスト

被告イラスト 1　　被告イラスト 3　　被告イラスト 5

被告イラスト 7　　被告イラスト 9　　被告イラスト 11

被告イラスト 13　　被告イラスト 15　　被告イラスト 17　　被告イラスト 19

【ケース 1-20】ふわふわ四季のたより事件 [57]

　本件は、デザイン文具等の製造販売を業とする原告が、被告が「ふわふわ四季のたより」という名称で被告著作物（①〜⑩）を使用した 32 枚のシールセット（被告商品）を製造販売していることが、原告代表者が作成した印影・シール等の絵柄である原告著作物（①〜⑨）について有する著作権の侵害に当たると主張して、差止・損害賠償を請求した事案である。

　裁判所は、「原告著作物及び被告著作物は、いずれも睡蓮、ひさご、金魚鉢等を素材とし、印鑑、シール等の絵柄等に用いられるデザインである点で共通するものであるが、上記の素材はそれ自体ありふれたものである上……、限ら

---

57)　東京地判平成 26 年 10 月 30 日（平成 25 年（ワ）第 17433 号）〔ふわふわ四季のたより事件〕。

れたスペースに単純化して描かれることから、事柄の性質上、表現方法がある程度限られたものとならざるを得ない。そうすると、本件において複製権侵害（複製物に係る譲渡権侵害とみても同様である。）を認めるためには、同種の素材を採り上げた他の著作物にはみられない原告著作物の表現上の本質的な特徴部分が被告著作物において有形的に再製されていることを要すると解すべきである」と述べた上で、対照図案（原告著作物および被告著作物以外の図案）を参照しつつ個別に検討した結果、著作物②（ひさご）についてのみ類似性を肯定した。

　例えば、著作物①（睡蓮）について、本判決は、「対照図案……1によれば、睡蓮を表現するに際し、1輪の花を上方に、2、3枚の葉を下方に配置すること……、先端の尖った略楕円形の花弁を十数枚重ねるようにして花を描くこと……、葉脈を描かない葉に切れ込みを一つ入れること……は、いずれもありふれた表現と認められる。なお、証拠……によれば、印章の印影をデザインするに際し、一部を故意に欠損させた枠で縁取りすることはありふれた表現と認められる……。原告著作物①は、このようなありふれた素材又は構図を組み合せて睡蓮を表現したものにすぎず、顕著な表現上の特徴が存在すると認めることは困難であるから、これと酷似する表現にしか複製の成立を認めることはできないと解される。被告著作物①は、略正方形に縁取りした枠の中に、睡蓮の花1輪を上方のやや左側に配置し、大小2枚の浮き葉を下方に配置したものである。枠は、上方の花の背後の部分が途切れているほか欠損箇所はない。花は、先端の尖った略楕円形の花弁を12枚重ねるように描かれ、その略中央のおしべ又はめしべに当たる部分が金色に着色されている。葉は、2本又は3本の葉脈を中抜きするほかは黒色で描かれ、2枚とも内側に向かう切れ込みが一つずつ描かれている。このように、被告著作物①は、花のおしべ又はめしべに当たる部分の着色の有無、葉脈の有無等において少なからぬ相違点があり、原告著作物①と酷似するものではないから、複製に当たるということはできない」と判示して、類似性を否定した。

　他方、著作物②（ひさご）について、本判決は、「対照図案2によれば、ひさごを表現するに際し、図案の上方に数枚の葉を、中央に実、余白に巻きひげを配置すること……、実を原告著作物②のような形状・線描で描くこと……は、

いずれもありふれた表現と認められる。しかし、対照図案のうちには、原告著作物②のような太い線で黒地に白色の葉脈の葉と白地に黒色の葉脈の葉を織り交ぜて描いた図案は見当たらず……、このように複数の葉を描き分けている点に原告著作物の表現上の特徴があるということができる。被告著作物②は、略正方形に縁取りした枠の中にひさごの葉、実及び巻きひげを配置したものである。葉は上方に３枚、枠を覆い隠すように描かれ、実は中央に左上から右下に斜めにぶら下がるように配置され、その右側に巻きひげが描かれている。被告著作物②は、ひさごの実を原告著作物②とほぼ同様に枠の中に描いた上で、原告著作物②の３枚の葉及び巻きひげを左右反転させた位置に配したものである。そして、葉については、いずれも外側（原告著作物②では右、被告著作物②では左）から白、黒、黒の順に並べられており、個々の葉の形状、大きさ及び葉脈の位置がほぼ同一であることに加え、上述した原告著作物②の表現上の特徴、すなわち、太い葉脈を持った複数の葉を白と黒で描き分ける点において共通している。以上によれば、被告著作物②は、全体的な構図や素材の描き方も実質的に同一といってよいほど原告著作物②に酷似しており、原告著作物②を有形的に再製したものと認められる」と判示して、類似性を肯定した。

　本件は印影・シール等の絵柄が問題になった事案であり、本判決が「原告著作物及び被告著作物は、いずれも睡蓮、ひさご、金魚鉢等を素材とし、印鑑、シール等の絵柄等に用いられるデザインである点で共通するものであるが、上記の素材はそれ自体ありふれたものである上……、限られたスペースに単純化して描かれることから、事柄の性質上、表現方法がある程度限られたものとならざるを得ない」と述べているように、その表現はシンプルなものにならざるを得ないところがあろう。したがって、本件における原告著作物は創作性が高くないと考えられ、類似性が厳格に判断されたと理解できよう。もっとも、本件における類似性の肯定例と否定例との差は微妙のようにも思われ、実際には、被告側が証拠として提出した「対照図案」が本判決の結論を左右したとも考えられよう。いずれにしても、著作物②（ひさご）についてのみ類似性を肯定した本判決の結論については、議論のあり得るところであろう。

原告著作物1　　　　　被告著作物1　　　　　原告著作物6　　　　　被告著作物7

原告著作物2　　　　　被告著作物2　　　　　原告著作物7　　　　　被告著作物8

原告著作物3　　　　　被告著作物3　　　　　原告著作物8　　　　　被告著作物9

原告著作物4　　　　　被告著作物4　　　　　原告著作物9　　　　　被告著作物10

原告著作物5　　　　　被告著作物5・6

Ⅱ　対談的検討

■比較する部分・範囲の広さ

上野：従来の裁判例の中でも、タウンページ・キャラクター事件（【ケース1-1】
　　　→48頁以下）、けろけろけろっぴ事件（【ケース1-2】→50頁以下）、坂井真
　　　紀イラスト事件（【ケース1-5】→60頁以下）あたりは、類似性を否定した
　　　判決の結論に異論が少ないかと思いますが、他方、マンション読本事件
　　　（【ケース1-6】→61頁以下）や博士イラスト事件（【ケース1-7】→65頁以下）
　　　については、類似性を否定した判決に異論もあるところかと思います。先
　　　生のお考えはいかがでしょうか。

前田：まず、マンション読本事件なのですけれども、上野先生が「判例の概観」
　　　で書いておられますとおり、「顔面を含む頭部」に着目して比較するだけ
　　　でよいのかという疑問を感じます。姿勢、赤いセーター、足首までのレギ
　　　ンス、足の描き方、腕の形状がよく似ています。さらに、鞄を持っている
　　　かどうかの違いはありますが、腕の形状も似ており、スカートの色は違う
　　　ものの形状がよく似ている。原告の方のスカートの模様は格子と言ってい
　　　いかどうかよくわからないのですが、長方形が並んでいて格子模様に近い。
　　　こういったところを捨象してはいけないと思います。それらを含んだ全体
　　　像として比較してみますと、類似しているのではないかなと考えます。

上野：原告は、原告著作物が「極端ななで肩」であるという点が特徴的だと主
　　　張していますが、このイラストを見ると、なで肩というか、もう肩がない
　　　に等しいですよね。その意味ではここも特徴的かと思いますので、その点
　　　における共通性を考慮する考えもあるようには思いますが、そうではなく、
　　　こうした肩の部分における特徴を捨象して、顔と頭部だけに着目して類似
　　　性を判断するとなりますと、たしかに顔と頭部における細かい相違点が際
　　　立ってきて、そうすると非類似という印象に傾きやすいようにも思えます。

　　ただ、創作的表現の共通性が問題となる類似性判断において、首から下の部分を捨象してしまうというのは、首から下の部分は創作的表現ではない、つまり著作物性がないという話になりかねないようにも思います。だとすれば、首から下の部分だけを他人が無断でデッドコピーしても著作権侵害にならないことになるのか、といった疑問もわいてくるところです。

前田：原告著作物をどのように特定するかは、原則として原告の自由としますと、この事件では、全身像を描いたイラスト（原告イラスト75）が一個の原告著作物と主張されているのだと思います。そうであれば、これと被告作品（被告イラスト1）とを比較することになると思います。被告作品のほうは、本当はお母さんとお父さんと子どもが並んでいるイラストのようであり、そこからお母さんの部分のみを切り出しているようですが、お母さんの全身像の部分は、常識的に見て一つのまとまりを持っていますので、これと原告著作物とを比較することになると思います。そうすると、類似性の判断では、当然、首から下の部分も比較対象に入ってくるはずだと思います。

　　極端ななで肩であるということだけが似ているのであれば、それだけでは創作性がないかも知れませんが、その点の共通は類似性を肯定する要素になると思います。それに加えて、腕の形・服装の色や形状・足の描き方だとか、そういったこともひっくるめて比較しますと、類似性を肯定してもいいのではないかと思います。

上野：そうですね。著作物の類似性判断における特定の問題は課題になるとしましても、本件において、原告が首から下の部分も含めて対象物を特定しているにもかかわらず、裁判所が首から下の部分を除外して類似性を判断することが許されるのは、その首から下の部分には創作的表現がないと言える場合に限られるように思います。そして、首から下の部分は創作的表現とは認められないと言ってしまうと、では首から下の部分には著作物性がなくコピーフリーなのかということになってしまうように思いますので、この首から下の部分が創作的表現と言える以上、この部分も類似性判断において一応考慮しなければならないのではないかと思います。

　　ただ、判決の立場をフォローするならば、人間のイラストというのは、

首から下は可変的なものでして、特に洋服や手足の形というのは容易に変わり得るものですよね。そうすると、例えば、リラックマなんかでも、だらっと座ってるイラストを描いたときは侵害だけれども、直立不動で立っているイラストを描いたときは非侵害というのもおかしいので、首から下を考慮して判断するのは妥当でない、と。他方、顔と頭部は、表情を変えるくらいのことはあるとしても、それほど可変的ではないから、そこに着目して類似性を判断すべきだという考えなのかも知れませんね。

　とはいえ、このイラストでも、顔と頭部だけに創作的表現があるわけではなく、首から下の部分にも創作的表現が散在しているというべきではないかと思います。もちろん、肩の部分だけでも単体で創作的表現と言えるのかとか、ハの字になっている足の部分だけでも単体で創作的表現と言えるのかといったら、それは言えないのかも知れませんけれど、一般論としては、個々の部分における創作的要素の積み重ねが全体の創作的表現を構成しており、その全体が著作物たり得るのはもちろん、いくつかの部分の組み合わせだけでも著作物たり得るということがあり得るように思います。このケースにおいても、もしそうした部分も含めて両者を比較するならば、類似性は肯定されてもよい事案ではないかという見方もあるでしょうね。

前田：判決の立場は、原告イラストは多数あって、それらは同一の女性を表現するものとして同一のコンセプトの下に描かれたものであるから、共通の特徴こそが本質的な表現を特徴づける、逆にいうと、共通の特徴ではない可変的部分は表現上の本質的特徴に該当しないので類似性判断において除外する、ということだと思います。しかし、この事件で問題となるのは、依拠性の問題はさておくとすれば、キャラクターとしてのこの女性の類似性ではなくて、イラストとイラストとを比較した場合の類似性だと思います。リラックマの場合も、ポパイ・ネクタイ事件最高裁判決（最判平成9年7月17日民集51巻6号2714頁）[1] を前提としますと、あくまで具体的な

---

1)　同判決は、「一定の名称、容貌、役割等の特徴を有する登場人物が反復して描かれている一話完結形式の連載漫画においては、当該登場人物が描かれた各回の漫画それぞれが著作物に当たり、具体的な漫画を離れ、右登場人物のいわゆるキャラクターをもって著作物ということはできない。」「したがって、一話完結形式の連載漫画においては、著作権の侵害は各完結した漫画それぞ

イラストや一コマを被侵害著作物として、それと被告作品とを比較しなければならないのでしょう。直立不動のリラックマを見た人は、もはやリラックマとは認識できないこともあるかも知れませんが、仮に、リラックマを描いたものであることを容易に認識できるのであれば、可変的部分の不一致があってもなお類似性が認められる。その場合は、可変的部分だから類似性判断において除外されるということではなく、可変的部分の相違があってもなお、類似性はかき消されていないということではないでしょうか。逆に、可変的部分での創作的要素が共通していれば、それも類似性の判断において考慮されるべきと思います。

　もしかしたら上野先生と私は今、創作的表現共通性一元論を無意識のうちに前提とした議論をしているのかも知れませんね。裁判所は、その表現上の本質的な特徴はどこかという判断をまず行い、このイラストにおいて表現上の本質的な特徴は「顔面を含む頭部」だと認定して、首から下を切り捨てた。だから、表現上の本質的な特徴が被告作品から直接感得できるかどうかを判断するに当たっても、首から上だけを比較すればいいということなんでしょうかね。これは間違いだと私は思いますが。

上野：なるほど。この判決のいう「本質的な表現上の特徴」というのは「創作的表現」とぴったり一致するわけではなくて、「創作的表現」の中でも特に "本質的" な部分だけを意味すると理解すべきなのでしょうかね。そうすると、判決が「本質的な表現上の特徴は、顔面を含む頭部に顕れた特徴ということにならざるを得ない」と述べたのは、「顔面を含む頭部」が「本質的な表現上の特徴」であることを意味するだけであって、首から下の部分について創作的表現に当たらないとしたわけではないということなのかも知れません。

前田：そう考えますと、首から下の部分だけをデッドコピーした場合は、判決の考え方でも侵害になり得るということですね。本質的な表現上の特徴には当たらなくても、なお創作的表現ではあり得るのだから。判決は、創作

れについて成立し得るものであり、著作権の侵害があるというためには連載漫画中のどの回の漫画についていえるのかを検討しなければならない。」とする。

的表現の共通があってもなお、表現上の本質的特徴の直接感得性がなければ類似しないという考え方を前提としているのでしょうね。

上野：たしかに、そのような考えに立つと、一般に、類似性は厳格に判断されることになりますよね。いずれにしても、近時の裁判例、特に東京地裁においては類似性が否定される傾向が強いように感じられることがありますが、このケースもその一つと言えそうです。

■イラストの著名性が与える影響

上野：ただ、やはり気になるのが、この原告イラストがもし非常に著名で、たとえば、リラックマのように、大変人気のあるキャラクターだった場合でも、裁判所は本当に類似性を否定するだろうかという点です。この点、前田先生はいかがお考えでしょうか。

前田：リラックマのように著名なキャラクターの場合には、可変的部分が大きく異なっても、それを見た人がリラックマであると容易に認識できる場合が増えるだろう、その結果、類似とされる範囲が広がるのだろうと思います。

　それから、ちょっと別の観点ですが、著名キャラクターの場合には、被告側にフリーライドの意図が認められることも多いでしょうが、そのことが類似性の判断に影響を与える可能性があると思います。類似範囲というのは、準物権がどこまで及ぶかという境界線となるものですから、その線が主観的要因によって動くのは、本来はおかしいと思います。その境界線は、被告の主観的認識や意図にかかわらず、あらかじめここまでなんだと定まっているはずという建前だと思うんです。しかし、実際の事件ではそうではなくて、一定範囲内では、被告の認識や主観的意図だとか、そういったことも類似性判断に影響しているように私には思えます。

上野：そうすると、このケースでも、原告イラストが今は有名でないから結果として類似性が否定されたけれども、今後、これが大人気キャラクターになったときに、今回と同じような事件が起きたとしたら、そのときには類似性が肯定され得るということになるんでしょうか。

前田：このケースではイラスト同士を比較すればもともと類似しているように

思いますが、仮に顔面を含む頭部だけを比較するとしても、原告側が著名なキャラクターであれば、判断が異なる可能性があると思います。それは、「あのキャラクターだ」と容易に認識されやすくなる点と、不正競争的な要素が強まるであろう点の2点からです。

上野：ということは、同じ事件でも、時間が経つと類似性判断が変動する可能性がある、ということになりますかね。

前田：はい、そういう現象が起きてくるのではないかなと思います。

上野：たしかに、江差追分事件の最高裁判決（最判平成13年6月28日民集55巻4号837頁）も、表現上の本質的な特徴を直接感得できるかどうかについて、「これに接する者が」と述べていますから、類似性判断というのは、結局のところ、客観的な共通性というよりは、人間が判断するものということになるんでしょうけども。

前田：はい。「これに接する者が」という観点を判断基準にするのであれば、「これに接する者」が特定のキャラクターを描いたものと容易に認識できるのであれば類似しているという判断に傾くのだろうと思います。

■「原告著作物」とは？

上野：さて、同じように類似性が否定されたのが博士イラスト事件（【ケース1-7】→65頁以下）ですけれども、判決は、「ほぼ2頭身」「下半身がガウンの裾から見える大きな靴で描かれている」「顔のつくりが下ぶくれの台形状」「両頬が丸く、中央部に鼻が位置し、そこからカイゼル髭が伸びている」「目が鼻と横幅がほぼ同じで縦方向に長い楕円」「両目の真上に眉」「首と耳は描かれず」「左右の側頭部にふくらんだ髪」といった点において共通性を認めつつ、これらは「きわめてありふれたもので表現上の創作性があるということはでき」ないと述べています。このように個々の部分に分解すると、それら一つ一つは単体ではありふれてるという判断になり、結局、そうした点で共通性があっても類似性が否定されることになりやすいような気もするところです。

前田：おっしゃるとおり、一つ一つの部分に分解してしまうと、たいていのも

　のはありふれていることになってしまいますよね。分解して観察した後に、総合的に眺め直すことが必要な気がします。

　ところで、さっきもちょっと議論が出たんですけど、この事件で原告著作物って何なんでしょうね。

上野：あ、そうですね。可能性としては、博士イラスト部分のみならず、黒板や文字を含めたパッケージ全体について類似性を議論することもできなくはなかったかと思うんですけれども、このケースでは、原告が博士のイラスト部分について著作権侵害を主張していますので、もっぱらイラスト部分が比較されていますね。なお、本件では、パッケージ上の博士イラストだけではなく、DVD映像の中に出てくる博士イラストも含めて問題になっているのですが、判決は、「動きのある映像として見たとき、原告博士絵柄と被告博士絵柄との違いは明白である」と述べていまして、動画中の博士イラストはパッケージ以上に類似性がないという判断みたいですね。

前田：たしかに、動画のほうはあまり似てないんですよね。でもだからといって、パッケージ上の博士イラストの類似性が否定される理由にはならない。動画が類似しているか、していないかというのは別の問題であって、パッケージ上に描かれた博士イラストについては、その創作性が、被告のパッケージ（ジャケット）に再現されてるかどうかという判断になるんじゃないかなと思います。

　判決は、パッケージと動画の両方に登場する博士をイメージした人物のキャラクターの絵柄を「原告博士絵柄」というとし、それを原告著作物としているのですが、これはポパイ・ネクタイ事件最高裁判決には整合しないのかも知れないと思います。具体的なイラストや動画から離れたキャラクター自体を原告著作物にしてしまっているような気がします。

上野：なるほど。判決は、先ほどの箇所で、「原告商品に登場する原告博士絵柄と被告各商品に登場する被告博士絵柄は、ともにそれぞれの商品の一部を構成する画像として存在するところ、動きのある映像として見たとき、原告博士絵柄と被告博士絵柄との違いは明白である」と述べているわけなのですが、もしこれが動画におけるイラストの類似性とパッケージにおけるイラストの類似性を分けないという趣旨であるとすると、いささか問題

99

があるかも知れませんね。

　いずれにしても、判決によると、パッケージ上の博士イラストだけを比較しても類似性が否定されることになるかと思うんですけれども、しかし、これはちょっと似すぎているので類似性ありでもいいんじゃないかという見方も結構あるようです。

■博士イラストの創作性

前田：世の中に、典型的な博士像を描いたイラストには、どんなものがあるんでしょうね。

上野：そうですね。この事件を大学のゼミなんかで取扱いますと、原告側に立つ学生は、画像検索するなどして、様々な博士イラストの選択肢を示したりするんですよね。つまり、博士と言っても、ガウンを着ているのもいれば、白衣を着ているのもいるし、また、博士といえば初老の男性が一般的というわけではないとか、必ずしも角帽というわけでもないとか、あるいは髭だって、博士といえば普通はカイゼル髭だというわけではないとか、さらに、ガウンはガウンでも、このように足がほとんど見えてない、というか、ほぼ靴しか見えてないという、こうした点は創作性があるとか、そういった主張をするわけなんですが、他方で、被告側を担当する学生は、たしかに、博士イラストといえば、白衣を着ている阿笠博士だとか、それなりに選択の幅があるかも知れないけれども、しかしそんなにバリエーションがあるわけではないから、この原告の博士イラストは創作性が高いわけではないといった主張することが多いです。このように、イラストの類似性を議論すると、双方が同じテーマの他のイラストをいろいろと提示してきて、この博士イラストがどれくらい創作的かという議論になるわけなのですが、それは訴訟においても同じなのではないかと思います。

前田：上野ゼミはとてもおもしろそうですね。私もぜひ参加したいです（笑）。同じテーマの他のイラストをいろいろ探して、共通部分の創作性を議論するというのは正しいと思います。たしかに本件では博士イラストをよく見ると違いもいろいろと指摘できそうですね。ご紹介いただきました学生さ

 んの意見もそうですが、判決も、キャラクターとしての共通点や相違点を
指摘しているように思います。

上野：そうですね。あとは、口の大きさが結構異なるとか、被告イラストのほ
　　　うが原告イラストよりも縦長だとか、髭の色が異なるとか……。

前田：はい。でも、ほっぺは似ていますね。

上野：まあ、ほっぺは似ていますかね。あと、顔が下ぶくれであることや、靴
　　　がやたらに大きいことも共通しますかね。また、共通点の中でも、鼻と目
　　　が同じサイズだという点は、なかなか特徴的かと思いますので、これも創
　　　作的要素と言い得るように思われます。さらに、私が気になるのが、もみ
　　　あげのところでして、まるで雲みたいにぷくぷくした髪が 3 つくらいあり
　　　ますよね。これはさすがに、博士だからこういうもみあげが一般的という
　　　わけではないと思うんですよね。もちろん、このもみあげ部分だけで創作
　　　的表現と言えるかというとそうではないかも知れないのですが、このイラ
　　　スト全体を構成する創作的要素としては重要なものと言えるように思うん
　　　ですけれども。

前田：たしかに。でも、もみあげ部分だけを独立して見た時に類似しますかね。
　　　原告のもみあげとちょっと形状が違うような……。もっとも、他の共通点
　　　とあいまって類似性を高める要素にはなると思いますが。

上野：うむむ……。そう言われると、だんだん違いの方が目に付いてきました
　　　（笑）。そういえば、この事案は、もともと原告が被告に商品を供給する契
　　　約関係にあったというケースですよね。その意味では、被告は原告イラス
　　　トについて、いわば強い依拠があったとも言えそうです。

前田：そうですね。強い依拠があったことは、類似性判断に影響を及ぼすと思
　　　います。原告商品は幼児がひらがな、カタカナを初めて学ぶための DVD
　　　で、「あいうえおってなあに？」という題号が書かれています。他方、被
　　　告商品も幼児がカタカナを初めて学ぶための DVD で、「アイウエオって
　　　なあに？」という似たような題号が書かれていて、まさに競合商品なので
　　　しょうし、もともと被告は原告から商品の供給を受けていたという事情が
　　　あることにより、ますます侵害に傾くように思います。
　　　　ところで、右手を挙げていることも似てるんですが、角度が違いますね。

上野：その点は、先ほどのマンション読本事件と同じ問題になるかも知れませ
　　　んね。つまり、手や足の角度は可変的ですので、たとえば、手の角度が一
　　　定の角度の斜めになった時だけ侵害になる、といったような判断になると
　　　すれば、それでいいのかなと思わなくもないところなのですが。

前田：そうですね。このイラスト同士を比較するとしますと、可変的であって
　　　も右手を挙げている点で共通することは類似の要素になり得ると思います
　　　が、角度が異なるときはその要素は薄まり、同じような角度のときは類似
　　　の要素が強まるように思います。

上野：なるほど。この事件では、あくまでこの両者の類似性が問題になってい
　　　る以上、この具体的なイラスト同士を比較することから離れてはいけない
　　　のかも知れませんね。

■比較すべき対象はどこなのか

上野：イラストとしてのキャラクターというのは、同じキャラクターが様々な
　　　姿勢や表情で多数描かれるものですので、ついつい我々は、そういうキャ
　　　ラクターとしてのイラストについて類似性を論じるとき、当該イラスト群
　　　が共通して持っている特徴みたいなものを、やや抽象的に論じてしまいが
　　　ちなのかも知れませんね。しかし、そうするとどうしても具体的表現から
　　　離れてしまいそうな気もします。

前田：目に見えているものを素直に見ることが必要ではないかと思います。

上野：ひょっとしたら、文章の類似性を判断するときには、そこに存在してい
　　　る文章表現を客観的に比較するのに、イラストとしてのキャラクターの類
　　　似性判断を行うときには抽象化してしまう傾向があったりするのかも知れ
　　　ませんね。何はともあれ、前田先生としては、この博士イラスト事件は非
　　　類似でもいいかなというお考えでしょうか。

前田：そうですね。博士を描いた部分だけを、しかもキャラクターとしての特
　　　徴だけを比較した場合、非類似ということも可能なのかも知れません。し
　　　かし、それでは切り捨てられている部分があるんじゃないかと。本件では、
　　　博士をイメージした人物のキャラクターの絵柄が「原告博士絵柄」として

原告著作物とされていて、パッケージのイラスト全体が原告著作物にされているわけではないのでしょうが、仮にパッケージのイラストが原告著作物と主張されていたなら、博士をこのような姿勢や持ち物で描くことだけでなく、それから、博士を描いた部分以外を含めて比較すべきことになると思いました。

上野：ほほう、おもしろいですね。ちなみに、先ほどのお話で、博士イラスト部分だけではなく、黒板とか他の点を含めて、パッケージ全体で比較したら結論が変わってくるかも知れないのでしょうか。

前田：被告のほうは、黒板を一つにして、位置をずらしている。原告のほうにはスイカや猫、ネズミが描かれているのに対し、被告のほうにはなく、原告のほうには描かれていない女の子や男の子が描かれている。こういうことは、全体として見るならば、相違点として出てくると思うんですよね。他方、そもそも右よりに博士を、このような姿勢・体の向き・両足の位置で描き、博士の左手に書物を抱えさせ、右手を挙げさせ、博士の後方左寄りに緑の黒板を置き、そこにはアイウエオ表が書かれていて、上部には「あいうえお」または「アイウエオ」を白抜き文字で大きく配置し、行を変えて「ってなあに？」との文字を小さく配置しているといった基本的構成は共通しています。文字の配置や黒板にアイウエオ表を書くことなどは、商品の目的上当然のもの、ありふれたものでしょうが、イラスト全体での諸要素の組み合わせの共通は類似性を高める要因になると思います。そういう点も加えて考えると、もともと博士イラスト部分もかなり似ていることと相俟って、全体として類似になるのではないでしょうか。

上野：なるほど。それは、類似性判断というのは、両者の共通点があるかどうかだけを判断するものなのか、それとも、両者の相違点の大きさを含めて判断するものなのか、という問題につながるようにも思えます。

前田：創作的表現共通性一元論からすると、ある部分だけで創作性が認められて、その部分の創作性が被告作品に再現されているのであれば、他の部分で相違点があっても侵害になるのが原則となりますよね。他方、全体比較論では、他の部分での相違点により類似性が否定される可能性があるということでしょうか。

上野：そうなんですよね。先ほどのマンション読本事件でいえば、被告イラストがカバンを持っていたという場合は、その部分で原告イラストにはない新しいものが付け加えられていますので、そのことによって類似性が否定されやすくなると考えるかどうかが問題になるかと思います。また、博士イラスト事件で、もしパッケージの類似性が問題になるとすれば、博士イラストとは別に、子供のイラストが付け加えられていたりするといった相違点によって、パッケージの全体を比較した場合に、類似性が否定されやすくなると考えるかどうかが問題になるということでしょうかね。

前田：ただ、いろいろな要素の組み合わせによって初めて創作性を獲得している場合に、その組み合わせに他の要素が加わることによって、全体として異なるものになっているという現象もあり得るように思います。そういう場合には、創作的表現共通性一元論でも、創作的表現の共通性がなくなっていると考える余地はあるのではないでしょうか。

上野：そうですね。新たな要素が付け加えられたことによって創作的表現における共通性が失われたというのであれば、類似性は否定されることになるのかと思います。

前田：実際問題としては、原告著作物にあるものがなくなっていて、逆に、ないものが加わっているということがあれば、それはやっぱり類似性の判断に影響があるような気がします。

■レターセット事件

上野：あと、レターセット事件（【ケース1-8】→67頁以下）は、多数のものが比較されているんですが、まあ非侵害でいいんでしょうかね。

前田：非侵害でしょうね。これ、同じ人が描いているんじゃなかったでしたっけ。原告会社でこれを書いていた方が、会社を辞めたけれども、職務著作だから著作権は原告会社にあるので、退職後に描いた作品が原告会社の著作権侵害になるという主張ではなかったでしょうか。

上野：たしかに、被告Ａはもともと原告会社にデザイナーとして在職していた者で、退職後に被告会社から委託を受けて作成したデザインが問題にな

ったようです。日本の著作権法では、職務著作に当たる著作物については会社が著作者になるわけですが、この程度の共通性で類似性を肯定してしまったら、デザイナーとしての創作の自由が過剰に奪われてしまうということかも知れませんね。

■出る順シリーズ事件

上野：類似性が肯定された裁判例のうち、サザエさんバス事件（【ケース1-9】→70頁以下）やパンダイラスト事件（【ケース1-15】→80頁以下）、あるいは、フラねこ事件（【ケース1-18】→85頁以下）については類似性ありということで異論がないかと思いますが、出る順シリーズ事件（【ケース1-14】→79頁以下）はどうでしょうかね。これは平成16年の判決ですが、もし今これが訴訟になっても侵害と判断されますでしょうかね。

前田：これは何と言いますか、うーん、直感的に似すぎている気がしますけどね。

上野：ただ、右手の形と位置は異なりますよね。あとは腰のくねり具合も違いますかね。

前田：違いますね。でも、のっぺらぼうの、こういう形状の人形を作り、判決も言っているように、肩の高さに左手のひらを大きく書いて、その上に建物を乗っけて、その建物の屋根の稜線にもう一軒の建物を乗っけると。

上野：ほほう。そこも含んで判断するわけですか。

前田：ええ、判決が言っていたと思いますけど、建物を三角屋根にし、窓を水色の四角形が4つにして。

上野：それ言ってましたっけ！

前田：どこかで言っていたような気がします。この判決は、たしか、依拠の根拠事実と類似性の根拠事実を分けていて、依拠のほうで言っていたような気がします。

上野：ああ、たしかに判決は、依拠性に関する部分で、「手のひらの上の家を三角屋根にし、窓を青色の格子状にし」たことを含む様々な共通性を認定していますね。

前田：そういった諸々のこと考えると、これは類似でもいいんじゃないんです
　　　かね。

上野：なるほど。そうですか。

前田：どうですか、上野先生（笑）。

上野：えーと、そうですね。まあ、判決が「人形を肌色一色で表現した」こと
　　　も原告イラストの「特徴的な部分」としている点については、もちろん、
　　　人間の肌の色は千差万別なわけで、そもそも「肌色」という表現自体、最
　　　近は用いられない傾向もあるようですけれども、「肌色」というのは肌の
　　　色を意味する言葉ですので、人形の肌の色を肌色にするのはありふれた表
　　　現のような気がしなくもありません。

前田：おっしゃるとおり、肌色にしたこと自体に創作性があるわけではないと
　　　思うんですが、その他のファクターと重なりあうことによって創作性を基
　　　礎づける、すなわち、他の要素との組み合わせによって全体として創作性
　　　を獲得することはあると思うんですね。今回この原告と被告のイラストを
　　　比較すると、肌色であるということだけではなくて、その他の要素もいろ
　　　いろ似ていて、その組み合わせが再現されているということかなと。

上野：なるほど、個々の部分における創作的要素の組み合わせ・積み重ねによ
　　　って構成される創作的表現において両著作物の共通性が認められるから類
　　　似性が肯定されるということでしょうかね。たしかに、私も自分の教科書
　　　でこのケースを取り上げていますので、類似性を肯定した裁判例として説
　　　明しやすいものと考えたのだろうと思います。ただ、類似性の問題って、
　　　いろいろ考えているうちにだんだん印象が変わってきたりするんですよね。

■類似性判断は、時代と共に変わり得るのか

上野：では、ライダーマン事件（【ケース1-11】→73頁以下）はいかがでしょう
　　　か。これは昭和52年の古い判決で、ライダーマンというのは、当時大人
　　　気だった仮面ライダーシリーズのテレビ映画「仮面ライダーV3」に登場
　　　したキャラクターですから、裁判所も、それが「視聴率は平均20パーセ
　　　ント台、最も高い時には、東京で31パーセント、大阪で36パーセントに

まで達し、大いに児童、幼児の人気を博した」とまで言及した上で、著作権侵害を肯定しているのですが、ライダーマンは、俳優さんの口とその周辺部はマスクによって覆われておらず、露出しているんですよね。したがって、この判決は、口とその周辺部以外の部分だけで著作物性を認めて、類似性も肯定したということになるかと思うんですけど、先生いかがでしょうか。

前田：この事件では、不正競争防止法的な観点からも放置できない事案だったのかなと思います。

上野：まあ、昭和52年といいますと、不正競争防止法も旧法ですし、商品形態のデッドコピーに関する現行不競法2条1項3号もない時代で、だから著作権侵害にしたということかも知れませんけれども、もしこれが今訴訟になったとしても、このような結論になりますでしょうかね。

前田：不競法の形態模倣で対処できるなら、それでよいかも知れませんね。それはともかく、著作権で考える場合、似たようなものが世の中に増えてくると、類似の範囲は狭まってくるのかも知れませんね。

上野：あっ、やはり類似性判断って時代と共に変わり得るものなんですかね。今や、こういうヒーローというか戦隊モノみたいなキャラクターは実に多数ありますよね。そうすると、このケースでも、被告商品がもう少し違えば非類似と判断される可能性もありますかね。

前田：上野先生が先ほどご指摘されました、江差追分事件の最高裁判決の「これに接する者」からみてどう見えるのかというと、似たようなキャラクターが増えてくると、だんだん似ているとは思えなくなってくるんじゃないですかね。

上野：まあ今の子供はこれを見てもライダーマンだとは分からないでしょうし、他のヒーローキャラクラーと何が違うのかと思うかも知れませんね。

前田：ライダーマンを知っている人が被告のお面をライダーマンと認識できなければ、それは類似ではないでしょうね。

上野：ただ、誰を基準に判断するかという問題もありますね。

前田：それは、需要者、被告作品が想定しているだろうと客観的に考えられる需要者ということですかね。

上野：そこなんですが、「これに接する者」といっても、それは一般平均人なのか、需要者ないしユーザーなのか、他のクリエイタなのか、どうなんでしょうかね。例えば、ある分野にあまり詳しくない人から見れば、みんな同じように見えたりするものが、詳しい人や専門家から見れば、全然異なるものに見えたりすることがあると思うんですよね。例えば、私などはアニメのキャラクターも違いがよくわからなかったりするんですけど、詳しい人には、細かい部分の違いもよく見えるせいか、全然別のものに感じられたりするのではないかと思います。

前田：そうですね。かつてオランダで裁判になったキャシーとミッフィーの事件についても、このようなキャラクターをたくさん見ている日本人からすれば違うように見えるのですが、あのようなキャラクターがあまり多くない国の方から見ると、同じように見えてしまう、そういう現象があるように思えますね。

　「これに接する者」という言葉からは、他のクリエイタとは考えにくく、需要者ないしユーザーになるのだと思います。プログラムの著作物のように、需要者が表現に接することが想定されないものは別ですが。もっとも、原告作品を知らなければその表現上の本質的特徴を感得できませんので、原告作品の存在と表現を知っている需要者になると思います。それから、被告が「原告作品以外にも、似たようなものにこういうものがある」ことを主張立証すると、それを前提とした類似性判断がなされるべきですから、一般的な知識の需要者ではなくて、裁判所で主張立証された他の類例をよく知っている需要者になると思います。

■ノンタン事件・たいやきくん事件

上野：さて、ノンタン事件（【ケース1-16】→82頁以下）についてです。これも経緯としては、当事者が元夫婦だったりとか、いろいろあったようですが、ノンタンの創作的表現がどこにあるかと考えますと、輪郭線が震えたようになっているところでしょうかね。しかし、もしそのあたりにしか創作的要素がないとすれば、ノンタンは創作性が高いとは言えず、そうだとする

と類似性は厳格に判断されることになろうかと思います。この事件における被告ハンカチに描かれたイラストはあまりはっきりしませんが、一般的には、この被告イラストは著作権侵害でよいと思われてきたように思います。しかし、我々がそのような印象を持つのは、ひょっとしたら、それはネコのイラスト自体が似ているからというより、被告ハンカチに人気キャラクターの名称である「nontan」の文字が書かれてあるからではないか、という気もするところなんですけれど、先生いかがでしょうか。

前田：おっしゃるとおりだと思います。類似性には幅があり、不正競争的なファクターがあると、その中で侵害を肯定する方向に働くのではないかと。ノンタンの事案は、被告製品がノンタングッズとして製造販売されていたことには異論のなかった事案ですので、共同著作者性の争点はあるものの、不正競争的なタダ乗り・フリーライド的な要素が強いと思います。工業製品の設計図の著作権が問題となっているような事件などでは、不正競争的な要素を持ち込むのはおかしいという議論が強くあると思うんですけれども、しかし、類似かどうかにはグレーゾーンがある、そのグレーゾーンの中でどっちに転ぶかが問題となる場面では、不正競争的な要素が影響することは否定できないように思います。

上野：なるほど。そうすると、ノンタンが著名な人気キャラクターであって、被告商品を見た需要者はこれをノンタンの正規品グッズだと混同するおそれが高いという事情が、著作物の類似性が肯定される方向に影響しているということですね。

前田：もう一つ、ノンタンのこの輪郭線が震えてるのが特徴的で非常に人々の記憶に残りやすく、ノンタンの著名性とあいまって、被告イラストに接した人が容易にノンタンを想起できる……。

上野：正直なところ、私はあまりノンタンに馴染みがないので、よくわからないんですけど、この輪郭線はかなり特徴的なのかもしれませんね。ただ、被告ハンカチに描かれている 3 匹は、姿勢や表情が異なっていますよね。これ 3 匹とも侵害でいいんでしょうかね……。

前田：おっしゃるとおりですね。被告の右上のものなんかは、違うキャラクターのイラストのようにも見えます。

上野：同じことは、たいやきくん事件（【ケース 1-10】→72 頁以下）にも言える
　　　かも知れませんね。昭和世代にとっては極めて著名なキャラクターですの
　　　で、類似性を肯定した結論に違和感がないとしても、これを知らない世代
　　　にとっては、ひょっとすると、手が生えている魚のイラストにすぎないと
　　　感じられるかも知れませんね。

■無人契約機￥en むすび事件

上野：さて、無人契約機￥en むすび事件（【ケース 1-12】→75 頁以下）です。被
　　　告作品はある会社の広告として電通が作ったものでしたね。原告のほうは
　　　イラストでしょうか。類似性を肯定した裁判所の結論については、いかが
　　　でしょうか。

前田：これは侵害でいいんだと思います。やはり明らかに似すぎていますよね。
　　　エッフェル塔があって、ピサの斜塔があって、ピラミッドがあって、ラク
　　　ダに乗った人物がいて、モスクワ風の建物があって、ロンドンの 2 階建バ
　　　スがあって、ビッグベンがあって、オランダの風車があって、ヤシの木が
　　　2 本、右方向に傾いて並んでいる。

上野：あ、ただ、よく見ると原告作品にはクルーズ船がないですね。

前田：ないですね。でも原告作品にはヨットが二艘描かれていて、被告作品に
　　　もヨットが一艘残っており、帆の形も似ています。ヨットのうち一艘をク
　　　ルーズ船に置き換えたということでしょうか。また、ヨットやクルーズ船
　　　の後ろに摩天楼があって、なぜかここでローマのコロッセウムがあって。

上野：そしてコロッセウムのそばにもヤシの木があるという点も共通しますね。
　　　他方、右端の部分だけは両者で違いがあって、被告としては、そこだけは
　　　変えてみたということなんでしょうかね。あと、原告作品が平面的である
　　　のに対して、被告作品は立体的で写実的になっている点でも異なりますね。

前田：たしかに描き方が写実的ではありますけれども、やっぱり描いた対象物
　　　の組み合わせと並べ方が共通していて、その点が本件では決定的じゃない
　　　でしょうか。

上野：なるほど。組み合わせといいますと、編集著作物のような話になりそう

で、このケースでも、被告がもう少し順番を変えていれば、非類似と判断
されたかも知れないですね。たしかに、名所旧跡の並べ方としては他にも
やり方はあるわけですし、また、北から順に並んでいるとかそういうわけ
でもなさそうですから、この並びの順番も創作的要素ということになるの
かも知れませんね。

■パンシロントリム事件

上野：パンシロントリム事件（【ケース 1-13】→77 頁以下）はいかがでしょうか。
　　　これも侵害でよろしいですかね。判決は、被告イラストと原告著作物 C
　　　を比較して、「顔から鼻頭にかけて直線的な稜線を有すること」ですとか、
　　　「顔から上の部分は真横から見た描写であるのに対し、首から下の部分は
　　　斜め前方から見た描写」といった点が共通していることを根拠に類似性を
　　　肯定しています。これも大阪地裁の判決で、しかも平成 11 年という比較
　　　的古いものですが。

前田：原告の方がかなり著名なんですよね。そして、帽子をかぶっている。目
　　　玉の描き方も似ている。

上野：そうですね。たしかに共通点が多数ある一方で、原告イラストは「身体
　　　の線が直線的に描かれ」ている点も特徴の一つとされているのですが、被
　　　告イラストはお腹が曲線で描かれている点は違うんですね。というふうに
　　　考えてくると、類似性判断としては少し緩いかも知れないですかね。

前田：そうですね。

上野：この事件は、被告の製薬会社が、「弱った胃をイキイキ動かす」点に特
　　　徴がある新しい胃腸薬の販売を決定して、パッケージデザインに関するコ
　　　ンペを経て、委託を受けた訴外会社のデザイナーが、原告イラストに依拠
　　　して作成されたデザイン画（フレッチャー画）を参考に被告イラストを作
　　　成したという事案で、当該デザイナーは、著作権調査業務を行っている会
　　　社を通じて、フレッチャー画が掲載されていたデザイン画集の出版社に連
　　　絡するなどしていたことなどから、被告の過失の有無も問題になったわけ
　　　なのですが、結局、判決は被告の過失を認めています。

前田：被告作品のデザイナー自身、フレッチャー画の著作権者の許諾が必要と
　　　考えて、許諾取得交渉を現にしていたという経緯は、過失を否定する評価
　　　障害事実として被告側が主張したのでしょうが、もしかしたら、そのよう
　　　な経緯があったことが、類似性肯定の方向に心証が傾く要因の一つになっ
　　　た可能性もあるという気がします。

■眠り猫事件

上野：さて、眠り猫事件（【ケース1-19】→86頁以下）ですが、先生は判決の結
　　　論についてどのようにお考えでしょうか。そういえばこれも大阪の事件で
　　　すね。
前田：判例研究会でも最近は、大阪地裁の事件が取り上げられることが多いで
　　　すよね。まず、1番と3番は猫の形がすごく似ていますよね。
上野：はい。ただ、被告作品の1番・3番は下部が波になっていますから、原
　　　告作品における雲みたいな渦巻とは異なりますね。
前田：1番・3番は類似だと思います。猫の片前足と片後足と、円形を構成す
　　　る尻尾の先の部分と、それから顔をこのような位置関係で描き、後足が尻
　　　尾による円から少しはみだしているところはそっくりですし、あと、
　　　目も似ている。左耳が白いことや両耳がわずかに円からはみ出ていること
　　　も似ているし、それから黒いぶちの部分の形や目との位置関係も似ていま
　　　すね。
上野：なるほど。渦巻きが波になっていても類似性ありということですね。
前田：猫の部分が非常によく似ています。波と雲のような渦巻きの違いによっ
　　　て類似性が否定されてしまうのかどうか。波と雲の相違点があってもなお、
　　　類似性はかき消されないような気がします。
上野：これもどこまでが一つの著作物かという、著作物の単位の問題に関わる
　　　かも知れませんね。ある一つの著作物ユニットとは別の場所に相違点があ
　　　るという場合であれば、当該一つの著作物の共通性が認められる以上、類
　　　似性は肯定されるかと思うのですが、そうではなくて、一つの著作物ユニ
　　　ットの内部において相違点があるという場合は、その相違点が、その限り

で著作物における共通性を失わせることになり得るため、類似性が認められにくくなるのかも知れません。ただ、そのように考えるといたしましても、1番・3番というのは類似性ありという結論でよいということでしょうかね。それ以外はいかがでしょうか。

前田：5番・7番はかなり違ってくるような気がしますが、ただ後足が円形から飛び出しているところが似ているでしょうか？

上野：この絵の特徴としては、「耳や片後ろ足を若干円形状から突出して描いている」という点があって、裁判所もこれは創作的表現における共通性だと認めているんですよね。まあ9番と11番は、さらにもう一方の前足まで突出してしまっていますけれども……。

前田：そうすると、5番・7番は類似ということですね。しかし、5番・7番では猫のヒゲがありませんね。

上野：あ、そうなんですよ。5番・7番にはヒゲがないんですよね。あとは表情が微妙に違うっていう見方もあるようですが……。

前田：そうですね。もっとも、5番・7番は波ではなく、雲を思わせる形が原告作品にやや近いんですかね。しかし、何といいますか、いずれにしても被告作品を並べてみると、原告作品への依拠性がすごく強いような気がするのですが……。

上野：なるほど。ということは、やはり、依拠性の度合いが高い場合、つまり、フリーライドする認識が強いという場合は、類似性が肯定される方向に傾くのではないか、ということですね。ただ、猫好きの人によると、猫ってよくこういう形をするらしいんですよね。たしかに「ニャンモナイト」でネット検索するとこういうアンモナイトみたいな猫の画像がたくさん出てきます。特に猫をたらいみたいなものに入れると自然とこんな形になるとかならないとか……。

前田：なるほど、しかし、寝ている猫を上からみて円形状に描くという点だけが共通しているのなら、たしかに非侵害だと思うのですが、本件ではそれ以外のところが似ていますよね……。まあ、9番、11番以降はだいぶ違ってくるような気がしますけど。

上野：裁判所は15番までをすべて類似性ありとしたようですが。

前田：15番まで類似とされたことについては、類似性が広めに判断されているような気がします。1番や3番のような強い依拠があったと想定される被告作品があるので、それに引きずられる形で類似性判断が広がっているのかもしれませんね。17番・19番になりますと猫が金魚みたいになっていますから、これは非類似でしょう。15番までは尻尾がぐるっと円形になっていて、そこまでは類似であるということでしょうか。

上野：そこを特徴だと捉えたということになるんでしょうね。

前田：侵害だと考えられる1番・3番から、非侵害と考えられる17番・19番までの間のどこで線を引くかということですよね。

上野：いつも思うんですが、我々研究者は、類似性について抽象的に論じているだけでもすむわけなんですけれども、裁判官というのは、眠り猫事件のような現実の事件について、どこかで線を引いて判断を示さなければならないわけですから、いやはや大変だなと感じている次第です。

■創作性に関する主張立証

上野：さて、ふわふわ四季のたより事件（【ケース 1-20】→89頁以下）です。問題になったものが9つあるのですが、判決は2（ひさご）のみ類似性を肯定して、それ以外はすべて類似性を否定しました。ただ、どれも微妙なので、これはかなり意見が分かれるところではないかと思います。

前田：1番なんかは、普通に考えると似ているような気がいたします。ただ、似たような著作物が他にも一般的にたくさんあるのであれば別ですが。

上野：そうなんですよ。この事案では、被告側が、1〜9のそれぞれについて、原告著作物と被告著作物以外で、似たような図案を大量に証拠として提出したんですよね。たとえば、1番だけで30もの対照図案が提出されています（［別紙対照表（抄）］参照）。判決は、この被告提出証拠と対照することを通じて、原告著作物における個々の部分について、それぞれ「ありふれた表現と認められる」などと述べて、全体としては、それらの組み合わせによって著作物性を有するものの、「顕著な表現上の特徴が存在すると認めることは困難」であるから、「酷似する表現」つまりデッドコピーの

場合に限って類似性が肯定されると判示しています。このように、本件では、被告が、こうした大量の類似図案を証拠提出することによって、いわば力技で勝ったというケースではないかという気もしています。

うるせぇトリ事件（【ケース1-3】→52頁以下）でも、被告側が多数の対比キャラクターを証拠として提出して、これによって裁判所はありふれた表現であるという判断をしやすくなったように思うんですね。

ただ、ここでちょっと私が気に

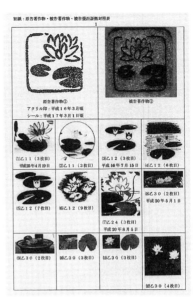

別紙対照表（抄）

なるのは、創作性が低いことを立証するために、「他にも同じような作品がたくさんある」という場合、いつの時点のものを対照すべきかという点です。ふわふわ四季のたより事件の判決は、「原告著作物の制作時期以降に公刊された対照図案についても、原告著作物に依拠して制作されたとは認められないことから、これを原告著作物の表現上の特徴を認定する際に用いることに格別支障はないものと解される」と述べていて、私もこれで問題ないと思うのですが、他方で、特徴的な印象を受けるかどうかは時間の経過と共に変化するかも知れず、30年前は非常に特徴的に感じられた作品が、今は全く特徴的に感じられなくなるということもありますよね。そこで、創作性判断において対照すべき他の著作物というのは、原告著作物が創作された時点のものに限るべきという考えも見受けられるような気がします。

前田：特許における新規性の判断とは異なるものになるはずですよね。

上野：そうですね。著作権法上の創作性というのは、理論的には、時間の経過と共に変わらないはずのように思うんですけれども。

前田：しかし、原告著作物に依拠しないで、第三者が似たようなものを創作した場合には、原告著作物の後に創作されたものでも、そのことは考慮されてもいいんじゃないんですかね。そのような事実があるということは、原告でなくてもその表現に到達するということでしょうから、原告独自の個性のゆえにこうなったとは言いにくくなって、ありふれているという評価根拠事実——正確には、創作的という評価を妨げる評価障害事実なのでしょうが——になり得るように思います。原告著作物に依拠した似たような作品がたくさん存在するようになったことについては、それを考慮してよいかの問題があると思いますが。

上野：そうですね。このように、どの時点で創作性を判断するのかというのは、著作物性の判断の問題でもあると共に、創作的表現の共通性が前提となる類似性の判断においても問題になり得るかと思いますので、課題になりそうです。

　　　あと、主張立証責任の問題もありますよね。一般に、裁判官が証拠もなしにある著作物が「ありふれている」と認定できるのかどうかよく分からないところで、原告や被告が創作性について証拠を挙げて主張立証してくれないと、裁判所としては判断しようがないのかも知れませんね。先ほどのケースでは、被告がかなりがんばって似たような対照図案を多数探してきて、これを提出したからこそ、判決も原告著作物の創作性を低いものと判断することができて、それが類似性の厳格な判断につながったようにも見えます。だとすると、このケースにおいて、もし被告が単に原告著作物の創作性は低いですと主張するだけで、特に具体的な証拠を提出しなかった場合、裁判官としては、証拠もなしにありふれていると判断するわけにもいかず、かといって、まさか自分でインターネットの画像検索とかするわけにもいかず、結果として、ひょっとしたら内心こんなケースで類似性を肯定してよいのかなあと思いつつも、類似性を肯定することになるなんていうこともあり得るのでしょうかね。

前田：「ありふれた」っていうのは評価なんでしょうけれども、それは、事実に基づく評価なんでしょうね。もっとも、裁判所に顕著な事実（民訴法179条）については立証は不要になるのでしょう。

上野：そうですね。そもそも原告著作物の創作性というのは、まず原告が主張
立証することになるんですよね。

前田：本来、創作性があることは原告が主張立証すべきことと思いますが、
創作性があるというのは、「過失」みたいな規範的要件ですから、原告が
その評価根拠事実を何らか主張立証すれば、評価障害事実を被告が特に主
張立証しない限りは、裁判所が創作性ありと評価することも多いのではな
いでしょうか。そして、原告が原告著作物の具体的な表現の態様を特定し
て主張すれば、それがすなわち、創作性という規範的要件の評価根拠事実
になることも多い、ということではないでしょうか。

上野：そうすると、全く同じ事件であっても、被告が単に「原告著作物は創作
性が低いから被告著作物との類似性がない」といった主張をするだけで、
対照著作物を提出するなどといった主張立証をしないでいると、結果とし
て原告が勝ってしまうということになったりするのでしょうか。

前田：そういう現象が起きる場合はあるんじゃないかなあと。

上野：かつて、ある事件を担当された実務家の先生とお話していたところ、や
ろうと思えば対照著作物を探す調査もできたけど、なにしろ予算が全然な
いから全くできなかった、それで結局負けた、みたいなお話を伺ったこと
もあります。しかし、そういうことがあるとすると、本来であれば勝てる
はずの事案であるのに、お金のない方が負けるといったことになりはしな
いのでしょうかね。こういうことについても、いろんな実務家の先生とお
話することがあるのですが、そういう事態になるのは不正義ではないです
かと言うと、いやクライアントはそれだけコストを負担したのだから、勝
ってむしろ当然だという方もいらっしゃるんですね。

　いずれにしても、そのように同じ事件でも主張立証によって判決の結論
が変わり得るとするならば、我々が複数の判例を比較して研究する際にも、
原告と被告の著作物だけを見て、こっちの事件ではどうして類似性が肯定
されて、こっちの事件ではどうして類似性が否定されたのだろうか、など
と裁判所の結論について論評することには、一定の限界というか問題があ
るのかも知れませんね。

■「ありふれている」「ありふれていない」ことの判断

上野：ところで、ある表現が「ありふれている」という主張をしたい場合は、他にも同じような表現が世の中に存在することを証拠提出すればこれを立証できるんでしょうけど、他方で、ある表現が「ありふれていない」という主張をした場合に、他に同じような表現がないということを立証するのはなかなか難しいようにも思うんですが、どうなんでしょうか。

前田：「他にない」っていうのは悪魔の証明であり、証明不可能ですよね。「ありふれている」というのは、「創作的」という規範的要件が満たされていないということであって、逆に、「ありふれていない」というのは、「創作的」という規範的要件が満たされているということだと思います。主張立証責任が問題となるのは、「ありふれている」「ありふれていない」かどうかではなくて、創作的という規範的評価を基礎づける評価根拠事実や、その評価障害事実についてであると思います。他にも似たようなものがいっぱいあるという事実は、創作的という評価を妨げる、評価障害事実として、被告が主張立証責任を負うというふうに考えればいいのかなと。

上野：ある著作物について、創作性があるとか、創作性が高いとか主張する際には、これと同じような作品を作るとしても、他にも多様な表現の選択肢があるのであって、この著作者はそのような選択肢の中でこの表現を選んだ点に個性があらわれているのだ、というような主張をすることになるのかもしれませんね。

前田：あっ、なるほど、まず原告はそれを主張しなければいけないと。たしかにそのとおりですね。しかし、それらも原告著作物の具体的な表現の態様が明らかになれば、当然、そういう評価ができることも多いような気もします。

上野：まあ、実際には、そのように創作性や類似性について詳細に主張立証が行われ、裁判所が詳細に判断するというケースばかりではないように思います。特に古い事件で、大量の著作物が問題になったようなケースでは、結構ざっくりと議論されることが多いように思います。一例を挙げますと、

ふぃーるどわーく多摩事件（東京地判平成 13 年 1 月 23 日判時 1756 号 139 頁）などは、ガイドブックに掲載された地図等の著作物性および類似性が問題になったわけですが、非常に多数のものが問題になっていたせいか、あるいは、当事者から個別の主張立証が行われなかったせいか、裁判所は、著作物性についても類似性についても、「例えば」として、典型的な肯定例と否定例については具体的な判断を示す一方で、その他のものについては、もはや結論だけを示しています。

前田：自由度が高いものについては、原告著作物の具体的な表現の態様を見れば、創作性があると当然分かることも多いように思います。ふわふわ四季のたより事件では、四角の枠内に簡略化された季節の風物を描くという制約はあるものの、1 番（睡蓮）の絵について、このハスの葉の大小を逆にしたって、お花をもうちょっと左寄りにしたって全然構わないわけで、いろいろな可能性があります。原告は、四角の枠内の上部右側のこの位置に大きなお花を置き、その下の右側に大きな葉っぱを置き、左側に小さな葉っぱを置いている。他にもいろんな構成・配置があり得る中で原告がこういう構成・配置を選択していて、それらを手で描いていることは、原告著作物を見れば自明のことのように思います。これによって、創作性は一応はあるってことになって、その評価を覆したいのであれば、「似たようなものが他にもいっぱいある」ということを被告が評価障害事実として主張立証しなければいけない。そして、それに成功することによって、「ありふれた」という評価が導かれる、すなわち創作的という評価が妨げられると、そういうことなのではないでしょうか。

上野：1 番（睡蓮）についても、原告作品の著作物性については争いがないようですが、その上で裁判所が類似性を否定したのは、対照図案を参考にすると、実際に他にも同じようなものがあったということで、「1 輪の花を上方に、2、3 枚の葉を下方に配置すること」も「ありふれた表現」であり、また、「印章の印影をデザインするに際し、一部を故意に欠損させた枠で縁取りすることはありふれた表現」だと判断したわけなんですね。他方、裁判所が 2 番（ひさご）についてのみ類似性を肯定したのは、「対照図案のうちには、原告著作物②のような太い線で黒地に白色の葉脈の葉と

　　白地に黒色の葉脈の葉を織り交ぜて描いた図案は見当たらず……このように複数の葉を描き分けている点に原告著作物の表現上の特徴がある」という判断に基づいています。したがって、2番について類似性ありとした判断は、対象図案と比較する限り、こうした表現は今までになかったからだと言っているみたいに聞こえなくもないんですが、いかがですか。

前田：なんだか、ますます特許の新規性や進歩性みたいですね。

上野：そうかも知れないですね。しかし、かといって、他に類例があるかどうかという事実に基づくことなく、これはありふれているとか、これはありふれていないとかいう判断をすることになると、ともすると直感的な判断に陥ってしまうという問題があるのかも知れません。

前田：そうですね。他に類例があるかどうかは重要なファクターだと思います。しかし、今までになかったから創作性があるとか高いとは断言できず、逆に、今までにあったから創作性がないとか低いとも断言できない。そこは新規性とは異なっていて、あくまで創作性の評価根拠事実ないし評価障害事実の一つとして機能するということであって、評価そのものには必ずしも直結しないのではないかと思います。もちろん、今までにもなく、おそらくこの後も、原告に依拠したもの以外は、似たものは出てこないだろうといえるものは、創作性が極めて高いことになるでしょうが。

上野：というわけで、著作権法上の創作性とは何かということ、そして、これに関する当事者の主張立証や裁判所の認定というのは、難しい問題だなと思っております。そして、この創作性というのは、著作物性のみならず、類似性判断においても問題になりますから。ちなみに、このケースの3番以降はすべて非侵害でいいんでしょうかね。

前田：まあ3番はよく見かける気がしますし、原告の5番と被告の5・6番は招き猫で、古来あるものですからね。原告の9番と被告の10番を比較しても、共通する点は一般的なもののような気がします。原告の4番と被告の4番では、明らかに違うような気がします。

上野：ということは、問題となりうるのは、1番と2番くらいかも知れないということでしょうかね。そうすると、2番も非類似でよかったかも知れないのでしょうか。ただ、非類似という判断をするには、被告の提出した証

拠が足りなかったということなのかも知れませんが。

前田：もっとも、2番では、ひょうたんの向きが似てる、葉っぱが3枚である
　　　ことが共通している、しかもそのうち2枚は黒地に白色の葉脈で、1枚は
　　　逆に白地に黒色の葉脈を描いている、あと、巻きひげが独立しているよう
　　　に左または右に描かれている。巻いている箇所が2つか3つかの違いと、
　　　位置が左右反転していますが。

上野：たしかに、ひょうたん自体の形が似ていますね。

前田：似ていますね。形が似ているのと、四角の中でのおさまり方が似てるん
　　　ですかね。

上野：ただ、この程度で類似性が肯定されてしまうと、だんだんひょうたんを
　　　描けなくなってくるかも知れないという話になるかも知れませんが。

前田：そうですね。たしかに、もともと選択の幅は狭いのかな。四角の枠の中
　　　に簡略化された季節の風物的なものを描くということになると、こうなっ
　　　ちゃうのかも知れません。そういう意味で類似範囲は狭くなるのでしょうね。

上野：となると、2番については、裁判所によっては異なる判断をする可能性
　　　があったかも知れませんね。

■どこまでが一つの著作物か

前田：ちなみに、これはセットでは判断されていないのですか。

上野：あ、それも問題ですね。何を原告著作物とし、何を被告著作物とするか
　　　は、基本的には原告の選択次第ですよね。もし、原告が1～9番をセット
　　　として捉えて主張すると、それが編集著作物に当たるかどうかは別にして、
　　　何か判断に影響してくるのでしょうか。

前田：不正競争的な要素があったのかどうかはどうなんでしょうか。

上野：ああ、なるほど。セットとして見ると、被告は原告の商品シリーズにフ
　　　リーライドしたという印象が強まり、その結果、裁判所としては類似性を
　　　肯定する方向に傾くのではないか、ということでしょうかね。逆に、原告
　　　と被告のシールセット同士を全体的に比較すると、そのうち2番しか似て
　　　いない以上、いわば全体の中に埋没しやすいかも知れないのに対して、他

　方、一つずつを個別に比較すると、他がどうであろうと2番だけは似ているという話になりやすいのかも知れませんね。原告としては、原告著作物の方は自由に特定できるのかと思いますけれども、被告著作物の特定については問題になりますよね。裁判所は、原告の主張していない部分も考慮に入れて類似性を判断できるというのが釣りゲータウン2事件控訴審判決（知財高判平成24年8月8日判時2165号42頁）の立場ということになるんでしょうか。

前田：釣りゲータウン2事件控訴審判決をそのように理解できるのでしょうか。そこは微妙だと思いますが、どうなんでしょう。

上野：そうなんですよね。類似性に関しては訴訟法上の課題が問題になることが多く、今の点についても、処分権主義違反に当たるかどうか議論がありますよね。類似性判断において、比較対象を原告がどこまで決められるのか、そして裁判所がどこまで考慮に含めることができるのかが問題になりましょうか。

前田：釣りゲータウン2事件控訴審判決の読み方によるのだと思うのですが、この判決も、比較対象を原則として原告が特定できることを認めているんだと思うんですよね。ただ、原告の特定の仕方が恣意的だったということではないかと。原告が、ゲームソフト全体ではなく、ある特定の部分同士を比較してくださいというならば、その特定の部分だけでも「まとまりのある著作物」といえる限り、その範囲で侵害・非侵害の主張立証を尽くす必要があると判決はいっています。特定は原則として原告の自由なんだけれども、「まとまりのある著作物」のうちから、原告が恣意的に一部を捨象してしまうとか、恣意的に一部を切りだしてくるのは、認めませんというのが、釣りゲータウン2事件控訴審判決の趣旨ではないでしょうか。

上野：先ほどマンション読本事件に関して前田先生がおっしゃっていたことにも通じるのかと思いますが、社会通念上、これが一つの著作物だ、という著作物の単位というかユニットのようなものがあるんでしょうかね。原告による特定といっても、そのような著作物の単位のようなものまで原告が恣意的に変更できるわけではないということでしょうか。

前田：釣りゲータウン2事件控訴審判決はそういう趣旨と私は思います。

第2章　美術・人形・ぬいぐるみ・ブックカバー

I　判例の概観

上　野　　達　弘

1　総　説

　本章で取り扱う対象には、絵画、彫刻、現代アートのような、いわゆる純粋美術、あるいはそれに近いものから、人形・ぬいぐるみやブックカバー（装幀）のような、いわゆる応用美術に近いものも含まれる。

　このような分野に関しても、著作物の類似性は、「創作的表現」の共通性があって初めて肯定される。したがって、抽象的な「アイディア」が共通するだけでは類似性が肯定されず（アイディア／表現二分論）、また、「創作性」のない表現が共通するだけでは類似性が肯定されないのである（→第1編第1章）。この一般論に関しては、他の分野と何ら変わりがない。

　ただ、その具体的な判断においては、ある種の特徴が見られるかも知れない。というのも、例えば、イラスト（→第2編第1章）や書（→第2編第3章）の世界においては、表現をしようとする際の制約ないし与件（例：人や動物として認識できるイラストであること、文字をもとにした書であること）がある場合が多いのに対して、本章で扱う分野においては、美術やブックカバーのように、表現をしようとする際の制約ないし与件が相対的に乏しく、何をどのように表現するか自由度が高い場合が少なくない。特に現代アートや抽象画などでは、およそ何を表現したか分からない作品も珍しくない。

　したがって、このような分野においては、表現の選択の幅は広い場合が多く、そのような場合には相対的に高い創作性が認められやすく、結果として類似性が肯定されやすい場合が少なくないと考えられよう。ただ、他方、特に現代アートにおいては、いわゆるレディ・メイドのように既存の物を組み合わせて表

現する作品や、外形的には極端にシンプルな表現となる作品、あるいは、コンセプチュアル・アートのようにアイディアないしコンセプトに特徴がある作品などもあり、そのような作品は、そもそも著作物性の有無が問題になるのはもちろん、たとえ著作物性が認められたとしても類似性は肯定されにくいと考えられよう[1]。

2　裁判例

(1)　類似性を否定した裁判例

【ケース 2-1】劇団 SCOT 事件[2][3]

　本件は複雑な事案であるが、その第二事件は、造形美術作家である原告が、劇団 SCOT として活動する被告会社が上演する舞台演劇「赤穂浪士」において、美術家である被告 T が制作した T 作品が舞台装置として用いられたことについて、原告の創作した「復活を待つ群」と題する一連の造形美術作品 25 点（本件著作物）に係る著作権の侵害に当たると主張して、差止・損害賠償等を請求した事案である。

　裁判所は、両作品は、「頂部が偏平、等辺又は不等辺の山形とされた縦長の四角形あるいは五角形のパネルに、『内側に∩状先端を有する円柱様形態』の円柱様の造形物を描き、その彩色を濃い藍色と金色とする」という点において共通すると認める一方、こうした共通点は「表現手法あるいはアイデア」であり、著作権保護を受けないものであるとした上で、両者を比較すると、「一見、後者から前者が直接感得できるように感じられるのは事実である」とし、その

---

1)　現代アートと著作権法については、小島立「現代アートと法──知的財産法政策及び文化政策の観点から」知的財産法政策学研究 36 号 1 頁（2011 年）、木村剛大「現代美術のオリジナリティとは何か？──著作権法から見た『レディメイド』(1)(2)」美術手帖 MAGAZINE〈https://bijutsutecho.com/magazine/series/s22/20046〉（2019 年 7 月 6 日）〈https://bijutsutecho.com/magazine/series/s22/20291〉（同年 9 月 23 日）参照。

2)　東京高判平成 12 年 9 月 19 日判時 1745 号 128 頁〔劇団 SCOT 事件：控訴審〕。

3)　評釈として、蘆立順美「造形美術における類似性の判断基準」判時 1767 号 171 頁（2002 年）、泉克幸「先行著作物への依拠──『赤穂浪士』舞台装置事件」著作権判例百選〔第 3 版〕8 頁、金井重彦「類似性 (6)──美術〔舞台装置（赤穂浪士）事件：控訴審〕」著作権判例百選〔第 5 版〕118 頁参照。

原因は、「右表現手法あるいはアイデアが本件第一著作物において目新しいものであったことによるものと考えられる」とまで述べたが、これに続けて、「たとい右表現手法あるいはアイデアに創作性が認められるとしても、それ自体としては著作権法上の保護の対象となり得ない」と判示して、類似性を否定した。

　本判決も、本件著作物のアイディアが「目新しいもの」と認めているが、それがアイディアにとどまる以上は、たとえ斬新であっても著作権保護を受けないことに異論はない。その上で具体的な表現が問題になるが、本件のように、外形上かなりシンプルな表現の作品は、他の表現の選択の幅が狭いと考えられることから、著作権法上の創作性は低いと判断される場合が多いように思われる。そして、このような表現について容易に類似性を肯定してしまうと、他のクリエイタが選択し得る表現の幅が狭くなってしまいかねない。そのため、本件著作物に著作物性が認められるとしても、類似性が肯定されるのはほぼデッドコピーの場合に限られるべきだという観点から、本判決の結論を支持する見方が多かろう。

　ただ、他方では、いわば現代アートの世界において、そのような考え方でクリエイタの適切な保護が図れるかどうか、また、もし原告作品が極めて著名であった場合でも同じ結論に達するかどうか、といった点など、検討の余地があろう。

本件著作物（原告）

Ｔ作品（被告）

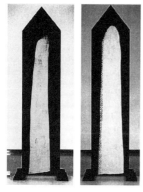 

本件著作物（原告）（抄）　　　　　　T 作品（被告）（抄）

【ケース 2-2】たち吉事件 [4) 5)]

　本件は、美術品の制作を営む原告が、被告が製造販売する行灯（イ号・ロ号）が、原告の創作した「アンコウ」と題する作品（本件作品 1・2）について有する著作権・著作者人格権の侵害に当たると主張して、差止・損害賠償を請求した事案である。

　裁判所は、「原告は、原告の著作物の表現形式上の本質的な特徴は、いわゆる従来の『火もらい』とは異なるデザイン重視の容器を製作し、さらにその容器内部に液体を満たして、その表面上に発光体を浮かべて、一体のものとして幽玄な空間を表現している点に存する旨主張するが、こうした点は個々の著作物を離れた抽象的なアイデアに属するものであり、右の点の類似のみを理由として著作権侵害の有無を論じることはできない」と判示して、類似性を否定した。

　このケースで、裁判所は、原告作品の著作物性は肯定したのであるが、「容器内部に液体を満たして、その表面上に発光体を浮かべて、一体のものとして幽玄な空間を表現している」という点に共通性があるとしても、それは表現と

---

4)　京都地判平成 7 年 10 月 19 日知財裁集 27 巻 4 号 721 頁〔たち吉事件〕。

5)　評釈として、土門宏「本質的特徴（2）──アンコウ行灯事件」著作権判例百選〔第 3 版〕124 頁、同「『アンコウ』事件──アイデアと表現のはざまにあるもの」著作権研究 23 号 197 頁（1997 年）等参照。

は言えないアイディアに当たると判断した上で、原告作品と被告作品（イ号・ロ号）の相違について、原告作品 1（天然石の外観を呈する素材を用いており、中央に横長の半円形の明かり窓がある）と原告作品 2（滑らかな表面を持つ漆黒色の陶器を素材に用いており、容器外形と相似形の釣鐘状の明かり窓がある）と比較すると、被告イ号は、（資料写真からは判別しがたいものの）明かり窓が松の形をしている点やわずかに引き延ばされた球形の形状である点、ロ号は、容器上部の半分を切り取るような形状の口になっている点や全体に茶褐色でまだら様の模様が存在する点などといった相違を根拠として、いずれについても類似性を否定している。これは具体的な表現における共通性を否定して類似性を否定したものと解され、その結論は支持されよう[6]。

原告作品 1-1・1-2　　　　原告作品 2　　　　被告イ号　　　被告ロ号

【ケース 2-3】猫のぬいぐるみ事件[7]

　本件は、猫を素材にした立体作品を手作りして販売している原告が、被告が被告各製品を販売することが、原告が原告作品について有する著作権の侵害に当たると主張して、差止・損害賠償等を請求した事案である。

　裁判所は、原告作品の形態における特徴として、①胴体を弓状に丸めており、背中の湾曲角度は約 115 度から 128 度の鈍角であること、②細い幅の胴体に比して広い横幅の顔を有すること、③一般的な猫と比較して四肢が長く表現されていること、④一般的な猫と比較して胴体が細く表現されていること、⑤側面

---

6)　他方、本判決に反対するものとして、土門・前掲注 5）「本質的特徴（2）」125 頁（「筆者には、イ・ロ号作品の火の光から本件各作品の『幽玄な世界』（本件作品一）、『神秘的な空間』（本件作品二）をのぞくような表現〔X 表現〕と火を包む器〔X〕の存在を直接感得できるのである。判決は、器の形状に気を取られ、火を灯したとき人は火に意識を集中し、器の外部の形状を意識しないということを看過しているように思われる」とする）、同・前掲注 5）「『アンコウ』事件」204 頁以下も参照。
7)　大阪地判平成 22 年 2 月 25 日（平成 21 年（ワ）第 6411 号）〔猫のぬいぐるみ事件〕。

から観察すると、前脚の付け根から後脚の付け根に至るまでの腹部はほぼ半円を形成していること、⑥目は猫目ではなく丸目であること、⑦口が省略されていること、という諸点を挙げた上で、「著作物のどの点に本質的特徴があるかは、当該著作物の著作者の創作的意図をも踏まえながらも、それのみならず、創作の対象となったモデル自体との対比や、同一のモデルを対象とした他の著作物との対比等も参考にしながら、法的保護に値する創作的な特徴を客観的な観点から認定するのが相当である」という一般論を示し、「原告各作品は、いずれも猫をモチーフとしたものであるところ、猫は威嚇をする際などに背中を弓状に丸める体勢を取ることが広く知られている。そして、このような体勢をぬいぐるみで表現しようとするに当たり、原告各作品は猫が威嚇をする際などに取る上記の体勢に似せて単に胴体を緩やかに湾曲させているのみであり、そこに特段の創作があったとは認め難い」として、①や⑤は原告作品の本質的特徴に当たらないとし、③や④についても「通常の表現の幅の範囲内というべき」とする反面、「ぬいぐるみを観賞して愛でるにしろ、触れて遊ぶにしろ、その顔の表情はぬいぐるみの印象を決定づける重要な要素の1つである」などと述べた上で、②顔の表情については原告作品の「印象を決定づける本質的特徴というべき」とした。そして、裁判所は、原告作品をⅠ群（1〜3、6）とⅡ群（4、5、7）に分けた上で、「原告作品Ⅰ群の本質的特徴は、顔の輪郭形状が横方向に扁平な楕円形であること、両目がやや離れており両目と鼻が水平方向ほぼ同一線上にあること及び両目と鼻が顔のやや上に位置することにあり、原告作品Ⅱ群の本質的特徴は、顔の輪郭形状が真円に近いこと及び鼻が顔の中央にあり目が上部に付いていることにある。これに対し、被告各製品は、それぞれ異なる部分もあるものの、……頭部全体の形状が三日月を横倒しにしたようなお椀型であること、目鼻が顔の下方に付いていることにおいて共通している。そうすると、被告各製品は、原告各作品の本質的特徴を備えているとは認められず、また、前脚を短くした前傾姿勢を取ることによって、原告各作品とは異なり、今にも飛びかかってきそうな子猫の無邪気な印象を与えるものであり、原告作品Ⅰ群の見る者に優しくほのぼのとした印象や、原告作品Ⅱ群の上目遣いでのんきな印象とも大きく異なるといえる」と判示して、類似性を否定した。

　本件では、著作物性の有無は争点になっていないが、裁判所は、原告作品が

著作物に当たるとした場合の「本質的特徴」を検討し、それが特に顔の部分に
現れるとした上で、その点で被告製品とは相違すると判断する一方で、猫の体
勢については、「そこに特段の創作があったとは認め難い」と述べていること
から、その点はそもそも創作的要素と認めていないように読める。いずれにし
ても、類似性を否定した本判決の結論は広く支持されようが、もし原告作品が
極めて著名なキャラクターであった場合でも同じ結論が説得性を有するかどう
か課題となり得ようか。

原告作品 1　　　　　　　　　原告作品 2　　　　　　　　　原告作品 3

原告作品 4　　　　　　　　　　　　　　原告作品 5

被告製品 1　　　　　　　　　被告製品 3　　　　　　　　　被告製品 7

【ケース 2-4】巻くだけダイエット事件 [8]

　本件は、ゴム製バンドを使用したダイエット法に関する『バンド1本でやせる！　巻くだけダイエット』と題する原告書籍を執筆したカイロプラクターである原告が、被告らがゴム製バンドを使用したダイエット法・疼痛改善法に関する被告書籍1・2を著作・発行していることが、著作権・著作者人格権の侵害または不正競争防止法2条1項1号・2号の不正競争行為に当たると主張して、差止・損害賠償を請求した事案である。

　裁判所は、「原告書籍の表紙画像と被告書籍1の表紙画像とを対比すると、両書籍は、①上半身裸で下半身に白色の着衣をつけた女性モデルが写っていること、②女性がピンク色のバンドを斜めに巻き付けていること、③背景が白色であること、④題号の主要部分を黒色の文字で二段に表示していること、といった点で共通するが、①原告書籍では女性の首から上は写っていないのに対して、被告書籍1では女性の鼻から下の部分が写っていること、②原告書籍では、女性は原告バンドを向かって左上から右下に向けて巻き付け、さらに腰部でX字状に巻き付け、左上は画面外に消えているのに対して、被告書籍1では、女性は被告バンドを向かって右上から左下に向けて巻き付け、右上は右肩から前方に回され、左下は画面外に消えていること、③原告書籍の題号の主要部『巻くだけ／ダイエット』（斜線は改行を示す。以下同じ）は書籍の左右寸法一杯に文字を配置しているのに対し、被告書籍1の題号の主要部『巻くだけで／やせる！』は左側に寄せ、右側に余白を残していること、といった相違点がある。上記のような相違点の存在にも鑑みると、仮に原告が原告書籍の表紙画像や写真について著作権を有していたとしても、原告書籍の表紙画像と被告書籍1の表紙画像が、表現上の創作性ある部分で共通しているとはいえない」と判示して [9]、類似性を否定した [10]。

　本件は、バンド1本を用いてダイエットを行うというアイディアにおいて共

---

8)　知財高判平成27年2月25日（平成26年（ネ）第10094号）〔巻くだけダイエット事件：控訴審〕。

9)　第一審判決（東京地判平成26年8月29日（平成25年（ワ）第28859号））引用部分。

10)　また、「巻くだけダイエット」という題号、折り畳んだバンドを添付する形態、表紙画像に関する不競法上の請求についても、裁判所は、商品等表示性を否定するなどして棄却した。

通する書籍同士であるところ、そのようなアイディアが著作権保護を受けないのはもちろんのこと、そのような書籍の装幀を作成する以上、ある程度同じような表現にならざるを得ないとも考えられる。したがって、類似性を否定した本判決の結論は妥当と言えよう。

なお、ブックカバーやパッケージに関する事件では、不正競争防止法の問題になることも多いが、結論として不正競争行為に当たらないとされることが多い 11)。

原告書籍 12)

被告書籍 1 13)

被告書籍 2 14)

【ケース 2-5】 完全自殺マニュアル事件 15)

本件は、債権者が、債務者の発行する書籍『完全自殺マニア』の装幀が、債権者が発行する書籍『完全自殺マニュアル』の装幀に関する著作権を侵害すると主張して、差止請求を行った事案である。

裁判所は、「債権者カバー及び債務者カバーはいずれも書籍用のカバーであ

---

11)　東京高判平成 12 年 4 月 25 日判時 1724 号 124 頁〔脱ゴーマニズム宣言事件：控訴審〕（第一
　　審判決〔東京地判平成 11 年 8 月 31 日判時 1702 号 145 頁〕引用部分）、東京地決平成 13 年 12 月
　　19 日（平成 13 年（ヨ）第 22090 号）〔チーズはどこへ消えた？事件〕、東京地判平成 20 年 7 月 4
　　日（平成 18 年（ワ）第 16899 号）〔博士イラスト事件〕等参照。
12)　山本千尋『バンド 1 本でやせる！ 巻くだけダイエット』（幻冬舎、2009 年）より。
13)　大口浩司『巻くだけでやせる！──1 日 1 分から 1 本のバンドですっきりスリム』（日本文芸
　　社、2009 年）より。
14)　大口浩司『腰痛・肩こり・ひざ痛 巻くだけで痛みをとる！──バンド 1 本でスッキリ解消』
　　（日本文芸社、2010 年）より。
15)　東京地決平成 24 年 11 月 8 日（平成 24 年（ヨ）第 22037 号）〔完全自殺マニュアル事件〕。

るところ、書籍カバーは、その形状やサイズが定型的であり、書籍の題号、著者名、出版社名、定価及びバーコードなどの通常表示されるべき項目がある上、書籍の外装としての実用性が求められることもあって、一般的には、書籍カバーにおける文字や絵柄の配置及び構図の選択の幅は狭く、著作物としての創作性には書籍カバーという性質に由来する一定の制約があると考えられる」とした上で、例えば、①「書籍カバーの表紙の中央部分に、縦長の六角形のイラストを配することは、その形や配置の点でありふれたものである。箔押しされた金赤の色は、目立つ色で、鮮烈な印象をもたらすものの、それが血やそれに関連するものをイメージさせるとは必ずしもいえず、仮にそれが血やそれに関連するものをイメージさせるとしても、その点を伝えるために用いられる色としては、特段珍しいものではなく、創作的な表現とまではいえない」、②「書籍カバーの中央部分に配したイラストの内部に、書籍の題号を白色で記載することは書籍カバーとしてありふれたものであり、そこで用いられている書体も標準的なものである」、③「債権者カバーの十字と債務者カバーの卍は、前者が西洋キリスト教を、後者が東洋仏教をそれぞれイメージさせるといえることから、宗教的なものをイメージさせるという点で類似しているといい得るが、そのような抽象的なイメージの類似は具体的表現の類似とはいえず、かえって、十字と卍のデザインは、具体的表現としては相違している上、いずれもありふれたものであり、また、外枠を白とし、内側を黒として、立体感を持たせる表現自体もありふれたものにすぎない」、④「題号の英訳を、表紙の端に縦に記載することは、書籍カバーとして珍しいものではなく、そこで用いられている色（黒）や書体も、ごく一般的なものである。題号の前後を三本線で挟むという表現も、ごく簡単な形と構成であり、さしたる個性を有するものとはいえない」、⑤「題号の英訳を表紙の端に縦に記載すること、そこで用いられている色及び書体、題号の前後を三本線で挟むという表現が、いずれもありふれたものであることは、上記④と同様である」、⑥「表紙の左上の記載については、金赤の色が一致し、書体が類似しているが、その色と書体は、いずれも特徴的なものとまではいえない」、⑦「書籍カバーの下地が白色であることは、ごくありふれたものである」などと認定した結果、「以上のとおり、債務者カバーは、アイデアなど表現それ自体でない部分又は表現上の創作性がない部分にお

いて債権者カバーと同一性を有するにすぎないと認められる。……なお、債権者が主張するように、これらの表現の中には、無数の選択肢の中から選ばれたものがないわけではないが、実際に選択された表現が上記のとおりありふれたものにすぎない以上、それらが創作的な表現に当たるということはできない」と判示して、類似性を否定した。

　本件における両書籍の装幀は、全体の形態や色使い（例：中央部分の箔押しされた金赤色、艶のある銀色の帯）における共通性が見られるため、類似性を否

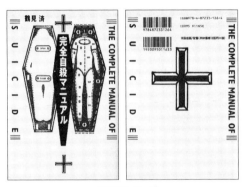

債権者カバー 16)

債務者カバー 17)

---

16)　鶴見済『完全自殺マニュアル』（太田出版、1993 年）より。

17)　相田くひを『完全自殺マニア――日本自殺年表人名データベース』（社会評論社、2012 年）より。

定した本判決の結論をめぐっては議論のあり得るところであろう。なお、債務
者は、債権者書籍をパロディ化して、ブラック・ユーモアとして諧謔精神が多
くの笑いを誘うと考えたと主張しており、仮に本件において類似性が肯定され
るとしても、パロディとして違法性が阻却されるべきだとの主張も行っていた。
裁判所は、本件において類似性を否定したため、この点に関する判断を示すこ
とはなかったが、パロディの許容性については今後も課題となろう。

(2)　類似性を肯定した裁判例

【ケース 2-6】民家の暖簾事件 [18)]

　本件は、民家を素描画として描いていた画家の長男である原告が、被告が被
告絵画（1・2）の印刷された土産物用布製暖簾である被告製品を製造販売する
ことが、原告作品（本件著作物1・2）について原告が有する著作権・著作者人
格権を侵害すると主張して、差止・損害賠償等を請求した事案である。

　裁判所は、原告作品1と被告作品1について、「本件著作物（一）も被告絵
画（一）も、前景に畝又は丈の低い作物の列が手前から奥方向へ連なる畑を配
した上、画面中央に左右に並べて大きく二棟の合掌造りの建物を置き、右側の
合掌造りの民家は、画面中央のやや右寄りの位置に、正面全体及びわずかに左
側面が見える角度の構図とし、左側の合掌造りの寺は、前記民家の左側奥に正
面のみが見える角度で、寺の右端が右側の民家によってわずかに隠れるような
位置関係の構図とし、かつ、周辺の構図として、これらの合掌造りの建物の手
前の畑の中を画面の中央付近から左端へ横切るようにほぼ真直ぐな一本の畦道
を配し、右側の民家の右に木立を、左側の寺の左前方に二本の樹木を配し、二
棟の建物の背後には多数の木立を、背景として山並を配している。……本件著
作物（一）も被告絵画（一）も、右側の民家の二階、三階、四階の窓の個数、
位置、開閉状況、家屋の正面及び左端に置かれている道具類の大きさ、形状、
位置、右側の家屋の右側にある広葉樹の枝ぶりや葉の茂り方、左側の寺の左側
にある針葉樹の木立の葉の茂り方が同じである」などとした上で、「本件著作
物（一）中に描かれているもののほとんど全て、即ち合掌造りの民家と寺、畑、

---

18)　東京地判平成4年11月25日知財裁集24巻3号854頁〔民家の暖簾事件〕。

右建物の左右及び背後の木立等が、同じ構図、同じ位置関係、同じ大きさのバランスで、被告絵画（一）中にも描かれており、しかも、細部の描写についても共通しているのであって、被告絵画（一）は、その表現形式、表現内容が本件著作物（一）と極めて類似していると認められる」と判示するなどして、作品1・2の両方について類似性を肯定した。

　本件では、単に“民家と寺を描く”というアイディアのみならず、構図、位

本件著作物1 [19)]

被告絵画1 [20)]

---

19)　佐藤章『山の民家——佐藤章素描画集』（矢来書店、1973年）46頁より。

20)　アイマガジン9号43頁（1996年）より。

本件著作物 2 [21]

被告絵画 2

置関係、大きさのバランスなど具体的な表現においても共通性があるとして類似性が肯定されたと理解される。ただ、原告作品は、白川郷に現存する茅葺き屋根の民家を描いたものであり、本判決が類似性の検討において考慮した、複数の建物の位置関係や大きさのバランス等の点それ自体は、画家自身が創作したものとは言い難い可能性もある。したがって、この点の共通性を根拠に類似性を肯定した本判決の判断については、議論の余地があるように思われる。

【ケース 2-7】仏画事件 [22] [23]

本件は、国宝・重要文化財の仏画や曼荼羅を復原していた仏画師 F の相続人である原告らが、被告が制作した被告作品が、原告書籍『復原國寶佛画』等に掲載された原告作品について原告が有する著作権および著作者人格権の侵害に当たると主張して、差止・損害賠償等を請求した事案である。

裁判所は、原告仏画 2 と被告仏画 2 については [24]、6 点に限って「翻案」に当たるとして類似性を肯定した [25]。

21）　佐藤・前掲注 19）55 頁より。

22）　東京地判平成 24 年 12 月 26 日判時 2199 号 79 頁〔仏画事件〕。

23）　評釈として、岡邦俊「古仏画の復原画およびその二次的作品の著作物性──『国宝仏画復原画』事件」JCA ジャーナル 61 巻 2 号 90 頁（2014 年）参照。

24）　他方、本判決は、原告仏画 1 と被告仏画 1 については、原告仏画 1（10）に限って著作物性を肯定しつつも類似性を否定した。

25）　なお、本判決は、被告仏画 2（7）について、「複製」には当たらないが「翻案」に当たるとしているが、厳密にいうと、本件のようなケースでは本来、「変形」および二次的著作物の「複

　例えば、仏画2（6）について、裁判所は、「被告仏画2（6）において、原告仏画2（6）における表現は大幅に省略又は簡略化され、又は変更されており、これにより、被告仏画2（6）からは、原告仏画2（6）において表現されているような、穏やかで思慮深い観音菩薩の慈悲の力や、重厚な美しさを感得することができないものというべきであり、被告仏画2（6）からは、原告仏画2（6）の表現上の本質的特徴を直接感得することはできないものと認められる」として類似性を否定した。

　他方、仏画2（7）について、裁判所は、「被告仏画2（7）は、原告仏画2（7）と、構図及び構成の点において細部に至るまでほぼ同一のものが描き込まれているということができるところ、千手観音像において、手とその持物の表現は特に重要な要素を占めるものと解されるのであって、とりわけ、被告仏画2（7）が、上記のような重要な点において、細部に至るまで原告仏画2（7）と同一であることにより、原告仏画2（7）から感得される、衆生を漏らさず救済しようとする観音菩薩の力と慈悲の広大さが、被告仏画2（7）からも直接感得されるものということができる」として、類似性を肯定した。

　本件で問題になった仏画は、あくまで原画をもとにしてこれを復原した模写作品であることから、新たな創作性がないとして二次的著作物に当たらないとされる場合があり、他方、二次的著作物に当たるとされる場合でも、原告が有する著作権は、原画に対して新たに付与された創作的表現にのみ及ぶことになる[26]。裁判所は、本件係争物の一部について類似性を肯定したが、その際、原告作品について、「細部に至るまで描き込まれた繊細な表現により、原告仏画2（7）からは、どの衆生も漏らさず救済しようとする観音の力と慈悲の広大さを感得することができ、このような点に、原告仏画2（7）の創作性を認めることができる」などと述べたで、「原告仏画2（7）から感得される、衆生を漏らさず救済しようとする観音菩薩の力と慈悲の広大さが、被告仏画2（7）からも直接感得される」と判示している。その結論はともかく、本判決が類似性を肯定する理由として、「衆生を漏らさず救済しようとする観音菩薩の力と

　製」が問題にされるべきことについて、上野達弘「著作権法における侵害要件の再構成（1）——『複製又は翻案』の問題性」知的財産法政策学研究41号35頁（2013年）参照。

26）　最判平成9年7月17日民集51巻6号2714頁〔ポパイ・ネクタイ事件：上告審〕参照。

原告仏画2（6）　　　　　　被告仏画2（6）

原告仏画2（7）　　　　　　被告仏画2（7）

慈悲の広大さを感得」できることを根拠に創作的表現の共通性を認めたとする
ならば、そのような判断が客観性を維持できているかどうか課題になろう。

【ケース 2-8】エルミア・ド・ホーリィ事件 [27) 28)]

　本件は、絵画の輸入販売を業とする原告が、被告（大阪税関関西空港税関支署長）が、原告の輸入しようとする絵画（有名画家の贋作画家として著名であったハンガリー生まれの画家エルミア・ド・ホーリィ〔Elmyr de Hory〕の 3 作品）が関税定率法（当時）に定める著作権侵害物品に該当するとして、本件各絵画の積戻を命じたため、これを不服として、本件処分の取消しを求めた事案である。

　裁判所は、「前記認定事実、殊に本件各絵画が、本件各原画と構図、筆致、色調……においてよく似通っており、その画面下方に本件各原画の著作者の署名が記されているところ等からすれば、本件各絵画が単に本件各画風を模倣したものではなく、本件各原画に依拠して制作されたことは明らかというべきであり、前記認定のとおり、本件各絵画と本件各原画との間には、画中人物等の数や描写、首飾りの有無等、その細部において若干の相違が見られ、本件絵画③については色調にも差異が認められるとはいうものの、いずれの場合もその構図及び筆致は酷似していて、本件各絵画から本件各原画における表現形式上の本質的な特徴自体を直接感得することは十分に可能というべきであり、本件各絵画は、本件各原画の複製物ないし二次的著作物に該当すると解するのが相当である。なお、本件原画③はリトグラフ、本件絵画③は油彩という相違点も認められるものの、これは、技法の相違に過ぎず、本件絵画③が本件原画③の複製物ないし二次的著作物であるとの判断を左右するものではないというべきである」と判示して、類似性を肯定した。

　本件各絵画は、いわゆる贋作画家が描いたものであり、また、ボナール「Femme au Peignoir Rouge」、ブラマンク「風景」、ピカソ「女の顔」といった著名な絵画（本件原画）をもとにしたものであるせいか、類似性を肯定した本判決の判断に特段異論は見られないように思われるが [29)]、本件原画が著名

27)　大阪高判平成 9 年 5 月 28 日知財裁集 29 巻 2 号 481 頁〔エルミア・ド・ホーリィ事件：控訴審〕。
28)　評釈として、玉井克哉「絵画の積戻し命令──エルミア・ド・ホーリィ贋作事件」著作権判例百選〔第 3 版〕236 頁参照。第一審判決の評釈として、関智文「贋作絵画輸入者に対する税関長の積戻し命令処分の適法性」CIPIC ジャーナル 52 号（1996 年）、花村征志「外国人画家の制作した絵画が関税定率法（平成 6 年改正前）にいう著作権を侵害する物品に該当するとして行われた税関支所長の積み戻し命令処分が適法とされた事例」著作権研究 24 号 203 頁（1998 年）参照。
29)　関・前掲注 28）24 頁、花村・前掲注 28）206 頁以下も判旨を妥当とする。

であることがそのような判断に影響していないかどうかは問題となり得よう。

本件原画①

本件絵画①

本件原画②

本件絵画②

本件原画③

本件絵画③

特に③について、これを虚心坦懐に見るならば、創作的表現の共通性があると言えるかどうかは微妙のように思われ、もし本件原画③が著名なピカソの名画でなかったとしても同じ判断になるかどうか検討の余地があろう。

【ケース 2-9】金魚電話ボックス事件[30)][31)]

　本件は、現代アートである原告作品（わが国の一般的な公衆電話ボックスを模した形状の造作物内部に水を満たし、その中に金魚を泳がせたもの）を制作した原告が、京都造形芸術大学の学生らによる団体が制作した被告作品を被告Bが承継し、これを奈良県大和郡山市内に設置していることが、著作権の侵害に当たると主張して、被告Bおよび被告作品を管理している被告組合に対して、差止・損害賠償を請求した事案である。

　奈良地裁（第一審）は、原告作品の著作物性を肯定する一方で、「公衆電話ボックス様の造形物を水槽に仕立て、その内部に公衆電話機を設置した状態で金魚を泳がせていること」自体は「確かに公衆電話ボックスという日常的なものに、その内部で金魚が泳ぐという非日常的な風景を織り込むという原告の発想自体は斬新で独創的なものではあるが、これ自体はアイディアにほかならず、表現それ自体ではないから、著作権法上保護の対象とはならない」とした上で、具体的表現についても、両者は、①造作物内部に二段の棚板が設置され、その上段に公衆電話機が設置されている点、②同受話器が水中に浮かんでいる点で共通しているとしながら、「①については、我が国の公衆電話ボックスでは、上段に公衆電話機、下段に電話帳等を据え置くため、二段の棚板が設置されているのが一般的であり、二段の棚板を設置してその上段に公衆電話機を設置するという表現は、公衆電話ボックス様の造作物を用いるという原告のアイディアに必然的に生じる表現であるから、この点について創作性が認められるもの

---

30)　大阪高判令和3年1月14日（令和元年（ネ）第1735号）〔金魚電話ボックス事件：控訴審〕。

31)　評釈として、木村剛大「『アイデア』と『表現』の狭間をたゆたう金魚かな。金魚電話ボックス事件大阪高裁判決の思考を追う」美術手帖MAGAZINE〈https://bijutsutecho.com/magazine/insight/23433〉（2021年1月18日）参照。第一審判決に関する評釈として、田中浩之「著作物性：金魚電話ボックス事件」ジュリ1537号8頁（2019年）、諏訪野大「内部に金魚を泳がせている公衆電話ボックスを模した造作物について著作物性が認められたが、複製権等の侵害が否定された事例——金魚電話ボックス事件」発明117巻4号42頁（2020年）参照。

ではない。また、②については、具体的表現内容は共通しているといえるものの、原告作品と被告作品の具体的表現としての共通点は②の点のみであり、この点を除いては相違しているのであって、被告作品から原告作品を直接感得することはできないから、原告作品と被告作品との同一性を認めることはできない」と判示して、類似性を否定した[32]。

　これに対して、大阪高裁（控訴審）は、原告作品と被告作品の共通点として、「①公衆電話ボックス様の造作水槽（側面は4面とも全面がアクリルガラス）に水が入れられ（ただし、後記イ⑥を参照）、水中に主に赤色の金魚が50匹から150匹程度、泳いでいる。②公衆電話機の受話器がハンガー部から外されて水中に浮いた状態で固定され、その受話部から気泡が発生している」という2点を挙げた上で、「共通点①及び②は、原告作品のうち表現上の創作性のある部分と重なる。なお、被告作品は、平成26年2月22日に展示を開始した当初は、アクリルガラスのうちの1面に、縦長の蝶番を模した部材を貼り付けていた（相違点⑥）。しかし、前記のとおり、この蝶番は目立つものではなく、公衆電話を利用する者にとっても、鑑賞者にとっても、注意をひかれる部位とはいえないから、この点の相違が、共通点①として表れている原告作品と被告作品の共通性を減殺するものではない。一方、他の相違点はいずれも、原告作品のうち表現上の創作性のない部分に関係する。原告作品も被告作品も、本物の公衆電話ボックスを模したものであり、いずれにおいても、公衆電話機の機種と色、屋根の色（相違点①〜③）は、本物の公衆電話ボックスにおいても見られるものである。公衆電話機の下の棚（相違点④）は、公衆電話を利用する者にしても鑑賞者にしても、注意を向ける部位ではなく、水の量（相違点⑤）についても同様であることは前記のとおりである。すなわち、これらの相違点はいずれもありふれた表現であるか、鑑賞者が注意を向けない表現にすぎないというべきである。そうすると、被告作品は、原告作品のうち表現上の創作性のある部分の全てを有形的に再製しているといえる一方で、それ以外の部位や細部の具体的な表現において相違があるものの、被告作品が新たに思想又は感情を創作的に表現した作品であるとはいえない。そして、後記（3）のとおり、

---

[32]　奈良地判令和元年7月11日（平成30年（ワ）第466号）〔金魚電話ボックス事件：第一審〕。

被告作品は、原告作品に依拠していると認めるべきであり、被告作品は原告作品を複製したものということができる」と判示して、類似性を肯定した。

　本件において、電話ボックスを水槽に見立てることや、その内部に公衆電話機を設置した状態で金魚を泳がせることについては、第一審判決も「斬新で独創的なもの」とし、控訴審判決も「斬新なアイデア」だと評価しているが、アイディアは、いくら斬新であっても著作権保護を受けない。したがって、その点で共通性があるだけで類似性が肯定されることはない。その上で、原告作品と被告作品は、受話器がハンガー部から外されて水中に浮いた状態で固定され、その受話部から気泡が発生しているという点でも共通している。第一審判決と控訴審判決で判断が異なったのは、この点を創作的表現と評価するかどうかの違いに由来するように思われる。

　第一審判決は、「多数の金魚を公衆電話ボックスの大きさ及び形状の造作物内で泳がせるというアイディアを実現するには、水中に空気を注入することが必須となることは明らかであるところ、公衆電話ボックス内に通常存在する物から気泡を発生させようとすれば、もともと穴が開いている受話器から発生させるのが合理的かつ自然な発想である」として、この点には創作性が認められないとしたのに対して、控訴審判決は、原告作品の著作物性に関する箇所で、「公衆電話機の受話器が、受話器を掛けておくハンガー部から外されて水中に浮いた状態で固定され、その受話部から気泡が発生している」ことについて、「人が使用していない公衆電話機の受話器はハンガー部に掛かっているものであり、それが水中に浮いた状態で固定されていること自体、非日常的な情景を表現しているといえるし、受話器の受話部から気泡が発生することも本来あり得ないことである。そして、受話器がハンガー部から外れ、水中に浮いた状態で、受話部から気泡が発生していることから、電話を掛け、電話先との間で、通話をしている状態がイメージされており、鑑賞者に強い印象を与える表現である。したがって、この表現には、控訴人の個性が発揮されているというべきである」と述べた上で、「電話ボックス様の水槽に 50 匹から 150 匹程度の赤色の金魚を泳がせるという状況のもと、公衆電話機の受話器が、受話器を掛けておくハンガー部から外されて水中に浮いた状態で固定され、その受話部から気泡が発生しているという表現において、原告作品は、その制作者である控訴人

原告作品 [34)]

被告作品 [35)]

　の個性が発揮されており、創作性がある」と判示したのである。このように、水中に浮かんでいる受話器から気泡を出すという点に関する創作性判断の相違が裁判所の結論を左右したように見えるが、これについては見解が分かれると考えられ [33)]、現代アートの保護の在り方も含めて今後も課題となろう。

【ケース 2-10】 角川 mini 文庫事件 [36)]

　本件は、グラフィックデザイナーである原告が、出版社である被告が原告の創作した図面（羽毛が空中に舞う様子を描いたもの）を許諾契約に基づいて書籍『ブラック・ティー』の装幀に用いた後、当該図面の一部をスキャンして、新たに発行する文庫シリーズのシンボルマークとして、①文庫表紙（被告シンボルマーク）、②新聞雑誌広告・電車中吊り広告等（被告広告マーク）、③新聞広告（被告新聞広告背景）として用いたことが、著作権および著作者人格権の侵害に

---

33)　第一審判決の結論を妥当とするものとして、諏訪野・前掲注31）46頁参照。

34)　ならまち通信社ウェブサイト（https://narapress.jp/）に掲載されている第一審訴状より。

35)　同上。

36)　東京地判平成 12 年 9 月 28 日判時 1732 号 130 頁〔角川 mini 文庫事件〕。

当たると主張して、損害賠償等を請求した事案である。

　裁判所は、「本件著作物は、やわらかな羽毛が空中に舞う様子を数枚の羽根相互の間隔とトーンによって表現したものであり、その各羽根を極めて繊細なタッチの線と微妙なトーンによって表現したという点に特徴があるということができる。被告マークは、本件著作物の一部である本件著作物羽根部分をスキャニングするという制作過程を経て作成されたものであるが、被告マークにおいて表示されている羽根は、いずれも、やわらかな羽毛が空中に舞う様子を極めて繊細なタッチの線と微妙なトーンによって表現しているものであって、本件著作物の表現上の特徴を備え、これを見る者をして本件著作物を覚知させるに足りる」と判示して、類似性を肯定した。

　本件では原告図面の著作物性は争点になっていないが、これを原告が手で描いたものだとすれば、その細かな形状等において創作性が認められ、著作物性は肯定されよう。ただ、被告各マークにおいては、原告作品が大幅に縮小されるなどした結果、その表現はかなり簡素化されているように見える（特に、①被告シンボルマーク、②被告広告マーク）。したがって、本判決が、3 つの被告マ

本件著作物 [37]

①被告シンボルマーク [38]

③被告新聞広告背景

②被告広告マーク

---

37)　山本文緒『ブラック・ティー』（角川書店、1995 年）より。

38)　宮沢賢治『銀河鉄道の夜』（角川書店、1996 年）より。

ークを区別して具体的に検討することなく、すべて原告著作物の創作的表現が
残っているとして類似性を肯定したことについては異論があり得よう。もっと
も、その背景には、本件訴訟においては、別の論点が主に争われたため、類似
性に関する被告側の具体的な反論が乏しかった可能性等が考えられようか。

【ケース2-11】日野市壁画事件 [39] [40]

　本件は、陶芸作家である原告が、被告（館林市）らが、市役所の新庁舎にお
いて館林市の地名を焼き込んだ煉瓦タイルを組み合わせた壁画を製作等してい
ることが、原告が日野市の依頼を受けて、その旧地名を焼き込んだ煉瓦タイル
を組み合わせて貼り付けた壁画について有する著作権を侵害すると主張して、
差止・損害賠償を請求した事案である。

　裁判所は、「日野市壁画と本件壁画を対比すると、日野市壁画も本件壁画も、
その構成要素として、赤色系の特殊な大型煉瓦タイルを使用しており、本件壁
画に使用された右大型煉瓦タイルのデザインは日野市壁画に使用されたデザイ
ン7種のうち3種類を使用していること、両壁画ともタイル内に各市の地名を
焼き込んでおり、また右大型タイルの地を構成する定型タイルと大型タイルと
同色同系統のタイルを使用している点に類似性、共通性を有していることが認
められ、他方、本件壁画の大型タイルの形状は日野市壁画のタイルとわずかに
異なっており、またその組合わせの方法、配置及び数量が日野市壁画のそれと
相違しているのは……明らかであり、その他地を構成するタイルの組合わせ方
法、文字の内容、字体、地タイルに文字を刻み込んでいるか等、被告らが請求
原因に対する答弁4（三）で指摘する点において、両壁画間に多数の相違点を
見出すことができる。右対比によると、本件壁画は、日野市壁画の複製物とま
では認められないけれども、しかし、全体的に両壁画を比較対照して観察すれ
ば、右相違点よりも類似性の方が強く印象付けられることは否定しがたく、観

---

39)　東京地八王子支判昭和62年9月18日無体裁集19巻3号334頁〔日野市壁画事件〕。

40)　評釈として、松尾和子「日野市庁舎の壁画の変形権侵害と同一性保持権侵害の成否」ジュリ
　　985号129頁（1991年）、伊藤真「陶壁画の著作物性——館林市壁画事件」著作権判例百選〔第
　　2版〕18頁、千野直邦「館林市庁舎の壁画は、日野市庁舎の壁画に依拠した著作権法上の変形物
　　であるとして、その一部の撤去を命じた事例」発明85巻6号73頁（1988年）参照。

る者をして、その表現形式上同一の創作発想に基づき、原著作物（日野市壁
画）を土台としてこれを変形した作品（本件壁画）と認めしむるに十分であり、
右両作品の客観的な比較に加え、後記六に認定の事情を総合考慮すれば、本件
壁画は日野市壁画の変形物に該るものと断ぜざるを得ない」と判示して、類似
性を肯定した。

　本件は、赤色系の特殊な大型煉瓦タイルに地名を焼き込んだものを組み合わ
せて壁画にするという点では共通するものの、それ自体は抽象的なアイディア
であり、具体的なタイルの形状には相違があるほか、土地が異なるため当然の
ことながら地名も異なっていること等に鑑みると、創作的表現における共通性
は認められないようにも思われる。したがって、本件において類似性を肯定し
た本判決の結論については異論が少なくない[41]。

　もっとも、本判決においては、もともと被告館林市長が日野市役所を見て非
常に気に入って原告に打診したものの、原告は同じような作品を作ることに積
極的にならなかったところ、その後しばらくたってから、原告が突然被告側か
ら館林市の壁画が完成したのでデザイン料として100万円を支払いたい旨の電
話を受け、この申出を断った、などといった経緯があったものと認定されてお
り（依拠性の判断に関する箇所）、仮にこのような経緯が類似性の判断に影響し
たとすれば、その是非が問題となり得よう。

---

41)　田村善之『著作権法概説〔第2版〕』（有斐閣、2001年）73頁（「地名のタイルを用いたとい
　うこと自体はアイデアであって未だ表現ではなく、タイルを張り付けた結果、できあがった幾何
　学的模様やそこに書かれた地名で構成されるデザインをもって初めて創作的な表現と認めるべき
　である（多分に価値判断の要素を含む）」として、「本件判旨には疑問」とする）、伊藤・前掲注
　33) 19頁（「判決の結論においても、赤系統の色を基調とする煉瓦タイルを使用して地名をタイル
　に焼き込んで配列した壁画が広く『原告著作物の変形物』とされることになり、一定の表現方
　法を広く原告に独占させることにつながる点でも、問題が多いといわざるを得ない」とする）、
　岡邦俊『著作権の法廷』（ぎょうせい、1991年）124頁（「著作権侵害を否定する方が論理的に一
　貫するのではないか」とする）等参照。これに対して、本判決を支持するものとして、松尾・前
　掲注33) 132頁（「従来、この種の壁画は存在しなかったのであるから、この内面的形式が館林
　市壁画の製作において、日野市壁画の存在を感知させる程に維持されているとみるのが自然であ
　ろう。いいかえれば、館林市壁画は日野市壁画の変形著作物であると解するほかないが、限界的
　ケースと思われる」とする）、千野・前掲注40) 76頁（「本件壁画を日野市壁画の変形物と認め
　た本判旨は正当」とする）参照。

原告作品（日野市壁画）　　　　　　　　　被告作品（本件壁画）[42]

【ケース 2-12】博多人形赤とんぼ事件 [43] [44]

　本件は、博多人形の製作を業とする債権者が、債務者らが製造販売する被告製品が、債権者が製作し、制作者から著作権を譲り受けた「赤とんぼ」について債権者が有する著作権を侵害すると主張して、差止めを請求した事件である。

　裁判所は、「本件人形『赤とんぼ』は同一題名の童謡から受けるイメージを造形物として表現したものであつて、検甲一号証によればその姿体、表情、着衣の絵柄、色彩から観察してこれに感情の創作的表現を認めることができ、美術工芸的価値としての美術性も備わつているものと考えられる」などとして本件人形の著作物性を認めた上で、債務者らは、「本件人形の複製物を手に入れ、これを原型に使用し石膏で型取りしてさらに複製物を作成するいわゆる『ポン抜き』という方法で本件人形とそつくりそのままの形、彩色をした粘土の素焼人形を模作し（もつとも、債務者の複製物は、債権者の複製物を原型に使用するため、乾燥、焼き締めの過程で水分を失うため一割程度縮少している^{ママ}）。昭和 46 年 6 月以降現在までその模作を続けており、また債務者 O 会社および同

42)　文部科学省・教育高度化推進プログラム「知的財産に関する先端的映像教材の開発」プロジェクト（2004 年〜2007 年）成果物 DVD より。

43)　長崎地佐世保支決昭和 48 年 2 月 7 日無体裁集 5 巻 1 号 18 頁〔博多人形赤とんぼ事件〕。

44)　評釈として、松尾和子「彩色素焼人形——博多人形事件」著作権判例百選〔第 3 版〕24 頁、牛木理一「応用美術／博多人形事件」著作権研究 6 号 37 頁（1974 年）、同「彩色素焼人形——博多人形事件」著作権判例百選〔第 2 版〕22 頁、鹿野真美「博多人形事件」金井重彦ほか編著『知的財産法重要判例』（学陽書房、2005 年）237 頁参照。

O（右会社の代表取締役）は右『ポン抜き』により模作された人形を本件人形『赤とんぼ』と同一名称を付けて右の期間販売している」と認定して、本件仮処分申請を認容した。

　本件は、伝統的に、いわゆる応用美術に関する裁判例として参照されることが多いが、少なくとも近時の議論による限り、量産品であるからといって、本件人形のようなものを応用美術として著作物性について特別の配慮をすること自体に疑問が残るところである。いずれにしても、本件人形について著作物性を肯定した本決定の結論は基本的に支持されるものと考えられ[45]、（被告製品の形態については資料がないが）被告製品がいわゆる「ポン抜き」によって製造されている以上、類似性を肯定した本決定の結論についても支持されよう。

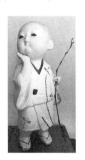

本件人形

【ケース 2-13】 トントゥ人形事件 [46] [47]

　本件は、小物・雑貨等の輸入販売等を業とする原告が、フィンランド在住の

---

45)　なお、牛木・前掲注37)「応用美術／博多人形事件」41頁以下は、本決定が「美術的作品が、量産されて産業上利用されることを目的として製作され、現に量産されたということのみを理由としてその著作物性を否定すべきいわれはない。さらに、本件人形が一方で意匠法の保護の対象として意匠登録が可能であるからといつても、もともと意匠と美術的著作物の限界は微妙な問題であつて、両者の重量的存在を認め得ると解すべき」としたことについて、「なぜ著作権法のほかに意匠法が存在するのか、という二つの立法理由や保護対象の違いについての根本的に掘り下げた究明がなされていない」とした上で、両法に「違いがあるのは、美の表現形式なのである。そして、この表現形式の違いによって一方は著作権法により、他方は意匠法によって保護されるのであり、両法によって保護されるということは、立法目上あり得ない」という立場から、同決定を批判している。

46)　東京地判平成14年1月31日判時1818号165頁〔トントゥ人形事件〕。

訴外人形作家 A（タイナ・マルヤネン〔Taina Marjanen〕）が製作したトントゥ
人形（オリジナル人形）について、A から日本国内において利用許諾を付与す
る権限を独占的に授与されていると主張して、被告らがオリジナル人形をもと
にオリジナル人形を模した本件ぬいぐるみを製作配付していることに対して、
差止請求を行った事案である。

　裁判所は、「オリジナル人形は、A 自身がトントゥの寓話から受けるイメー
ジを造形物として表現したものであって、その姿態、表情、着衣の絵柄・彩色
等に A の感情の創作的表現が認められ、かつ美術工芸品的な美術性も備えて
いるもので、A が著作権を有する著作物である」として著作物性を肯定した
上で、「本件ぬいぐるみは、オリジナル人形の容貌、姿態等の特徴を模して、
被告……が中国の工場で製作させたもので、オリジナル人形の複製物である」
と判示して、類似性を肯定した[48]。

　本件におけるオリジナル人形の題材であるトントゥとは、フィンランドやス
ウェーデン、ノルウェーなどで語り継がれている想像上の生き物（森に住む妖
精の一種）で、クリスマスの時期になるとサンタクロースがクリスマスプレゼ
ントを配るのを手伝うとされている。そして、オリジナル人形は、A がトン
トゥの寓話をもとに自らの感覚でその容貌、形状、色彩を具体化した、幅、奥
行き、高さがそれぞれ約 3～6cm ほどの石膏製の人形であり、著作物性が肯定
されたものである。もっとも、本件は、著作権者でない原告による差止請求の
可否が争点となったものであり、また、本件ぬいぐるみは、被告が A の製作
したオリジナル人形を模して中国の業者に製作させたものであることについて

---

47)　評釈として、諏訪野大「『トントゥぬいぐるみ』事件──ライセンシーに対する許諾付与業務
　　及びライセンシーからのロイヤリティの徴収業務を委任されている者が、著作権者に代位して著
　　作権に基づく差止請求権を行使することは認められないとされた事例」著作権研究 30 号 232 頁
　　（2004 年）参照。

48)　ただし、本判決は、原告は著作権者ではなく、また、「原告は……オリジナル人形につき、著
　　作権者から著作権の独占的な利用許諾を得ている者ではなく、単にライセンシーに対する許諾付
　　与業務及びライセンシーからのロイヤリティの徴収業務を委任されているというだけであり、オ
　　リジナル人形の著作権を侵害する模倣品等が販売されたとしても、それにより直接自己の営業上
　　の利益を害される関係にあるものではない。したがって、原告が、A に代位してオリジナル人
　　形の著作権に基づく差止請求権を行使することは、認められない」と判示して、原告の請求を棄
　　却した。

当事者間に争いがなく、被告も類似性について争わなかったせいか、本判決はごく簡単に類似性を肯定しているように見える。本件資料画像からはオリジナル人形を認識しづらいため、A制作のトントゥ人形（参考画像）と比較すると、類似性を肯定すべきかどうかは検討の余地があるようにも思われる。

オリジナル人形　　　　　　　　　参考画像[49]　　　　本件ぬいぐるみ

【ケース2-14】入門漢方医学事件[50]

　本件は、出版社である原告が、出版社である被告が出版する書籍『入門歯科東洋医学』の表紙が、原告の出版する書籍『入門漢方医学』の表紙（訴外会社Aが制作し、著作権を原告に譲渡したもの）について原告が有する著作権および著作者人格権（同一性保持権）の侵害に当たると主張して、差止・損害賠償等を請求した事案である[51]。

　裁判所は、「被告図版は、上記のとおり原告図版との相違点を有するものの、……②、③の縦棒と横棒の形及び配置等は、原告図版と同一といえるものである上、①、④の図形ないし棒の類型や個数、これらの図形ないし棒の配置箇所や組合せの方法において共通しており、⑤の書名、編者名及び出版社名についても、その配置箇所などについて原告図版と共通していることが認められる。

---

49)　Aのインスタグラム（https://www.picuki.com/tag/tainamarjanen）より。

50)　東京地判平成22年7月8日（平成21年（ワ）第23051号）〔「入門漢方医学」事件〕。

51)　なお、原告は、本件表紙の著作者ではないため、著作者人格権（同一性保持権）を有しないが、著作者である訴外会社Aの名称は著作者名として公表されておらず無名の著作物であるため、原告は、著作権法118条1項〔無名又は変名の著作物に係る権利の保全〕の規定に基づき、「無名……の著作物の発行者」として、同一性保持権侵害についても、「著作者……著作権者のために、自己の名をもつて」損害賠償請求および名誉回復等措置請求（著作権法115条）を行ったものである。

これらの点を総合すると、被告図版は、原告図版に依拠して作成され、かつ、原告図版の表現上の本質的な特徴といえる図形等の選択ないし配置の同一性を維持しながら、具体的な図形の形等の表記に変更を加えて、新たに被告図版の制作者の思想又は感情を創作的に表現したものであり、これに接する者が原告図版の表現上の本質的な特徴を直接感得することができるもの、すなわち、原告図版を翻案したものであると認められる」と判示して、類似性を肯定した。

　本件では、原告作品の著作物性も争点になっており、被告は、これが応用美術に該当するとして著作物性は否定されるべきと主張したが、裁判所は、「原告図版は、いわゆる純粋美術に当たるものであり、著作権法上の著作物として保護されるべきもの」と判示して、著作物性を肯定した。その上で、裁判所は類似性についても肯定したのであるが、両者を比較すると、一方では、同じような場所に同じようなものが同じような配色で配置されていると言える反面、同じ場所に同じ形のものが同じ色で配置されている箇所が乏しいように見えるため、類似性を肯定した本判決の結論については、議論のあり得るところと言えよう。

原告図版 52)　　　　　　　　　被告図版 53)

---

52)　日本東洋医学会学術教育委員会編『入門漢方医学』（南江堂、2002 年）より。

53)　日本歯科東洋医学会編『入門歯科東洋医学』（ブレーン出版、2008 年）より。

(3)　著作物性を否定した裁判例

【ケース 2-15】プチホルダー事件[54]

　本件は、キャラクター商品等の製造販売や輸出入を業とする原告らが、被告が販売する被告商品が、「プチホルダー」シリーズの一つである原告商品（小物入れにプードルのぬいぐるみを組み合わせたもの）の形態を模倣したものであり、著作権侵害および不正競争防止法 2 条 1 項 3 号の不正競争行為に当たる等と主張して、損害賠償等を請求した事案である。

　裁判所は、「実用に供され、あるいは産業上利用されることが予定されているものは、それが純粋美術や美術工芸品と同視することができるような美術性を備えている場合に限り、著作権法による保護の対象になる」とした上で、「原告商品は、小物入れにプードルのぬいぐるみを組み合わせたもので、小物入れの機能を備えた実用品であることは明らかである。そして、原告が主張する、ペットとしてのかわいらしさや癒し等の点は、プードルのぬいぐるみ自体から当然に生じる感情というべきであり、原告商品において表現されているプードルの顔の表情や手足の格好等の点に、純粋美術や美術工芸品と同視することができるような美術性を認めることは困難である。また、東京ギフトショーにおいて審査員特別賞を受賞した事実が、原告商品の美術性を基礎付けるに足るものでないことは明らかである。したがって、原告商品は、著作権法によって保護される著作物に当たらない」と判示して、原告製品の著作物性を否定した[55]。

　本件で問題になった原告商品は、単なるぬいぐるみではなく、小物入れの機能を備えた実用品であることから、裁判所もこれを応用美術として「純粋美術や美術工芸品と同視することができるような美術性」を要求した上で、これを否定したものである。トントゥ人形事件（【ケース 2-13】）において著作物性が肯定されていることと比較すると、本件の原告商品について著作物性を否定し

---

54)　東京地判平成 20 年 7 月 4 日（平成 19 年（ワ）第 19275 号）〔プチホルダー事件〕。

55)　また、不正競争防止法 2 条 1 項 3 号について、本判決は、「被告は、被告商品の購入時にそれが原告商品の形態を模倣したものであることを知らず、かつ、知らなかったことにつき重大な過失はなかった」と判示して、同法 19 条 1 項 5 号ロ［適用除外等］に当たるとして、請求を棄却した。

た本判決の結論については議論の余地もあり得ようが、仮に原告商品について著作物性が肯定されたとしても、原告商品と被告商品を比較する限り、類似性は否定されよう。

原告商品　　　　　　　　　　被告商品

【ケース 2-16】ファービー事件 56) 57)

本件は、玩具の販売等を業とする被告人らが販売する「ポーピィ」という玩具が、訴外会社が著作権を有する「ファービー」の容貌姿態等を模したものであり、同社が有する著作権を侵害して製造されたものであることを知りながらこれを販売して同社の著作権を侵害したとして、著作権法違反の刑事事件として公訴が提起されたものである。

裁判所は、「『ファービー』に見られる形態には、電子玩具としての実用性及び機能性保持のための要請が濃く表れているのであって、これは美感をそぐものであり、『ファービー』の形態は、全体として美術鑑賞の対象となるだけの審美性が備わっているとは認められず、純粋美術と同視できるものではない」などと判示して、著作物性を否定し、被告人を無罪とした。

本件で問題になったファービー人形は、単なるぬいぐるみではなく、本体内部に内蔵された7個のセンサーが、接触、光、音、振動、傾斜等の刺激を感応し、耳、目、口、足が動くとともに、ロムチップに記憶された単語を適切に選

---

56)　仙台高判平成 14 年 7 月 9 日判時 1813 号 150 頁〔ファービー事件：控訴審〕。

57)　評釈として、水戸重之「応用美術（1）──人形〔ファービー人形事件：控訴審〕」著作権判例百選〔第 5 版〕30 頁等参照。第一審判決（山形地判平成 13 年 9 月 26 日判時 1763 号 212 頁）の評釈として、斉藤博「『ファービー』と著作権法の及ぶ範囲」判時 1788 号 183 頁（2002 年）、半田正夫「ファービー人形について著作権の成立を認めなかった事例」知財管理 52 巻 12 号 1863 頁（2002 年）、榎戸道也「電子ペット玩具である『ファービー』人形のデザイン形態について著作物性を否定した事例」判タ 1125 号 158 頁（2003 年）等参照。

択し、その動作に合った言葉等の音声を内蔵スピーカーから発したり、次第に語彙を増やして言葉を発するようになり、あたかも飼っているペットが成長するような育成型の電子ペット玩具であり、その意味では実用性があるとも言えることから、本判決はこれを応用美術と位置づけて、「美術鑑賞の対象となるだけの審美性」を要求した上で、これが認められないとして著作物性を否定した。特に、本件は刑事事件であることから、著作物性について厳格に判断されたという側面もあると考えられよう。ただ、例えば、ドラえもんを電子ペット玩具として販売した場合は著作権侵害に当たることに異論がないはずであることからすれば、もしファービーが最初に漫画のキャラクターとして描かれ、その後に人形として商品化された場合には、著作物性を肯定することに抵抗がないはずである。そのような観点からすると、本件ファービー人形についても著作物性を肯定して然るべきであるように思われる[58]。そして、仮にファービー人形の著作物性が肯定されるのであれば、被告人商品（ポーピィ）は、足裏の肉球等において一定の相違点は見受けられるものの、結論として類似性も肯定されるように思われる。

ファービー

被告人商品[59]（ポーピィ）

---

[58]　著作物性を否定した本判決を批判するものとして、斉藤・前掲注57）187頁以下等参照。

[59]　牛木内外特許事務所ウェブサイト（http://www.u-pat.com/IMG/d-31-1.jpg）より。

上野　達弘・前田　哲男

■現代アートと著作権の親和性

上野：では、「美術」にまいりましょうか。そもそも何が「美術」かということ自体問題なんですけども、それは本書のテーマではありませんので、さしあたり、この章では、視覚的な表現で他の章で取り上げなかったものを議論をしてまいりたいと思います。

　　まず、現代アート的なものです。現代アートといいましても、いろいろなタイプがありますが、そもそも著作物性が認められなさそうな作品もありそうですよね。例えば、一見すると真っ白なキャンバスを3枚並べたような作品であったり、ある空間に光を当てたような作品など、とにかくシンプルな表現の現代アートがありますし、あるいは、いわゆるレディ・メイドのように既存の物を利用した作品というのもありますので、そうした作品は、芸術性とは別の話ではありますけれども、そもそも著作物性があるのかが問題になりますし、仮に著作物性が認められたとしても、著作権の侵害に当たるのは、全く同じものを再現したデッドコピーの場合だけだと判断されることも多いのではないかと思います。

　　実際、過去の裁判例でも、劇団SCOT事件（【ケース2-1】→124頁以下）では著作物性があることには当事者間に争いがなかったのですが、類似性は否定されました。また、金魚電話ボックス事件（【ケース2-9】→141頁以下）でも著作物性は認められ、地裁はその後、類似性を否定しましたが、高裁が類似性を肯定して世間を驚かせました。まず、このような判断についてはいかが思われますでしょうか。

前田：私は、金魚電話ボックス事件では、地裁判決の方が妥当な結論のように思います。公衆電話ボックスの中に水を入れて金魚を泳がせるということは、まぁ、アイディアだろうと。そして、受話器が水中に浮かんでそこか

ら気泡が出ているところはたしかに表現としても似ているかもしれない。しかし、著作物として見た場合は、例えば電話機の色が違う、電話機の機種が違う、電話機から水面までの距離が違う、受話器の浮いている位置が違う、金魚の数や大きさが違うなど、いろいろな相違点があります。アイディアはもちろん共通していますけれども、微細に見ていくと具体的な表現の違いがあるわけですので、これがデッドコピーとまで言えるのかなというと、そうとは言えないと思います。

　そして、この作品ではアイディアの部分が非常に秀逸であり、そこが重要な印象を与える部分だと思うのですが、それは除外して考える、すなわち、公衆電話ボックスの中に水を入れて金魚を泳がせることは所与のものだという仮定のもとで、表現としての選択の幅を考えたときには、もともと選択の幅は狭いものになります。その中でこういう具体的な微細な違いがあれば、「類似しない」という判断になるのかなと考えます。

　上野先生は、どちらかというと、これは類似性は認めてもいいんじゃないかというお考えでしょうか？

上野：まぁ、学説上も類似性を否定する見解が多数だろうとは思うんですけれども、その理由が問題になります。つまり、この両者は「アイディアが共通するだけで表現の共通性はないから類似性は否定される」という考え方と、「アイディアのみならず表現の共通性もあるけれども、創作性のない表現において共通性があるにすぎないから類似性は否定される」という考え方の2つがあり得るわけです。この事件でも、電話ボックスを水槽に見立てることや、その内部に公衆電話機を設置した状態で金魚を泳がせること自体は、地裁も高裁もアイディアだと位置づけているように思われますが、水中に浮かんでいる受話器から気泡を出すという点に関する創作性判断の相違が結論を左右したように見えます。

　つまり、高裁は、「公衆電話機の受話器が、受話器を掛けておくハンガー部から外されて水中に浮いた状態で固定され、その受話部から気泡が発生している」ことについて、「制作者である控訴人の個性が発揮されており、創作性がある」と判示しておりまして、この点で両者の共通性が認められる以上、類似性は肯定されるという考えかと思われます。これに対し

て、地裁判決は受話器が水中に浮かんでいる点や気泡を発生させている点は「表現」ではあるけれども、金魚が泳いでいる以上、水中に空気を入れる必要があり、そうすると、もともと穴が開いている受話器から気泡を発生させるというのは自然なので創作性がない、ということで、この点で共通性があっても、創作性のない表現の共通性にすぎないのであるから類似性は認められない、こういう説明だと思うんですよね。

　おそらく前田先生も地裁判決と同じようなお考えで、創作性のある表現について共通性があると言えるためには、さらに、具体的な受話器の浮いている位置であるとか、受話器や電話機の色などに創作性が表れていて、そこまでが共通しなければならないというお立場かと思いました。ただ、公衆電話というのは——そもそも最近あまり見かけませんが——、電話機の色としては緑か黒の2種類くらいしかないかも知れませんよね。そうすると、電話機の色に創作性が発揮されるというのは考えにくいかも知れませんね。しかも、原告作品は、公衆電話ボックスを模した形状の造作物を自らつくったというものらしいのですが、他方、被告作品は、実際に使用されていた公衆電話ボックスの部材を利用したんですよね。

前田：なるほど。

上野：もしレディ・メイド作品みたいに、実際に使用されていた電話機を利用したんだとしますと、電話機の色が緑だという点も、そもそも緑と黒しか普通はないような状態で、その2つから選んだという点だけが創作性判断の対象になる、ということになるかも知れませんよね。そのように考えてしまうと、こういう現代アート的なものというのは、著作権保護がなかなか期待できないかも知れません。もちろん、奇抜な作品もいろいろあるわけですが、それはアイディアの部分がクリエイティブだというだけでしょ、と言われてしまいがちであるようにも思います。

　そうすると、受話器が浮いている位置や水面の位置といったところ、あるいは金魚の数といったかなり具体的な点だけが創作的表現だと認められることになるのかも知れませんが、この金魚電話ボックスって、本当に中に水が入っていて本物の金魚が泳いでいますので、当然のことながら水量も変化するわけですよね。したがって、水量の変化や魚の数が変化すると

別の著作物になったりするのでしょうかね。ただ、著作権法上はともかく、こうした現代アートのアーティストさんにとっては、これはそういう可変的な作品なのであって、特定の水量じゃなきゃ自分の作品ではないと考えているわけじゃない、といいますか、水量というのはこの作品の "肝" ではないのかも知れないんですよね。

前田：そうですね。おっしゃるとおりですね。

　ただ、この作品の肝の部分は何かというと、やはりアイディアになってしまう。原告は、受話器が浮いている位置や水面の位置、水量や金魚の数などは「肝ではない」とおっしゃるんでしょうけれども、肝であるアイディアの部分は除外して考えざるを得なくて、その部分を除外したら、たしかに水量や金魚の数は可変的なものかも知れませんが、そのような非本質的な部分しか残らなくて、その非本質的な部分が類似しているかどうかによって、著作権法上、類似するかどうかは決定されることになる。そういうことにならざるを得ないかなと思うんですが。

上野：そうですね。そうすると、現代アートの保護に著作権が役割を果たすのは難しいのかもしれないですね。たしかに、著作権保護というのは保護期間も長いですしね。

前田：そこが、設計図面の著作物みたいなもので――設計図面の著作物において、その図面の経済的価値を決定しているのは、その図面の描き方ではなくてそこに描かれている中身だと思うんですけれども、しかし、図面の中に描かれているものが建築の著作物であればともかく、それが工業製品だったら、それ自体は著作物ではないということになる。

　しかしながら、設計図面の著作物というものが一応保護されているのはなぜかというと、これにはいろんな議論があると思うんですけれども、図面の経済的価値においては非本質的・周辺的な部分によって保護が認められていて、類似性判断も、その非本質的な部分が似ているかどうかという判断になってしまう。

　それと似たような現象が現代アートでも起きてしまっているのかも知れません。現代アートにおける常識的な意味でのクリエイティビティの主たる部分はアイディアであり、その部分は著作権では保護するわけにはいか

ないので、どうしても周辺的な部分の創作性しか取り上げることができなくなり、その部分の共通の有無によって類否を決めるしかない、ということになるのではないでしょうか。

上野：なるほど。著作権というものは、必ずしもある作品の肝の部分を保護できずとは限らず、意外と周辺的なものの保護にしか役立たないことがあるのかも知れません。ただ、設計図の場合ですと、設計図によってあらわされた工業製品のデザインが意匠法で保護される可能性もありますよね。ですから、著作権保護がごく周辺的なものしか保護しなくてもまあいいかという考えがあり得るかと思いますが、その反面、現代アートの場合は、著作権で保護されないとなってしまうと、他にもう法的な保護が期待できないように思いますので、それでもよいかという側面はあるかも知れないですね。

前田：もともとアイディアと表現の境界線というのは非常に曖昧で、両者はおそらく連続したものであって、典型的なアイディアから典型的な表現に至るまでの間にグラデーションがあり、そのグラデーションの中で、どこかでアイディアと表現の線を無理やり引いているのではないでしょうか。現代アートの適切な保護のためには、アイディアと表現の境界線をちょっとずらす。これをずらすことができるのだったら、著作権法で現代アートの保護が適切にできるということになるんじゃないでしょうかね。

上野：まあ、ジャンルごとに著作権保護の原則自体が変わるというのは問題があるかと思いますので、もし必要があるなら、著作権法とは別に、著作権保護の対象にならない現代アートのアイディアの部分を、例えば非常に短い期間だけ保護するといった立法をするという考えもあり得ないではないのかも知れません。

前田：それも一つの方法でしょうが、立法で解決を図ろうとすると、何を「現代アート」としてその対象にするのかという、対象の切り出し方が難しくなるかも知れません。むしろ、現行著作権法の運用の中で、現代アートに関しては、具体的事案に応じた解釈をするほうが柔軟な解決が図れるのかも知れません。

上野：そうですね。実際、金魚電話ボックス事件の高裁判決が類似性を肯定し

た背景にはそうした事情もあったかも知れませんね。ただ、そのように少しアイディアよりの部分で著作権保護を認めるとして、その著作権保護がもし通常の著作権と同じ保護期間で同じ権利内容だといたしますと、はたして現代アートのアーティストにとって望ましい状況なのかどうかは問題となるところで、ひょっとしたら現代アートのアーティストにとっても他者の権利が強すぎて創作の自由を害されるということになりかねないかも知れませんので、なかなか難しい問題かと思います。

■アイディアと表現の境目はどこか

上野：それでは、次に劇団SCOT事件（【ケース2-1】→124頁以下）についてなんですが、こちらのケースでも、裁判所は、「頂部が偏平、等辺又は不等辺の山形とされた縦長の四角形あるいは五角形のパネルに、『内側に∩状先端を有する円柱様形態』の円柱様の造形物を描き、その彩色を濃い藍色と金色とする」というのはアイディアであるとしていて、しかもそのアイディアは「目新しいものであった」とも述べています。ただ、いくら目新しくても、つまり創作性や独創性があろうとも、それがアイディアである以上、著作権保護の対象にはなり得ない、ということで類似性が否定されたわけですよね。この事件では類似性の比較対象になったものがたくさんあるんですけれども、全部この判決の言うとおりということでいいんでしょうかね。

前田：何がアイディアで何が表現なのかということがよくわからなくなってくるんですけれども、「頂部が偏平、等辺又は不等辺の山形とされた縦長の四角形あるいは五角形のパネルに、『内側に∩状先端を有する円柱様形態』の円柱様の造形物を描き、その彩色を濃い藍色と金色とする」というものをつくる。これ、どこまでがアイディアで、どこからが表現なんですかね。

上野：判決がアイディアとして述べた部分に「彩色を濃い藍色と金色とする」とありますので、何色にするかという点も含めてアイディアであると言っているように読めます。

前田：背景を濃い藍色にするところも、これはアイディアなのでしょうか？

上野：そうですね。配色についてはアイディアではなく表現であるけれども、黒と金というのはありふれた組み合わせだから、今回のケースで黒に近いとされる「濃い藍色と金色」という組み合わせに創作性はない、という説明もあり得るかところかとは思います。

前田：人間の視覚によって直接感得できるものとして造形物を描き、それに彩色している以上、描かれ、彩色されているものそれ自体は表現であって、それを「頂部が偏平、等辺又は不等辺の山形とされた縦長の四角形あるいは五角形のパネルに、『内側に∩状先端を有する円柱様形態』の円柱様の造形物を描き、その彩色を濃い藍色と金色」としたものと裁判所が言語により抽象化したことによってアイディアに変化してしまっているように思います。つまり、目の前に現に存在しているものは表現なのに、裁判所は、それを自らの頭の中で言語に変換して抽象化した上、抽象化され、言語化されたものはアイディアだから、目の前に存在しているものもアイディアだと誤認してしまっているのではないでしょうか。美術や音楽などは、視覚や聴覚によって、言語を通さずに感得されるものなので、まずそのものを見、聞く。そして、見たり聞いたりすることができるものが表現なのだと思います。いずれにしましても、やはりアイディアと表現の区別が、ここではかなり微妙になってきています。先行作品として似たようなものがたくさんあるのであればこれは非類似でいいと思うんですけれども、似たようなものの先行作品が全くない状況の中で、これを非類似と決めつけてしまっていいんですかね。いかがでしょうか。

上野：興味深いご指摘です。もしあるものをアイディアだと位置づけると、いくら先行作品が全くなくても、あるいは非常に目新しいものであったとしても、著作権保護を認めてはいけないということになりますよね。他方で、アイディアと表現の境界線は非常に曖昧なんですけれども、あるものを表現だと位置づけると、それが従来の作品に見られないものである以上、創作性はあるということになり、著作権保護が認められるということになりますよね。

前田：従来の作品に見られないものであっても、アイディアと位置づけられるものから必然的に由来するものや、アイディアを所与のものと仮定して表

現を観察するとありふれているものは、創作性を欠くため、著作権保護が認められることになると思います。125〜126 頁の写真で、我々はこれを視覚的に見ることができるんですよね。見て、形や色を具体的に視覚によって認識することができる。それは、表現なのではないでしょうか。

上野：まず、人間の頭の中に入っている段階ではまだアイディアであるけれども、それを他人が知覚可能な形で外部に表出すれば表現になる、というのはたしかに言えるんですけれども、しかし、一旦外部に表出されて、例えば本になったりしたものがあったとしましても、その本の中に含まれている抽象的なレベルのもの——例えば “恋愛小説を書く” とかというもの——は、やはりアイディアなんですよね。

　　　したがって、アイディア／表現二分論の意味は、厳密に言うと、「頭の中に入っている段階では著作物として保護されない」ということと、「頭の中から外に出てきたんだけれども、その作品の抽象的なレベルのものは著作物として保護されない」という 2 つのことがあると思うんですよね。

前田：はい。2 つのうち、後者について、頭の中から外に出てきた、具体的に目に見えるもの、耳に聞こえるものは表現であるが、その表現からアイディアのレベルまで抽象化されたものは著作物としては保護されないし、そのコロラリーとして、表現の創作性を評価する際には、アイディアは所与のものと仮定するということではないかと思います。このケースの、原告のものと被告のものの、頭の中から外に出てきた具体的に目に見えるもので比較をすると、私にはやっぱり似ているようにも思える。

上野：なるほど。おもしろくなってきました。ということは、このケースは、単にアイディアの共通性があるだけでなく、具体的な表現においても共通性が認められるということでしょうか。

前田：はい。もっとも、具体的な表現において似ていても、アイディアの共通から必然的に由来してしまう表現の共通は除外して類否を検討しなければならない。しかし、「これはアイディアだから除外する」と言うべきものが、この事案において何かあるのかなと。

上野：なるほど。たしかに、先ほどの金魚電話ボックス事件で、「電話ボックスに金魚を入れてみた」みたいな典型的なアイディアのようなものがこち

らのケースにあるのだろうかということでしょうかね。

　　ただ、この作品はたしかにクリエイタの頭から外部的に表現されて存在
しますけれども、頂部が山形の四角形のパネルで中に円柱様のものが描か
れている作品、というレベルのものに著作権による独占が認められたら、
あまりにも抽象的なレベルでの独占になってしまい、他者の表現を過度に
阻害してしまう。だから、そういうものは抽象的なアイディアにすぎない
のだ、という説明自体はできるんではないですかね。

　　そうすると、アイディアと表現の区別というのは、結局のところ、過度
な独占を回避するためにはどこで線を引くべきなのかというふうに、いわ
ば逆算式に考えていくほかないのかも知れません。

　　その上で、この判決は、「頂部が扁平の縦長の四角形は、極めてありふ
れた形状である」とか、「色彩の選択も配色も……独自の創作性の認められ
るものとはいえない」「円柱様の形状自体は、ありふれた形状」だと述
べているわけですが、この「ありふれている」というのは、アイディア／
表現二分論の話ではなく、創作性の話ですよね。

前田：はい、おっしゃるとおりと思います。

上野：我々専門家の議論なんかでも、ときどきアイディア／表現二分論と創作
　　性の話は混同されることがあるように思うんですけど、この判決は、そう
　　した形状や配色が仮に表現であったとしても、少なくともそれらを個別的
　　に見る限りは創作性も認められない、だから著作権保護は認められないと
　　判断したと理解することになるんでしょうかね。

前田：はい、そうであればよく理解できると思います。アイディアが共通して
　　いるにすぎないからではなく、形状や配色における創作性は低いので、両
　　方の作品の比較をしてみると、天辺部分がとんがっているとしても角度が
　　違うだとか、くり抜いている部分の形状が微妙に違うだとか、色が違うだ
　　とか、そういったことを考慮すると非類似だということになるのかも知れ
　　ません。私には、それのほうがよくわかるんですけれども……。

上野：たしかに、今後、他のクリエイタがこういう形状のものを作るときの過
　　度な制約とならないようにということでしょうかね。

前田：そう考えると、たしかに結論は妥当ということかも知れませんね。極論

164

すると、要は新たな創作者の表現の自由を過度に制約しない範囲で、先行する著作者にある程度の範囲の独占権を認める、そのバランスがこの類似性の問題であり、そのバランスを考えた結果、これが非類似だという価値判断をされた、ということなんでしょうね。それだったら、まあ、そういうことかなと（笑）。

上野：ただ、具体的な形状などに着目するといっても、こういうシンプルな形状ですと類似性が肯定される場合はかなり限定されるかも知れないですよね。これもちょっと現代アートっぽいところがありますので、そういう結論でいいのかという問題は残るのかも知れません。

■たち吉事件

上野：それでは、次の事件に移りたいと思いますが、たち吉事件（【ケース 2-2】→126 頁以下）です。これも美術品の作家さんがお作りになった作品で、容器底部に水を満たして蠟燭などの発光体を浮かべると、自由に浮遊して神秘的な空間を生み出すという意味で、ある種の実用性もあるような作品と言えるかも知れませんね。裁判所は類似性を否定していますけれども、これはもうこれでいいんでしょうかね。

前田：私もちょっと調べてみたんですけれども、この被告イ号のほうの、開いている窓の形が写真ではよくわからないのですね。

上野：わからないですね。ただ、この被告イ号は、盆栽の松の形みたいな明かり窓があるんですよね。

前田：判決文にそう書いてあるから、たぶんそうなんだろうなと。

上野：そうですね。もしそうだとすると、類似性否定という結論で仕方ないんでしょうかね。

前田：これは、類似性否定で仕方ないんじゃないんですかね。これって形が大分違う。特に被告イ号のこの明かり窓が松の形をしているのだとすると、やっぱりかなり違うんじゃないんですかね。

上野：そうすると、判決は、表面の素材であるとか、容器内部の壁面において凹凸状の特殊な加工があるかどうか、といった点の相違にも言及していま

すけれども、そうした点を含めてどういう形にするかとか、どういう素材
にするかといったかなり具体的な点で共通しない限り類似性は肯定されな
いということになりますかね。ちなみに、素材というのも類似性判断に含
まれていいんですかね。

前田：どうなんでしょうかね。素材によって見た目の違いが生じているという
　　ことであれば、それは表現の要素といえるのではないでしょうか。

上野：そうすると、素材それ自体が比較の対象になるというよりは、実際の見
　　え方が問題なのであって、素材が類似性判断に含まれるためには目に見え
　　るように外形にあらわれていないといけないということでしょうね。

前田：そう思います。視覚または聴覚により感得できるものは著作物になるけ
　　れども、触覚だけで感得できる著作物はないでしょうから、実は木だけれ
　　ども、金属のように見えるように加工されているものであれば、そのこと
　　は金属による著作物と類似する要素の一つになると思います。

上野：一見すると天然石でできているように見えるけども、実際にはチョコレ
　　ートでできているという場合もありますし、この点もおもしろいですね。

■「表現上の本質的な特徴」概念の捉え方

上野：さて、猫のぬいぐるみ事件（【ケース2-3】→127頁以下）です。

前田：私がこの判決ですごく印象深いと感じましたのは、この判決が、いろい
　　ろな要素を挙げて、これは本質的特徴ではない、これも違う、これも違う
　　と言っていて、いくつか挙げられた要素のうちの一つだけを「本質的特徴
　　である」とした上で、その本質的特徴の部分が被告作品から直接感得でき
　　るかどうかという判断をしている点です。この判決の構造は、マンション
　　読本事件（【ケース1-6】→61頁以下）の判決の構造と非常に類似している。
　　実は、同じ部の判決なんですよ。

上野：おぉ、それはおもしろいですね。

前田：つまり、いろいろな要素があるうち、どれかを表現上の本質的な特徴と
　　捉えるという、その表現上の本質的な特徴の捉え方が非常に特徴的な判決
　　だと思うんですね。

　ちょっと先取りをしてしまいますが、後に取り上げられる仏画事件では、いろんな要素から総合的に受ける印象みたいなものを「表現上の本質的特徴」と言っているんですけれども、この猫のぬいぐるみ事件やマンション読本事件では、この部分や要素は本質的な特徴じゃない、この部分も違う、よって、ある特定の部分・要素のみが本質的特徴である、というふうな認定をした上で、そこが違っていることを示している。

　猫のぬいぐるみ事件で言うと、結局、顔ですかね。全体的な形状だとかそういったものは全部除外してしまって、顔の部分だけを本質的特徴だと残した上で、そこが違っているという言い方をしている。それは「表現上の本質的な特徴」という概念の誤用ではないかと私は思うんです。

上野：なるほど。私もときどき思うんですが、類似性を判断する際、全体を漠然と観察すると印象論に陥りがちである反面、個別の要素に分解して分析的に観察すると、場合によっては、それぞれの要素それ自体が単体で著作権保護に相応しい創作的表現に当たるかといった判断になりがちなんですよね。つまり、ある著作物を1から5までの要素に分解して、そのうち1だけで著作物性があるかということを検討し、1だけでは創作性がないですねとか、表現とは言えないアイディアですねみたいなことになって、そのように分解すると、当然のことながら、それ単体では、創作性があることも、表現であることも認められにくくなりますよね。ただ、一つ一つが単体では創作的表現とは言えなくても、それらを全部組み合わせたものが創作的表現に当たるということはあり得るかと思うんです。

　ただ、前田先生もおっしゃったように、マンション読本事件の判決は、「原告各イラストを特徴づける本質的な表現上の特徴は、顔面を含む頭部に顕れた特徴ということにならざるを得ない」と述べていますし、この猫のぬいぐるみ事件の判決も、顔の表情が原告作品の「印象を決定づける本質的特徴というべき」と述べていますが、裁判所は、この両者は顔の部分だけでも著作物に当たると考えているのでしょうかね。

　ただ、この2つのケースでは、顔を比較すると大きく異なるということで、結論として類似性が否定されたわけなのですが、先生のお考えですと、これはちょっと問題があるということになりますでしょうか。

前田：はい。

上野：そうすると、この猫についても類似性を肯定すべきだったとお考えでしょうか。

前田：必ずしもそうではなく、判決理由は納得できないのですが、結論的には非類似でよいのではないかと思います。この判決の中でもちょっと出てきたと思うんですが、先行する作品があるんですね。

上野：そうですね。判決も、原告作品が制作される前に、ドイツのシュタイフ社がトムキャットという猫のぬいぐるみを製造販売していて、トムキャットの背中も大きく湾曲していると認定してますね。そして、判決は「猫は威嚇をする際などに背中を弓状に丸める体勢を取ることが広く知られている」とも述べてますね。

前田：猫が威嚇するときの形状をこういうふうに描くことが一般的なのであれば、結果として類似性はないということになるのかなと思うんです。ただ、類似性判断のときに、顔だけを取り出して比較し、他の要素を一切捨象するというのはよろしくないんじゃないかと思います。

上野：なるほど。たしかに、猫の体勢に特段の創作性がないとしても、ポーズには他にもいろいろあるわけだし、顔の表情のみならず、脚がかなり細いといった点も含めて、そうした複数の要素全体の組み合わせを原告作品の創作的表現ないし表現上の本質的特徴と評価するということが考えられるということですよね。そのように考える場合でも、もし例えば顔が大きく異なれば、類似性は否定されることになるかも知れない。

前田：そうですね。そうだと思います。

上野：たしか、今回の被告作品の顔は、判決の表現を借りれば、「三日月を横倒しにしたような」ものであるのに対して、原告のほうは扁平な楕円形または真円ですし、また目や鼻の位置も、原告のほうは結構上のほうにあるんですよね。そうすると、たとえ、体の形状だとか、脚の細さといった顔以外の要素をいろいろと総合したとしても、顔の相違が大きいことからすれば、結論として、類似性が否定されたことはやむを得ないということでしょうかね。

前田：はい、類似性否定はやむなしと私は思いますが、上野先生はどうお考え

でしょうか？

上野：まあ私もそれでいいんだとは思いますが、もしこの猫が、リラックマみたいに、すでに非常に著名な人気キャラクターだった場合は、類似性が肯定される可能性があるような気がしなくもありません。

前田：それはおっしゃるとおりですね。特に、その著名性にフリーライドするというような、不正競争的な要素が加わると、そのことは類似性判断に影響を及ぼす可能性があると思うんですね。

上野：そうなんですよね。あと、この判決は、被告作品について「今にも飛びかかってきそうな子猫の無邪気な印象を与える」とか、原告作品については「優しくほのぼのとした印象」「上目遣いでのんきな印象」といった受け手の「印象」に言及した上で、それが「大きく異なるといえる」とも述べていて、いささか主観的な認定がされているように読めなくもないですが、これについてはどう思われますか。

前田：後で取り上げられる仏画事件にも通じるところだと思いますね。しかし、猫のぬいぐるみの判決は、「優しくほのぼのとした印象」自体を表現上の本質的特徴としているわけではなく、その印象を生み出す具体的な形態のことを本質的特徴と言っていて、印象は類似性を否定するダメ押し的な部分のような気もします。

上野：そうですね。これはまあ納得を得られやすいように書いた部分かも知れないですね。ただ、「印象」というのは人によって異なるんじゃないのかという点は問題になり得るのかも知れません。

前田：人によって異なるものを主たる判断基準にすることはできませんよね。この判決を書いた方も、そこだけで判断しているわけではないと思います。

上野：そうですね。もちろん印象だけで判断したとなると問題がありますが、判決は顔の表情に関しては目や鼻の位置などについて具体的に検討しているかと思います。ただ、やはり顔だとか体勢だとか、個別の要素に分解すると、創作的表現と認められる部分が少なくなってしまい、結果として類似性が否定されやすくなるんじゃないか、という議論になるんでしょうね。

■民家の暖簾事件

上野：では、いよいよ純粋美術のケースを見ていきたいんですけれども、純粋美術っぽい作品については裁判例でも軒並み類似性が肯定されています。ただ、中にはちょっと問題があるものもあるんじゃないかと思っております。まずは、古いケースですが、民家の暖簾事件（【ケース2-6】→134頁以下）はいかがですか。

前田：私の勝手な想像なんですけれども、この事件では、原告作品は実際に存在している風景を写実的に描いたものであるけれども、被告のほうは、実際に現地に行ったわけではなかったことが影響しているのかなと。

上野：なるほど。そこがポイントですか。

前田：被告側では、デザイナーに合掌造りの建物の図等が表示されている資料を渡し、それを参考にして合掌造りの建物の図柄の暖簾の下絵を製作するようにデザイナーに注文した、そして、そのデザイナーは現地調査を行わず、渡された資料や図書館等で調べた資料を参考にして2週間程度で下絵を製作したとのことです。裁判所は、デザイナーが下絵を製作する際に参考にした資料に原告のものが含まれていたと事実認定しています。そのような事実がかなり影響している可能性があるのではないかと。

上野：なるほど。

前田：もし原告作品を参考にしつつも、現地に行って自分で写真を撮って、その写真を見ながら製作したとしたら、もしかしたら……。

上野：結果として、同じ絵ができた場合であっても、裁判所は異なる判断をしたかも知れないということですね？

前田：現地に行くと、全く同じ絵にはならないことが多いように思います。同じところへ行って同じように写真を撮ったとしても、廃墟写真事件（【ケース4-1】→229頁以下）のように、季節が違えば、周りの植物の状態だとかは違ってきますし、窓の開き方だとか、道具の置き方とかも変わってくるでしょう。視点も少しずれることが多いでしょうし、そうすると、その写真は、結果として非類似になるような気がするのです。そうだとすると、

その写真を見ながら被告側のデザイナーが下絵を製作したなら、非類似になるのではないかと思います。

　判決は、依拠の認定のところではありますが、「同一の対象物を同じ角度から同じ構図で写実的に描いたもので、表現内容の中心ともいうべき建物やその近傍の樹木、畑の状況は、窓の開閉状況や道具類の位置等写生の時期が違えば変化しているはずの細部に至るまで一致している」と述べ、「主要な部分をほとんどそのまま自己の筆法で写すようにし、周辺部を変更して」下絵を製作したものと推認することができるとしています。実際には現地調査に行かず、そのまま原告作品を写して描いて、その結果として、窓の開き方・道具の置き方・植物の状態だとか、そういうところも共通しているということで、侵害になったのかなと。

上野：まさにそれが類似性のケース研究をテーマとする本書の課題の一つなのでありますけれども、そういった事案の経緯と言いましょうか、例えば「被告は苦労をしないで楽をして作品をつくった」というような事実が、類似性に関する裁判官の判断に影響を与えることがあるんじゃないか、というご指摘ですよね。仮にそうだとすれば、もちろんその是非が問題になるわけですが、この判決もその一例なのかも知れませんね。

　ただ、判決は、両者の類似性を肯定する根拠として、「合掌造りの民家と寺、畑、右建物の左右及び背後の木立等が、同じ構図、同じ位置関係、同じ大きさのバランスで、被告絵画（一）中にも描かれて」いるといった点を指摘しているのですが、この絵が描かれた白川郷には、実際にこの建物（明善寺郷土館）があるわけですよね。

前田：はい。

上野：私がこの実際の場所の写真を見たとき、この絵に描かれている合掌造りの民家と寺の位置関係や大きさのバランスというのは、この画家が創作したものじゃなくて、客観的に存在するものだったんだなと思ったんですよね。その意味では、判決が、そうした2つの建物の位置関係や大きさのバランスを画家が生み出した創作的表現とし、その点における共通性を根拠として類似性を肯定するというのは問題があるのではないでしょうかね。もちろん、判決は窓の開閉状況なども共通していると述べてまして、その

あたりは微妙なところもあるかと思うのですが、事実としてもともと存在するものについては原告著作物の創作的表現に含めてはいけないような気もするのですが、いかがでしょうか。

前田：客観的に存在するものであっても、類似性を肯定するファクターになり得ないわけではなくて、視点をここに置くという選択があって初めて建物の位置関係・重なり具合や大きさのバランスが決定されていくわけですし、視点をここに置いたということは、それだけでは著作物の創作とまでは言えないけれども、創作性を基礎づける一つの要素にはなるのではないでしょうか。

　現地へ行って同じポイントから同じ角度で写真を撮った場合、直ちに著作権侵害になるかというとそれはならないとは思いますけれども、建物の重なり具合や大きさのバランスなどが類似性判断において排除されるべき要素かというと、必ずしもそうではなくて、それも一つの要素にはなる。ただ、それ単独では、類似性を肯定するには足りないことが多い、と思うんですね。

　それで、非本質的な部分になってしまいますけれども、窓の開閉状況だとか、植物の状態とか、道具類の位置とか、撮影や写生の時期によって異なるはずの点も一致している、そういった細かいことが類似性判断を決定づけているのかなと。

上野：判決によると、窓の開閉状況や道具類に加えて、「右側の家屋の右側にある広葉樹の枝ぶりや葉の茂り方、左側の寺の左側にある針葉樹の木立の葉の茂り方が同じである」と述べてますけど、現物を比べますと、これ、同じなんですかね。

前田：その点がよくわからないんですけれども、右側の家屋の右側の広葉樹については、たしかに、木の形状はかなり違うんですが、枝の広がり方が若干似ているような……。

上野：なるほど。ただ、少なくともトレースしたとかいうわけではなさそうですよね。あと、前の畑も違いがありますし、背後の山なんてだいぶ違うように思います。ですから、被告作品を作った人はおそらく意図的に描き変えたのだろうと思うんです。実務の現場で本書を読んでいらっしゃる方は、

いったいどこまで描き変えればセーフなのかという疑問をお持ちになって
いるかと思うんですけど、このケースくらい描き変えてもダメなのかとお
感じになるかも知れません。このケースのように、現実に存在している物
を写生した絵でさえこのように判断されたわけですから、ましてや現実に
存在しないものを描いた作品であれば、もっと類似性が認められやすくな
りますよね。

前田：そうでしょうね。

上野：ということなんですけれども、判決は、結論として「両者は極めて類似
　　　している」と判示しています。このケースは、類似性が肯定されるべきだ
　　　ったのでしょうか？

前田：いやぁ、どうでしょうかね。上野先生のお話をお聞きして、なんか、だ
　　　んだん揺らいできました（笑）。

上野：いやいや。私もわからないんですけれども（笑）。

前田：これは結構古い事件ですので、その当時は多分、「これは似ている」と
　　　いう判断になったと思うんですけれども、今だったら、もうちょっと精密
　　　な議論がなされるのかも知れませんね。

上野：そうですね。最近の裁判例みたいに個別の要素に分割して判断したりと
　　　か。

前田：ええ。ただ、判断に悩んだときには、さっき上野先生が「楽をしてい
　　　る」とおっしゃいましたけれども、やはり原告作品を参考にしてデザイン
　　　を描いてとデザイナーに注文し、現地に行ったわけでもなく商品化したと
　　　いうことが評価される——アウトになる方向に評価されるんじゃないでし
　　　ょうかね。

■商品としてではなく、漫画の背景だったとしたら

前田：もしかしたらなんですが、例えば漫画家の方が、主人公が白川郷に行く
　　　という場面で、その背景で原告作品を参考にして描いただけだったら、セ
　　　ーフだったのかも知れないんですけれども。

上野：むむ。いやまあ、私も直感的には共感します（笑）。なぜですかね、こ

れは。

前田：それはわからないんですけれども（笑）、判決の事案ではメインのイラストで、これ自体が商品なので、もしかしたら、そういうところも影響しているのかも知れないですね。

上野：たしかに、例えば、漫画作品の背景としてこれぐらいの利用がされたとしても著作権侵害に当たらないと判断されるような気がしますよね。それは、被告は他人の絵だけで利益を上げているわけじゃないから、という考えがあるからでしょうかね？

前田：うーん、フリーライド性といいますか、突飛な議論かもしれませんが、パブリシティ権について、もっぱら顧客吸引力の利用を目的としたものかどうかが判断基準とされておりますけれども、この事案ではやはり、原告著作物の作品としての価値あるいは創作性を顧客吸引力として経済的に利用する目的があったと。そういう意味では、フリーライド性が非常に高い。

　それに対して、漫画の背景として使う分には、楽をしているという意味では似ているかも知れないんですけれども、たまたま主人公が白川郷に旅をするという設定なので、参考にしたということはあるものの、白川郷の合掌造りの絵自体が持つ顧客吸引力の経済的利用を目的としているわけではないので、フリーライド性は弱い。そういったことが、限界事例においては類似性判断に影響する可能性があるのではないかという気がします。

上野：おもしろいですね。たしかに、パブリシティ権は、明文の規定もなく、侵害判断に関する細かいルールは存在しない不明確な世界なのですけれども、最高裁判決が述べた「専ら肖像等の有する顧客吸引力の利用を目的とする」場合に侵害となるという考えは、ひょっとしたら著作権法においても妥当するものなのかも知れませんね。実際のところ、著作権法のように、複製権だとか明確に権利を定めてしまいますと、創作的表現が共通するというだけで形式的に著作権侵害になってしまって権利が過剰に広く及ぶという問題が指摘されています。そこで、最近の改正（平成30年改正）によって、たとえ形式的には著作物の利用に当たるとしても、「著作物に表現された思想又は感情の享受を目的としない利用」は許容されるという規定（30条の4）が設けられたりしていますけれども、よく考えてみると、ご

指摘のように、著作権という独占権が付与されるべきなのは、もっぱら原告著作物が有する顧客吸引力の利用を目的とする場合に限られるという考えもあるかもしれませんね。もし仮にそういう考え方が妥当なのであれば、積極的にそれを言語化・可視化して、場合によっては著作権法に明示してもいいのかも知れません。ただ、現行法の解釈論としてこれを実現しようとすると、類似性のところで判断するしかないということでしょうかね。

前田：そうですね。どこで取り上げるかというと、なかなか難しいですね。

　　　今おっしゃった、表現の享受を目的としているかどうかということが一つの突破口になるのかも知れませんけれども、利用する側が、視覚による鑑賞の対象の一部を構成するものとして原告作品を利用しているとすれば、それを非享受目的というのは、なかなか難しいのでは。しかし、類似性判断の中で、そのファクターの一つとして顧客吸引力の利用目的の有無が入り込んでくることはあり得て、類似性判断の微妙なケースにおいては、今までも影響を与えてきたのではないかと考えられなくもないですね。まぁ、一つの仮説なのですが。

上野：そうですね。たしかに、類似性に関する「表現上の本質的特徴の直接感得」論というのは、例えばパロディだとか、現行法の条文上は明文の根拠がないけれども許されるべき一定の著作物利用を適法にすることができるかも知れないと言われていて、いわゆる「全体比較論」と呼ばれる考え方もパロディなどを許容できる余地があるかも知れない点に意味があるとされるんですよね。やはり日本はフェアユース規定のような権利制限の一般規定がないですし、権利制限規定の解釈適用も少なくとも従来は厳格でありましたので、そういうことを背景にして、従来の裁判例は柔軟な類似性判断をしてきたと言えるのかも知れません。もっとも、それをどこまで承認するかというのが本書の課題になるのかと思います。

前田：たしかに。しかし、類似性判断というのは、本来、著作権の準物権的効力が及ぶ範囲を画する作業ですから、客観的でなければいけない。その中での微調整以上のことを期待すべきではないと思いますけれども。

上野：そうですね。私も、基本的には、「他人の著作物を利用しているかどうか」という問題と、「その著作物利用が許されるべきかどうか」という問

題は区別すべきだと考えています。類似性というのはあくまで前者の話ですので、例えばミッキーマウスのイラストを用いたパロディなど、他人の著作物を利用するパロディについて一定の範囲で許容されるべきだというのであれば、それは前者の類似性ではなく、権利制限など後者の問題として議論すべきだと思っているんです。ただ、先ほどの例のように、他人の絵を利用する場合でも、漫画の背景として使う場合と、その絵をそのまま商品として使う場合とを区別するために、例えば、いわばフリーライド性の高低を考慮した権利制限規定を作れるかというと、うまくできる気がしないのもたしかです。いわゆる非享受利用を許容する 30 条の 4 の規定もありますが、これもこの問題の解決には期待できないですよね。

前田：おっしゃるとおり、ちょっと無理でしょうね。

上野：もしそのようなフリーライド性のようなものを考慮をした侵害判断が結論として望ましいとするならば、少なくとも現状では、類似性判断でそのことを考慮するしかないのかも知れませんが、ただ、改めて考えてみますと、漫画の背景としてであっても、この白川郷の絵が無断利用されたのであれば著作権侵害となるという結論で仕方がないのかなという気もしなくはありません。

前田：そうですねぇ。今、先生がおっしゃった「仕方がないのかな」という部分は、原告著作物が写真の場合はどうなりますか？

上野：コーヒーを飲む男性事件（【ケース4-2】→231 頁以下）というのを第 4 章でも取り上げますけれども、あれももともとはコーヒーを飲む男性が被写体となった写真で、それを被告がイラスト化にして漫画のごく一部に用いたという事例ですよね。あの事件ではイラスト化する際にもとの表現が消えている部分が大きいために類似性を否定した裁判所の結論にはそもそも異論がないかもしれないんですけれども、あれがもし漫画の一部じゃなくて、それだけをイラストとして売っていたという場合であれば、類似性が肯定される可能性が高くなったという考えもあるかも知れませんね。

前田：そうですね。なかなか難しい問題が続きますね。

■本質的特徴をどこから感得するか

上野：では、仏画事件（【ケース2-7】→136頁以下）にまいりましょうか。これ
　　　は先生、いかがでしょうか。

前田：まず、判決の「衆生を漏らさず救済しようとする観音菩薩の力と慈悲の
　　　広大さ」を直接感得することができるという部分に着目して、これを決定
　　　的な要素にしていると解すると、それはたしかに印象論に過ぎるんじゃな
　　　いかなと思うんですが、この判決は必ずしもそれだけではなくて、いろい
　　　ろなことを言っているんだと思うんですね。

　　　　非類似とされているものについては、違いがいろいろあるとされていま
　　　す。光背は輪郭が描かれているのみである、その内側の微細な模様は全て
　　　省略されている、着衣の模様が描かれていない、装飾品も相当簡略化され
　　　て描かれている。それから、線描の中は白抜きに残されていることから、
　　　原告作品において微妙な濃淡で表現されている衣服の透き通る感じなどが
　　　表現されていないだとか、いろいろなことがずっと書いてあって、判決は、
　　　そういった違いを指摘した上で非類似にしている。逆に、類似としている
　　　ほうも、細かいいろいろな類似点を挙げている。こういうふうに読めば、
　　　私は結論として判決に賛成できるのではないかと。

　　　　もし衆生も漏らさず救済しようとする観音の力と慈悲の広大さを直接感
　　　得することができるかどうかで判断をしているんだとすると、それはもう
　　　印象論になってしまっているのではないかなと思います。しかし、細かい
　　　部分の共通点や相違点を個々に認定した上で判断がされているので、結論
　　　に賛成できると思います。

上野：なるほど。おもしろいですね。判決は、6（原告仏画2⑹と被告仏画2⑹）
　　　は類似性否定、7（原告仏画2⑺と被告仏画2⑺）は類似性肯定という判断
　　　で、たしかに最後のところで、「原告仏画2⑺から感得される、衆生を漏
　　　らさず救済しようとする観音菩薩の力と慈悲の広大さが、被告仏画2⑺か
　　　らも直接感得される」と述べてはいますが、どちらについてもかなり詳細
　　　に検討してはいますね。これは、判決が、その前の箇所で「どの衆生も漏

らさず救済しようとする観音の力と慈悲の広大さ」に原告仏画の創作性が
あると述べたことから、最後にこれを直接感得できると言わないといけな
くなったのかも知れません。そういう意味では、「観音の力と慈悲の広大
さ」といった言及をせず、原告仏画の「細部に至るまで描き込まれた繊細
な表現」に創作性があってそれが被告仏画にも存在するから類似性は肯定
され著作権侵害に当たると言ってもよかったんでしょうかね。

前田：そうだと思います。最高裁の示した判断枠組に合わせるために、印象論
　　　的な判示をつけ加えたのではないかなと思うんですが。

上野：これは「表現上の本質的特徴」というものをどう理解するかという問題
　　　にかかわるかも知れませんね。「表現上の本質的特徴」というのは「創作
　　　的表現」と同義なんだと理解するならば、類似性判断においては創作的表
　　　現の共通性の有無を判断すればいいということになるわけですけれども、
　　　どうも「本質的」という言葉が与えるイメージからしましても、表面的に
　　　見えているものではなく、何かもっと深いところにあるものを意味するも
　　　のと受け止められて、このケースでも、「観音の力と慈悲の広大さ」とい
　　　うものの共通性の有無が問題にされたということかも知れませんね。

前田：はい。「観音の力と慈悲の広大さ」を感得することができる著作物はお
　　　そらく世の中にはいくらでもあって、原告著作物とは似ても似つかなくて
　　　もそれらを感得させるようなものは当然たくさんあるでしょうから、「観
　　　音の力と慈悲の広大さ」を感得させることができるかどうかということだ
　　　けが判断基準になるということは、およそ考えられないことだと思います。

上野：それは重要ですね。本質的特徴の直接感得というフレーズは、もともと
　　　最高裁判決に由来するもので、はじめはパロディ＝モンタージュ事件の最
　　　高裁判決（【ケース4-11】→245頁）が「表現形式上の本質的な特徴」と述
　　　べたのを、江差追分事件の最高裁判決（最判平成13年6月28日民集55巻4
　　　号837頁）が「表現上の本質的な特徴」と述べて、「形式」をカットして
　　　はいますが、あくまで「表現上の」本質的特徴と述べているにもかかわら
　　　ず、しばしば「表現上の」という部分が見過ごされがちのように思います。
　　　この「表現上の」という部分が看過されてしまいますと、表現ではないア
　　　イディアの部分における特徴までも類似性判断における「本質的特徴」で

あると捉えられて、結果として、アイディア部分の共通性が類似性判断に含まれてしまうおそれがあるように思います。もちろん、この判決はそうではないと言えるのかも知れませんが。

前田：そうですね。論者によっては、これをもっぱら類似性を否定する論拠として使う。創作性の再現はあることを前提として、それがあってもなおかつ類似性を否定する理由として、表現上の本質的な特徴の直接感得性がないから類似性が否定されるという、類似性否定方向のみに片面的に働く論理として考えておられる方もいらっしゃるのかなという気がいたします。

上野：なるほど。では、このケースで 6 が非侵害、7 が侵害という結論に関してですが、前者はもとの表現がかなり簡略化されているから類似性が否定されるのに対して、後者はもとの詳細な表現が残っているから類似性が肯定されるということでよろしいのでしょうかね。

前田：7 のほうについては、古来、観音様の像というのはいくらでもあるわけですので、それとの比較においてどうだったのかということも重要ですよね。

上野：そうですね。

前田：よく見ると、違いもありますよね。何と言いますか、観音様の着けている「裳」というのでしょうか、「ズボン」のような部分の文様や形状が違うだとか。判決も指摘しているとおり、顔の表情もかなり違います。

上野：違いますね。たしかに。

前田：だけれども、類似点もたしかに多く、判決がいうように、各手の位置関係、持物の形状及び配置が細部に至るまでほぼ同一であるということは類似性を肯定する大きな理由になると思います。しかし、その類似点というのが、古来、観音様を描くときにはこういうふうに描くというものであるとすると、そこは除外して考えなければいけないので、その点を考慮した場合に類似性が本当に肯定できたのかは、ちょっとよくわからないような気がしますが。

上野：仏画においてこういう描き方はよくあるので創作性は低いのだ、といった主張もあり得たかと思うんですけれども、このケースでは問題になった仏画の数も非常に多いですし、被告側からはそれほど詳細な反論がなされ

なかったということなのかも知れませんね。

　いずれにしても、たしかに、よく見ると7についても両者で異なるところが結構ある反面、トレースしたのではないかと思われるところもあります。

前田：そうですね。たしかに。

上野：例えば、左右に伸びている物の形状などは酷似しているので、その部分はトレースしたようにも見えますよね。

前田：たしかに。まぁ、これは、侵害と言えそうですね。

上野：相違点はあるけれども共通性も高いということで、判決はこの7について「複製」ではないけれども「翻案」に当たると述べているわけですが、しかし、よく見るといろいろな点で違いますね。

■エルミア・ド・ホーリィ事件

上野：では、続きまして、エルミア・ド・ホーリィ事件（【ケース2-8】→139頁以下）ですが、これはおもしろいですね。

前田：おもしろいですね。

上野：この事件は昔から知ってはいたのですけど、エルミア・ド・ホーリィ（Elmyr de Hory）というのは贋作画家として知られていますので、これはもう著作権侵害に決まっていると思って、実は、私はちょっと前まで、研究として検討するに値しないと思っていたんです。実際、従来の議論でも、この事件について詳しく検討したものはないように思います。ですけれども、これが贋作だということをひとまずおいて、改めて類似性の問題として検討してみると、実はそんなに簡単な話ではないように思えてきたんですよね。

　このケースで問題になった絵は3枚ありますが、1枚目がボナール、2枚目がブラマンク、3枚目がピカソ。判決は3つとも類似性を肯定していますけれども、先生のお考えはいかがでしょうか。

前田：1枚目のボナールは、ほとんど全ての要素が一対一で対応しているような気がするんですね。

　　全体的な構図が同じだけでなく、人物の姿勢や手の位置関係が同じだと
　か、さらに細部に至るまで再現されているので、これは侵害でいいのでは
　ないでしょうかね。

上野：まぁ、ここまで似せなくていいじゃないかということですね。そうする
　　と、この「Femme au Peignoir Rouge」というボナールの作品は有名です
　　が、たとえこの絵が無名のものであっても、これくらい共通性があれば著
　　作権侵害でいいということですかね。では、2枚目はいかがでしょうか。

前田：だんだん微妙になっていくんだと思うんですけれども、路傍の人物の数
　　が違っていますよね。原画では1人です。ただ、似ている点はたくさんあ
　　りまして、木の形状、いくつかの塊になっている雲の形状と配置、家の配
　　置、屋根の形状、電柱の配置などが対応しているので、ここまで似ていた
　　ら侵害じゃないかなと思います。

上野：これも実際にこういう風景の場所が存在するのかも知れませんけれども、
　　仮にそうだとしても類似性は肯定されるということですね。

前田：ええ。少なくとも雲は同じにならないでしょう。また、無限にある風景
　　の中でわざわざこの視点を選択しているということ──先ほどの白川郷の
　　ように有名観光スポットならともかく、そうではない風景において、この
　　視点を選択してそこからの風景を切り取るという点も、創作性を基礎づけ
　　る一つの要素かなという気がするんですが。

上野：たしかに、言われてみると、右の建物の屋根の光の当たり方のようなと
　　ころについても、両者に共通性が見られるかも知れないですね。あとは、
　　左側にある2本の木の枝ぶりなども共通性があるように見えます。さて、
　　そうすると、3枚目のピカソはいかがでしょうか。

前田：これが問題ですよね。これ、まぁ、ピカソ風の絵ですけれども。

上野：たしかに、画風だけが共通するというのであれば著作権侵害にはなりま
　　せんね。

前田：3枚目では、原画のいろいろな要素が一対一では必ずしも対応していな
　　いような。

上野：被告の絵は、背景が単色ではなくて、左が緑で右が赤という2色になっ
　　ていますね。体のほうも2色に塗り分けていますし、なんかネックレスみ

たいのも付け加えられていますよね。髪の毛も、被告のほうは右側が黒く描かれています。あとは、全体的に色づかいが違うと言えるかも知れませんね。

前田：おでこの部分の色づかいとか、全然違いますものね。

上野：そうですね。ただ、目の描き方は似ていますかね。

前田：たしかに似ていますね。しかし、それだけで類似性ありというのに十分かどうか。もっともピカソという署名が入っているから（笑）。

上野：そう、これは贋作なんですよね。ただ、日本の著作権法上、ピカソが作ったものではない作品に「ピカソ」という著作者名を表示しても、氏名表示権の侵害にはならず、類似性がない以上、著作権の侵害にもならないんですよね。

前田：そうですね。もっとも、犯罪にはなるかも知れませんけれども。著作者でない者の氏名をつけて頒布をすると。

上野：そうか、なるほど。著作権法121条は「著作者でない者の実名又は周知の変名を著作者名として表示した著作物の複製物……を頒布した者」に刑事罰を科していますので、著作者でない者の名前をつけて著作物の複製物を販売すると、著作権法上の犯罪になるかも知れないですね。ただ、ピカソの有する権利を侵害するものではないと。

前田：そうですね。ピカソの絵として作成されて、売られようとしていたということが類似性判断に影響しているということでしょうか。

上野：そうですか。だとしたら非常におもしろいですね。そうした事情は、本来というか理論的には、著作物の類似性判断というものとは無関係なはずなんですけれども、現実には、このケースでも、被告の絵が、ピカソの絵にフリーライドしているという側面が、裁判所による類似性判断に影響した可能性があるというご指摘ですね。

前田：はい。裁判所は依拠の判断のところでしか署名が記されている事実を指摘していないんでしょうけれども、でも、やっぱりその点が類似性の判断にも微妙な影響を与えているような。

上野：なるほど、その点が問題になりますね。その上で、判決は、3枚目のピカソの絵について、「色調にも差異が認められるとはいうものの、いずれ

の場合もその構図及び筆致は酷似」している、という判断をしていますね。

前田：そうですね。しかし、構図は単純ですし、また筆致だけで類似性を肯定することはできない……。

上野：この結論については見解が分かれるのではないかと思いますが、最近の議論傾向からいたしますと、類似性を否定すべきだという方も多いのではないかと私は思います。ただ、特にこの当時の裁判所としては、①と②について著作権侵害を肯定する以上、③についても一緒くたで同じ判断をしてしまうという傾向が強かったかも知れませんね。次に出てくる角川mini文庫事件もそうなんですけれども、特に昔の判決は、ある被告の行為の一部について権利侵害だと思えば、それ以上あまり細かいことは検討しないで、全部権利侵害を肯定するケースが多いような気がするところです。

前田：そうですね。これは税関での積戻命令の事件なので、著作権法的な議論としてはあまり精密でないかも知れませんけれども、事案の解決としてはこれでよかったのかも知れませんね。

上野：まあ、すでに税関で積戻命令を受けているものについて、この③だけ輸入してもいいよという判断をするのも抵抗があったということでしょうかね。

前田：これがピカソの絵としてではなくて、オリジナル作品として、あるいはピカソのパロディ作品として輸入されようとしていたのだったら、話は違っていたのかも知れないなと。

■角川mini文庫事件

上野：では次に、角川mini文庫事件（【ケース2-10】→144頁以下）です。

前田：これは、私が被告代理人なんですが……。

上野：そうですよね（笑）。

前田：これは被告としては、小さくなっているものについては、創作性が再現されていないという主張——原告著作物に創作性があるとしても、それが再現されていないという主張——を一所懸命したつもりなんですけれども、

183

やはり、上野先生が先ほどおっしゃったように、一緒くたにされちゃったということと、あと、もともとスキャンしているということが影響しているのかなと。スキャンしておきながら何を言うのかという感覚が、裁判所にあったのかなと思います。

上野：たしかに、判決は、「被告マークは、本件著作物の一部である本件著作物羽根部分をスキャニングするという制作過程を経て作成されたもの」と認定していますね。そもそもこの原告の作品というのは、筆で描いたものなのでしょうかね。ひょっとして、実際の羽根を写真に撮影したということではないですかね。

前田：記憶が定かではないのですが、そうではなかったと思います。

上野：もし原告の作品が筆で描いたものではなく、実物の羽根を撮影したものだったら、その創作性はますます低いと評価されますよね。

　　　それで、被告は原告作品をスキャンして被告作品を制作したから、結果として、このような羽根のうねり方が残っているわけですね。もちろん、被告は原告作品を縮小するなどしていますので、もとの原告作品における細かい羽根の部分までは見えなくなっているかと思いますけれども、うねった形それ自体は、被告の利用態様①〜③のいずれにおいてもうかがえるかと思います。ただ、表紙に利用された①（被告シンボルマーク）なんかは、かなり小さく縮小されているものですし、②（被告広告マーク）は、羽根の中央部が「mini」という文字によって分断されています。それでもまだもとの原告作品が有するこのうねりが被告作品から感得できるということでしょうかね。

前田：どうでしょうかね。今だったらどうなのか。

上野：そうですね。この判決は非常に短くて、3つの被告マークについて一括して「本件著作物の表現上の特徴を備え、これを見る者をして本件著作物を覚知させる」と判示したわけですが、もし今これが訴訟になったら、裁判所は、この3つを区別した上で、より詳細な検討をするかも知れませんね。もちろん、被告側がどれくらい主張立証するかにもよるのかとは思いますが。

　　　あと、最近は学説上も、類似性について従来よりは厳格な立場が有力に

なっているかと思いますし、一般社会的にも著作権に関する興味・関心が
高まっていますので、これで著作権侵害になるの？　という声もあるかも
知れませんね。

前田：そうですね。

■日野市壁画事件

上野：さて、それでは一番批判の強い日野市壁画事件（【ケース2-11】→146頁
以下）について考えていきたいんですけれども、これは昭和62年の判決
ということで、かなり古いものですよね。まあ、著作権の世界だと、平成
初期の判決でも古いということになるわけですが、先生はこの壁画事件の
判決についてどのようにお考えでしょうか。

前田：この事案で、類似性を肯定するのは、さすがに無理があるんじゃないで
しょうか。

　　　この事案で特徴的なのは、被告は原告に製作を打診したけれども、断ら
れた。断られたんだけれども、勝手に作ってしまって、原告に後からデザ
イン料を振り込もうとしたという経緯を、類似性の判断の中で考慮したと
している点だと思います。

上野：あぁ、そういうことですか。

前田：類似性の判断の中で「後記六に認定の事情を総合考慮すれば」本件壁画
は日野市壁画の変形物に該るものと断ぜざるを得ないとしています。当時
はあまり意識されていなかったと思うんですけれども、当事者間の具体的
経緯を類似性の判断の中に取り込んだことが明示されているように思える
数少ない判決だと思います。他の判決では、本当は考慮しているんじゃな
いかと思われる場合であっても、表面上は考慮ファクターに入れていない
ものが多いと思うんですけれども。

上野：いや、おっしゃるとおりで、非常におもしろいですね。なるほど、ご指
摘のように、判決中「六」のところでは、依拠性を肯定する文脈ではあり
ますが、「原告は昭和55年11月頃被告A窯業の営業部長であるKより
被告館林市長が日野市役所を見て非常に気に入ったので、一度原告を連れ

て来てくれと言われたと告げられ、同行を請われたため、K とともに館林市庁舎の建築事務所を訪れ、同所で被告館林市の企画課長ほか市職員 3 名……らと会い、さらに同市役所会議室において右の者らと壁画製作の下話をしたが、原告としては日野市と同様な作品を製作する意思がなかったのでその旨を述べ、一応考えておくということでその場は別れたが、その後被告らから正式の依頼がなかったため、そのまま放置していたところ、昭和 56 年 7 月に至り、突然 K より館林市の壁画が完成したのでデザイン料として 100 万円を支払いたい旨の電話を受けたが、館林市の壁画については原告としては何もしていないし、同壁画を見てもいなかったため、右申出を断った経緯があった」ことなどの事実が認定されています。そうした事実を類似性を肯定する根拠としても明示的に考慮したように見えるということですね。これを論理的におかしいと断じるのは簡単かとは思うのですが、このような現実があることは、類似性に関する裁判所の判断の実態を客観的に研究するという本書のテーマからすると重要なことですし、また、ひょっとすると、そうした実態に照らすならば、類似性判断においてそうした事実を考慮することは妥当であるという考えもあるかも知れませんので、今後の課題になるかと思います。

　さて、この判決の結論に対しては、やはり地名を表示したタイルを用いた壁画を作るということ自体は、表現ではなくアイディアにすぎないという観点から、そうした壁画を別の地域で作る場合は著作権侵害に当たらないと解すべきだという見解が強いですよね。ちなみに、編集著作物の議論ですと、東京で作った職業別電話帳と同じものを大阪で作った場合、その編集体系が共通するならば著作権侵害に当たるという見解もあります。それはあくまで編集体系が表現に当たり著作物と言えるからだということでしょうかね。

前田：そのとおりと思います。タイルには地名が書いてあるのですよね。書いてある地名は違っているけれども、タイルの並んでいる形が同じであるとか、地名の配列の仕方が似ているというのであれば、職業別電話帳に近づくと思いますが、地名が異なるだけでなく、具体的な配列や形状も違っているのであれば、職業別電話帳と同じ議論はできないんじゃないかなと思

います。

上野：そうですね。原告の壁画は、昔、私のゼミ生が日野市役所まで写真を撮りに行ったりしてたんですけれども、被告の壁画はもうないんですよね。

前田：後からできたほうが、先に建て替えられちゃったんですね。

上野：そうみたいですね。まぁ、この判決は被告に対して撤去命令を出したわけですから、仕方ないかも知れないですね。ただ、もし今これが訴訟になったら、おそらく確実に非侵害と判断されるでしょうね。

前田：だと思いますけれどもね。

■入門漢方医学事件

上野：それでは、最後にブックカバーですけれども、まずは入門漢方医学事件（【ケース2-14】→151頁以下）です。これもおもしろいケースですが、判決は類似性を肯定したんですよね。

前田：はい。これは、私は類似でいいんじゃないかと思ったんですけれども。判決は細かく共通点を挙げて具体的に認定して、この判決文を読むと、たしかに、そこまで共通しているのだったら、じゃあ、類似ですねって私は思ってしまいます。

上野：なるほど。同じような場所に、同じようなものが、同じような配色で存在するというわけですかね。たしかに、同じものが同じ場所にあるということはないかもしれないですし、細かいところではいろいろと違いもあって、例えば、左上の□または○は、原告のものでは上部だけが切れてますが、被告のものでは左部も切れていますよね。あるいは、上下に存在する中心線が、原告のものではそろっているのに対して、被告のほうではそろっていないといった細かい相違点はあるんですけれども、全体としてみれば、翻案・変形の域を出ないということでしょうか。

　ちなみに、この両者は、全体的な配色の点でも似ているという側面があるかと思うんですが、例えば、両者の配色が全然違ったらどうか、とか、被告のものが白黒だったらどうか、といったことが問題になり得るかと思います。これは被告のものが白黒だったとしても非侵害ですかね。

前田：そうなると、たしかにちょっとわからないですね。判決は、原告・被告それぞれの図版の中で縦棒や横棒が同じ色であることなどを指摘していて、それらも考慮ファクターに入れての判断ですから。白黒となると、類似性を肯定する考慮ファクターが少なくなり、結論が異なる可能性があるかも知れませんね。

上野：なるほど。原告の作品ももともと白黒で、被告も白黒だったという場合でも、非侵害ですかね。

前田：かも知れません。

上野：たしかに白黒にすると、あとは形だけになりますからね。形に着目しますと、右上に「サ」みたいなものがあり、右下に「せ」みたいものがあり、さらに、左上から左下までドットのようなものが並んでいる、などと言っても、そうした形だけだったら、そもそも原告作品が著作物性を有すると言えるかも問題になりますが、著作物に当たるとしても、被告作品との類似性は否定されるとすれば、やはり形のみならず、配色というのも、原告作品の創作的表現を基礎づける重要なファクターということですね。

前田：少なくとも一つのファクターでしょうね。

　　　この件では、『入門漢方医学』と『入門歯科東洋医学』で、分野が若干違うと思うんですが、書名はよく似ています。被告本のほうは原告本のシリーズ本のような印象を与えたかったということなんでしょうかね。

上野：あぁ、そうかも知れませんね。特に、原告のものが有名であると、間違って買う人がいるのでしょうから、むしろそれを狙うというのは、ブックカバーではよくある話かも知れませんね。著作権法だけが問題になる事件ではありませんけれども、後ほど触れる『完全自殺マニュアル』や『脱ゴーマニズム宣言』がありますし、あるいは、『やせるおかず 作りおき』や『チャイルド・プア』のように訴訟になっていないけれども、ある種のフリーライド的な事件というのは多数ありますよね。そういう意味では、この入門漢方医学事件もそういったフリーライド的な事件だったのかも知れませんね。ただ、そうしたフリーライド性のようなものを考慮しなくても、類似性は肯定されるべき事案だったということでしょうか。

前田：私は、判決理由で納得してしまったんですが、上野先生はいかがでしょ

うか。

上野：前田先生のお話をうかがっていて、なんか類似性を認めてもいいような
　　　気がしてきました（笑）。

■巻くだけダイエット事件・完全自殺マニュアル事件

上野：ほかにブックカバーの事件としては、巻くだけダイエット事件（【ケース
　　　2-4】→130頁以下）、完全自殺マニュアル事件（【ケース2-5】→131頁以下）
　　　がありますが、これらはいずれも類似性否定でいいんでしょうかね。

前田：この完全自殺マニュアル事件はフリーライド性が顕著なような気がしま
　　　すね。これは完全に意識していますよね。

上野：巻くだけダイエット事件も、ちょっとそうかも知れませんね。

前田：おっしゃるとおりフリーライド性という点ではそうですね。ただ、完全
　　　自殺マニュアル事件のほうが細部まで似ている気がします。

上野：たしかに配色という点でも似ていますね。左右にある「SUICIDE」や
　　　「COMPLETE」という文字のデザインなども。

前田：これはわざとそうしたんでしょうね。マークを十字にするのか卍にする
　　　のかという違いはありますけれども、描き方も似ていますしね。

上野：左右にある棺桶のようなもの（債権者）と墓石（債務者）は、ちょっと
　　　違いがあるように思ったのですが。

前田：たしかにそうですね。ただ、題号を記載した中央の茶色い六角形の部分
　　　の形状や色は非常によく似ていますしね。

上野：あ、ほんとだ。字体も似ていますね。「マニュアル」と「マニア」も音
　　　が近いですね。

前田：ええ。まぁ、違うといえば違いますし、類似だとは言い切れないかもし
　　　れませんが、裁判を起こした債権者の気持ちはよくわかる気がします。

上野：不正競争防止法的には、原告側のものが著名かどうかとか、周知で混同
　　　のおそれがあるかどうかといったことが問題になりますが、書籍の表紙の
　　　場合、なかなか不競法上の請求が認められないので、著作権で主張すると
　　　いうことになるわけですかね。なるほど、これは微妙だったのかも知れま

せん。

前田：原告側書籍のシリーズ本と誤解して買っちゃう人もいるかも知れないと
　　　すれば、不正競争にもならないし、著作権侵害にもならないという結論に
　　　は、なんかちょっと据わりの悪さを私は感じてしまいます。

上野：なるほど。ブックカバーに関しては不競法の事件もかなり多いんですけ
　　　れども、なかなか認められないですし、民法上の不法行為というのも最近
　　　特に頼りない状況ですので、それでいいのかという問題が残るかも知れま
　　　せんね。
　　　　実際の出版界では、先ほどの『やせるおかず　作りおき』などもそうで
　　　すが、こういった問題は結構話し合いで解決しているのが多いのかも知れ
　　　ません。あまり裁判になじまない問題なんでしょうかね。

前田：そうですね。まぁ、でもこれはさすがにやり過ぎでしょうっていう感覚
　　　を持たざるを得ない場合もあるんじゃないかなという気がいたします。

上野：ただ、他方では、『チーズはどこへ消えた？』と『バターはどこへ溶け
　　　た？』が問題になった事件（東京地決平成13年12月19日（平成13年（ヨ）
　　　第22090号））みたいに、ある種パロディ的な性質があるために、そうした
　　　本を出すことも表現の自由の観点から許容されるべきではないのかという
　　　考えもあるかも知れないですね。実際のところ、完全自殺マニュアル事件
　　　でも、債務者は、債務者書籍が債権者書籍をパロディ化することがブラッ
　　　ク・ユーモアとして多くの笑いを誘うのであるから、これはパロディとし
　　　て違法性が阻却されるべきだとの主張も行っていました。

前田：そうですね。完全自殺マニュアル事件の債権者書籍が著名な本で、債務
　　　者書籍がそのパロディとして発行されたものであれば、非類似とする結論
　　　はよくわかります。でも、これはパロディですかねぇ。

上野：たしかに、これはちょっとわからないですね。まあでも、『巻くだけダ
　　　イエット』などはパロディ的な要素はなさそうですね。

前田：債権者の書籍は『完全自殺マニュアル』という書名のとおりの内容だと
　　　して、債務者の書籍は「日本自殺年表人名データベース」ということです
　　　から、自殺した人の名前を列記しているんですかね。そうだとすればパロ
　　　ディではないような気がします。

上野：中身が大きく異なるわけですね。普通に考えれば、本の中身は、表紙の
　　　類似性において考慮されないんでしょうけれども、しかし、本の中身が何
　　　らかの形で考慮されることもあり得るかも知れないということでしょうか
　　　ね。

前田：そうですね。たしかに、本の中身と表紙の類似性は別の問題ですね。と
　　　はいえ、中身と表紙とは一つの商品を構成しているために、特に不正競争
　　　的な要素がからむ場合には、微妙な影響が生じる余地はあるのではないで
　　　しょうか。チーズの事件のようにパロディ的なものである場合には、需要
　　　者からみても、本家とは異なるもの、むしろ本家と対立するものとして受
　　　け取られると思います。本家と同じもの、あるいはそのシリーズ本と受け
　　　られるとパロディにはなりませんからね。そのことから、パロディ本の表
　　　紙の場合には、シリーズ本と受け取られるようなフリーライド性の高い本
　　　の表紙と比較して、類似性が否定されやすいという傾向になるのかも知れ
　　　ません。

上野：なるほど。たしかに『バターはどこへ溶けた？』という本は、世界的に
　　　大ヒットした『チーズはどこへ消えた？』に対するアンチテーゼ的な側面
　　　があるようですので、よりパロディ的と言えそうですね。これに対して、
　　　完全自殺マニュアル事件のほうは、そもそも債権者の本がどれぐらい著名
　　　だったかもよくわからないですよね。

前田：もともとみんな知っていて、それでおもしろがっているというものなん
　　　でしょうかね。上野先生は、この事件では類似性が認められないと。

上野：そうですね。そう思っていました。イメージは似ているのですが、具体
　　　的に描かれているものがちょっと違いましたので。

前田：そうですね。たしかに、お墓と棺桶が違うというところが……。

上野：あとはまあ「卍」のところも違いますし、もともと十字の形自体は創作
　　　的というわけでもないというところもありますしね。あと、債権者のほう
　　　は、中央の茶色い六角形の部分も、左右にあるものと同様に棺桶の形にな
　　　っているんですが、これもまあ基本的な図形の一つと言えるかも知れませ
　　　んよね。ただ、この六角形は、よく見ると上辺よりも下辺のほうが少し短
　　　くなっていて、しかもその点で両者は共通性があるなあ……などと考えだ

すと、だんだん似ているようにも見えてきました（笑）。

前田：たしかに、著作権法上の類似性は難しい問題で、なんか釈然としないものが残るという気がいたします。

上野：なるほど。そうするとやはり、問題の本質はフリーライドというか不競法に近いもの言うべきなんですかね。だとしますと、そうしたフリーライドについては一定の場合に不競法が適用されるのだから、著作権法が侵害にしなくてもいいだろうという考えもあるかも知れませんね。

前田：あ、そうかも知れませんね。ただ不競法では、表紙デザインの商品等表示性だとか、周知性だとか、原告にとっては別のハードルがあるのでしょう。

上野：他方、巻くだけダイエット事件の方は、原告被告共にピンク系のバンドを巻いた女性の背中の写真が用いられていますが、これはやはり単にアイディアが共通するだけだということでしょうかね。

前田：こちらのほうは、まず視覚的に、画像として違うように思います。

上野：なるほど。写真自体についても相違点がありますし、また文字の配置なども違いが大きいですものね。

第3章 書・文字

I 判例の概観

上野　達弘・前田　哲男

1 総説

　書の分野においても、「創作的表現」の共通性があって初めて類似性が肯定されるため、抽象的な「アイディア」が共通するだけでは類似性が肯定されず（アイディア／表現二分論）、また、「創作性」のない表現が共通するだけでは類似性が肯定されない（→第1編第1章）。

　いわゆる書風というのは抽象的なアイディアであると考えられるため、書の世界においても、書風が共通するだけでは類似性が肯定されない。

　また、書というのはあくまで文字を表現するものであり、文字自体は所与のものであって、書家が作り出したものではないのであるから、その限りで表現の選択の幅には制約があると考えられる。ただ、書においても、筆で文字を書く以上、文字や書体の選択、文字の形、線の太さ、方向、大きさ、全体の配置、文字と余白の構成、墨の濃淡と潤渇、運筆の緩急と抑揚、墨色の冴えと変化、筆の勢いなど、様々な点で表現の選択の幅があり、そのような点で、創作性を発揮し得る。したがって、たとえアマチュアが書いた書であっても、結果として、著作物性自体は肯定されることが多いであろう。

　とはいえ、特に楷書に近い形で文字を書く書の場合、基本的には、創作性は低い場合が多いと考えられよう[1]。そのような場合、あまりにも緩やかに類似性を肯定してしまうと、他のクリエイタが選択しうる表現の幅が狭くなってしまいかねない。そのため、そのような書について著作物性を肯定するとしても、

---

[1]　なお、ここにいう創作性とは著作権法上の概念であり、いわゆる芸術性と同じではない。

他人が当該書をそのままデッドコピーする場合には類似性が肯定され、著作権侵害に当たる一方で、当該書を見ながら書き直した場合には、たとえ結果的にほぼ同じような書ができあがったとしても、類似性は否定され、著作権侵害に当たらないものと解されよう。実際のところ、書に関する裁判例では、類似性を否定したものが多い。

　なお、書と言われるもの以外にも、文字をもとにした視覚的表現として、ロゴマーク、タイプフェイス（印刷用書体）などがある。これらの場合、文字というものの制約や実用性が影響するせいか、そもそも著作物性が否定されることが多い。したがって、そうした裁判例では類似性について判断されていないのであるが、その結論に異論のあり得るものも含まれているため、本章では、そうした文字をもとにした視覚的表現で著作物性が否定されたケースもあわせて紹介する。

2　裁判例

(1)　類似性を否定した裁判例

【ケース3-1】動書「鶴」事件[2][3]

　本件は、「動書」と呼ばれる書風で知られる書家である原告が、被告らの作成使用する「横山整骨院」やスナック「鶴」の看板が、原告書籍『動書』について原告が有する著作権の侵害に当たるとして損害賠償を請求した事案である。

　裁判所は、原告作品について「本件書は、原告がその思想又は感情を創作的に表現したものであって、美術の範囲に属する書としての著作物であると認めることができる」と述べ、「文字自体の字体は、本来、著作物性を有するものではなく、したがってまた、これに特定人の独占的排他的権利が認められるものではなく、更に、書の字体は、同一人が書したものであっても、多くの異なったものとなりうるのであるから、単にこれと類似するからといって、その範囲にまで独占的な権利を認めるとすれば、その範囲は広範に及び、文字自体の

---

2)　東京地判平成元年11月10日無体裁集21巻3号845頁〔動書「鶴」事件〕。

3)　評釈として、角田政芳「書の著作物性とその複製権の範囲——動書事件」『平成2年度重要判例解説』245頁（1991年）、飯島久雄「書——動書書体事件」著作権判例百選〔第2版〕36頁。

字体に著作物性を認め、これにかかる権利を認めるに等しいことになるおそれがあるものといわざるをえない。したがって、書については、単にその字体に類似するからといって、そのことから直ちに書を複製したものということはできない、と解すべきである」とした上で、両者を比較して「一見して明らかな相違があるか、せいぜい字体が単に類似するにすぎないもの」と判示して、類似性を否定した。

　このケースでは、たしかに両者は一見すると似ているようにも見えるが、それは書風の共通性にとどまるという観点から類似性が否定されたと考えられよう[4]。

原告　　　　　　被告　　　　　　　　　　原告　　　　　　被告

【ケース3-2】デザイン書体「趣」事件 [5][6]

　本件は、商業書道作家である原告が、被告の販売するCD-ROM「Free Art Pro　カリグラフィイラスト」に収録された「趣」「華」という文字が、原告書籍『商業書道を拓く』『上坂祥元の商業書道』に収録した装飾文字について

---

4)　田村善之『著作権法概説〔第2版〕』（有斐閣、2001年）97頁以下は、本事件の「鶴」については、「被告自身が動書を参考にしたと自認しているだけに相対的に類似度が増している。とはいうものの、原告の書の『鶴』字体、未だに一般の文字の域を逸脱したものではなく、榊莫山先生の書した『土』や『女』のような独創的な書に比べれば、創作的な表現という点でやはり低度のものといわざるを得ない。このような書に対してⅡの被告の『鶴』程度の類似度で著作権侵害と認められてしまうと、習字の指導や展覧会の開催に支障が生じよう」とする。

5)　大阪地判平成11年9月21日判時1732号137頁〔デザイン書体「趣」事件〕。

6)　評釈として、田上麻衣子「デザイン書体の著作物性〔装飾文字「趣」事件〕」著作権判例百選〔第5版〕40頁、満田重昭「書道デザイン――商業書道デザイン書体事件」著作権判例百選〔第3版〕34頁。

原告が有する著作権の侵害に当たると主張して、差止・損害賠償を請求した事案である。

　裁判所は、原告作品について「書又はこれと同視できるほどに、これを見る平均的一般人の審美感を満足させる程度の美的創作性を有しており、かつ、それに著作権による保護を与えても、人間社会の情報伝達手段として自由な利用に供されるべき文字の本質を害しないものと認めることができるから、美術の著作物に該当する」とした上で、「文字自体は、情報伝達手段として、万人の共有財産とされるべきところ、文字は当該文字固有の字体によって識別されるものであるから、同じ文字であれば、その字形が似ていてもある意味では当然である。したがって、書又はこれと同視できる創作的表現として、著作物性が認められるといっても、独占排他的な保護が認められる範囲は狭いのであって、著作物を複写しあるいは極めて類似している場合のみに、著作権の複製権を侵害するというべき」と述べ、両者を比較して、「いずれも単に字体や書風が類似しているにすぎず、字体の細部のほか、筆の勢い、運筆、墨の濃淡、かすれ具合等で一見明らかな相違点を随所に認めることができる」と判示して、類似性を否定した。

　このような書については、ほぼデッドコピーの場合（判決のいう「著作物を複写しあるいは極めて類似している場合」）に限って類似性が肯定されるものと考えられよう。

原告　　　　　被告

【ケース 3-3】雪月花事件 [7) 8)]

　本件は、書家である原告が、被告らの作成配付した照明器具カタログにおいて、原告作品が写り込んだ写真が掲載されたことが原告の有する著作権の侵害に当たるとして、損害賠償を請求した事案である。このケースでは、原告作品が被告カタログにおいて写り込んでいることはたしかであるが、例えば「雪月花」という原告作品（約 70〜80 cm×約 60 cm）の場合、そのサイズは被告カタログにおいて約 20 mm×約 15 mm というサイズになっており、そこに原告作品の創作的表現が残っているかどうかが問題となった。

　裁判所は、「書は、本来的には情報伝達という実用的機能を担うものとして特定人の独占が許されない文字を素材として成り立っているという性格上、文字の基本的な形（字体、書体）による表現上の制約を伴うことは否定することができず、書として表現されているとしても、その字体や書体そのものに著作物性を見いだすことは一般的には困難であるから、書の著作物としての本質的な特徴、すなわち思想、感情の創作的な表現部分は、字体や書体のほか、これに付け加えられた書に特有の上記の美的要素に求めざるを得ない。……書を写真により再製した場合に、その行為が美術の著作物としての書の複製に当たるといえるためには、一般人の通常の注意力を基準とした上、当該書の写真において、上記表現形式を通じ、単に字体や書体が再現されているにとどまらず、文字の形の独創性、線の美しさと微妙さ、文字群と余白の構成美、運筆の緩急と抑揚、墨色の冴えと変化、筆の勢いといった上記の美的要素を直接感得することができる程度に再現がされていることを要するものというべきである」とした上で、「以上のような限定された範囲での再現しかされていない本件各カタログ中の本件各作品部分を一般人が通常の注意力をもって見た場合に、これを通じて、本件各作品が本来有していると考えられる線の美しさと微妙さ、運筆の緩急と抑揚、墨色の冴えと変化、筆の勢いといった美的要素を直接感得することは困難であるといわざるを得ない」と判示して、類似性を否定した。

　このケースは、被告がカタログを制作するために照明器具を被写体として撮

---

　7)　東京高判平成 14 年 2 月 18 日判時 1786 号 136 頁〔雪月花事件：控訴審〕。

　8)　評釈として、大野聖二「類似性 (3) ——書〔雪月花事件：控訴審〕」著作権判例百選〔第 5 版〕112 頁、石井美緒「書の類似性〔雪月花事件：控訴審〕」著作権判例百選〔第 6 版〕108 頁。

影した際に、原告作品が写り込んだとも考えられ、現在であれば、著作権法30条の2［付随対象著作物の利用］の適用を受ける余地もあるが、特に、写り込んだ著作物が書であり、その創作的表現が、文字それ自体ではなく、その書き方において発揮されると考えられるため、たとえ被告カタログにおいて原告作品の文字が読めるとしても、そこに原告作品の創作的表現が残っているとは言えないと判断されたものと言えよう。

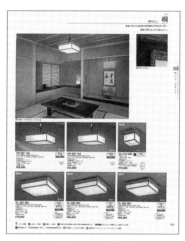

被告カタログ（抄）9)

（拡大図）

(2)　類似性を肯定した裁判例

【ケース3-4】動書「私の散歩道」事件 10)

　本件は、「動書」で知られる書家が被告財団が出版する出版物『東京　私の散歩道』等に用いられた文字が、原告の有する著作権の侵害に当たると主張して、損害賠償を請求した事案である。

　裁判所は、「東京編に使用されている別紙第二目録記載の各文字及び続東京編に使用されている別紙第四目録記載の各文字が、動書中に掲載されている本

---

9)　被告カタログ『あかり物語 Lighting Stories House Lighting Catalogue 1997-1998』（9年カタログ）363頁より。

10)　東京地判昭和60年10月30日無体裁集17巻3号520頁〔動書「私の散歩道」事件〕。

件書を複製したものであることは、原告と被告会社との間においては争いがなく、原告と被告財団との間においては前掲各証拠及び証人Ｓの証言によりこれを認めることができる。また、……によれば、名古屋編に使用されている別紙第三目録記載の各文字は、本件書中のそれと極めてよく類似しており、本件書の複製物であると認めることができ、右認定を覆すに足りる証拠はない」と判示して、類似性を肯定した。

　このケースでは、東京編については、被告も、原告の「本件書を複製したものであることは認める」としており、これは被告が原告書籍に掲載された動書を１文字ずつデッドコピーしたものと解され11)、そうであれば、類似性は肯定されて然るべきであろう。他方、名古屋編については、デッドコピーではないようであるにもかかわらず、判決は、個別具体的な検討をすることなく類似性を肯定しているため、この点は検討の余地があろう12)。ただ、本判決を含めて古い裁判例には、複数の対象物の一部に明らかな侵害があると、それ以外の部分について必ずしも個別的に検討することなく全てについて類似性を肯定する傾向があるようにも思われる。

原告　　　　　　被告（東京編）13)　　　　　原告　　　　　被告（名古屋編）14)

11)　なお、本書に掲載した原告作品は、筆者が、原告書籍（檀琢哉『動書』〔日本デザイン会、1972年〕）から１文字ずつ集めてきて並べたものである。

12)　田村・前掲注4) 98頁は、本事件の「『山』あたりが限界線上の事例であるといえよう」とする。

(3)　著作物性を否定した裁判例

　書・文字に関わるケースでは、著作物の類似性が問題となる以前に、著作物性が否定されたものが多くある。

【ケース 3-5】シャトー勝沼事件 [15]

　本件は、被告から依頼されて看板を作成した原告（広告宣伝を業とする会社）が、被告において契約終了後も当該看板が使用されていることが著作権侵害に当たるとして損害賠償を請求した事案である。

　裁判所は、「本件図柄は、あくまでも広告看板用のものであり、実用に供され、あるいは、産業上利用される応用美術の範ちゅうに属するというべきものであるところ、応用美術であることから当然に著作物性が否定されるものではないが、応用美術に著作物性を認めるためには、客観的外形的に観察して見る者の審美的要素に働きかける創作性があり、純粋美術と同視し得る程度のものでなければならないと解するのが相当である」と述べて、応用美術に関する一般論を示した上で、文字部分については、第一審判決（東京地判平成 25 年 6 月 5 日（平成 24 年（ワ）第 9468 号））を引用して、「上記文字のうち、『シャトー勝沼』部分は、文字の太さや端部の形状に変化を持たせた、毛筆体に近い書体で描かれているものであるということができる。しかし、文字は情報伝達という実用的機能を有することをその本質というべきものであるから、文字の書体に著作物としての保護を与えるべき創作性を認めることは一般的には困難であり、当該書体のデザイン的要素が、見る者に特別な美的感興を呼び起こすに足りる程度の美的創作性を備えているような例外的場合に限り、創作性を認め得るにとどまるものというべきところ、本件図柄における『シャトー勝沼』の文字が、上記程度の美的創作性を有するものとは認められない。また、上記文字のうち、『ワイナリー／工場見学』部分は、丸ゴシック体で描かれているものであり、上記程度の美的創作性を認めることのできないものであることは明らかである」などと判示して、著作物性を否定した。

---

13)　『東京 私の散歩道』（東海財団、1980 年）12 頁より。

14)　『名古屋 私の散歩道』（東海財団、1981 年）24 頁より。

15)　知財高判平成 25 年 12 月 17 日（平成 25 年（ネ）第 10057 号）〔シャトー勝沼事件：控訴審〕。

　本判決は、本件看板を「応用美術」と位置づけた上で、特に文字部分については、「見る者に特別な美的感興を呼び起こすに足りる程度の美的創作性を備えているような例外的場合」でなければ著作物性を認めない立場のようである。ただ、同じ筆で書いた文字であっても、看板のために書く場合と、書として書く場合とで結論が異なることが妥当かどうか問題となる。また、応用美術の著作物性をめぐっては、最近、新しい裁判例の展開があり[16]、これに従うならば、少なくとも二次元（平面）のデザインについては、通常の創作性があれば著作物性が認められることになるようにも思われる。そのように考えると、本件についても、「シャトー勝沼」の文字部分が筆で書かれたものであるならば、著作物性は肯定されてもよいように思われる[17]。

本件図柄

---

16)　知財高判平成 27 年 4 月 14 日判時 2267 号 91 頁〔TRIPP TRAPP 事件：控訴審〕（「高い創作性の有無の判断基準を設定することは相当とはいえず、個別具体的に、作成者の個性が発揮されているか否か」を問題にする）、知財高判平成 26 年 8 月 28 日判時 2238 号 91 頁〔ファッションショー事件：控訴審〕（「実用目的に必要な構成と分離して、美的鑑賞の対象となる美的特性を備えている部分を把握できる」かどうかを問題にする）。

17)　また、ワイングラスのデザイン部分を含めて考えれば、著作物性はより肯定されやすいと考えられよう。なお、神戸地判昭和 54 年 4 月 27 日判タ 392 号 158 頁〔名産昆布椎茸事件〕も、「名産昆布椎茸」と表示した化粧箱に、海、岩山、松数本を描き、その上部に毛筆文字で「昆布椎茸」「名産」と書いたものについて、「本件化粧箱に表示された前記デザインは思想、感情を表現したものには該当しないから、これを以て著作権法の上著作物であるということは出来ない」と判示したものがあるが、中山信弘『著作権法〔第 3 版〕』（有斐閣、2020 年）57 頁注 28 も、「判決文を読む限りでは、著作物性を認めてもよかったような事例のように思える（ただし権利の幅すなわち保護範囲は狭いであろう）」とする。

【ケース 3-6】かつ～ん事件 [18]

本件は、飲食店の経営等を行う原告会社が、その元取締役であった被告が使用する串かつ店の標章について商標権侵害等を理由とする損害賠償を請求した事案である。このケースでは、被告が、原告商標2は被告が有する著作権と牴触するとする抗弁（商標法29条）を行ったことから、原告商標2の著作物性が問題となった。

裁判所は、「原告商標2のロゴは、『かつ～ん』の文字を毛筆体に変形し『か』の字を大きくしたものと、その背景に『〇』の中に『串』の字を朱色で記載したマークを配したものである。同ロゴは、商標として使用することが予定された実用的・機能的なロゴであること、上記の文字やマークはそれぞれありふれたものとみられることからすると、その実用的機能を離れて創作性は認められないから、著作権法上の著作物には当たらず、これについて著作権は発生しないというべきである」と判示して、上記抗弁を認めず、商標権侵害等を認めた。

本判決も、原告商標2が「商標として使用することが予定された実用的・機能的なロゴであること」を考慮して、「その実用的機能を離れて創作性は認められない」という理由で著作物性を否定しているが、もしこのロゴが筆で書かれたものであるならば、著作物性が肯定されてよいように思われる。

原告商標2　　　　　　　　　　　　　被告商標

【ケース 3-7】アサックス事件 [19][20]

本件は、原告（控訴人）が、被告（被控訴人）の使用するロゴマークが不正

---

18)　東京地判平成28年4月18日（平成25年（ワ）第20031号）〔かつ～ん事件〕。

19)　東京高判平成8年1月25日判時1568号119頁〔アサックス事件：控訴審〕。

20)　評釈として、長塚真琴「ロゴマークの著作物性〔「Asahi」ロゴマーク事件：控訴審〕」著作権判例百選〔第5版〕42頁（本判決を妥当とする）。

競争防止法違反に当たると共に、著作権侵害に当たるとして差止めを請求した事案である。このケースにおいて、原告は、原告ロゴマークは知的・文化的精神活動の所産として著作物に該当し、被告ロゴのうち「Asa」および「A」の部分は、原告ロゴマークの「Asa」および「A」と細部にわたって一致すると主張した。

　裁判所は、「言語を表記するのに用いる符号である文字は、他の文字と区別される特徴的な字体をそれぞれ有しているが、書体は、この字体を基礎として一定の様式、特徴等により形成された文字の表現形態である。いわゆるデザイン書体も文字の字体を基礎として、これにデザインを施したものであるところ、文字は万人共有の文化的財産ともいうべきものであり、また、本来的には情報伝達という実用的機能を有するものであるから、文字の字体を基礎として含むデザイン書体の表現形態に著作権としての保護を与えるべき創作性を認めることは、一般的には困難であると考えられる。仮に、デザイン書体に著作物性を認め得る場合があるとしても、それは、当該書体のデザイン的要素が『美術』の著作物と同視し得るような美的創作性を感得できる場合に限られることは当然である」という一般論を示した上で、「右ロゴマークは欧文字『Asahi』について、『A』、『a』、『h』、『i』の各文字における垂直の縦線を太い線で表し、その上下の辺を右上がり44度の傾斜とし、『A』、『s』、『a』、『h』の各文字における傾斜線を細い線で表し、その傾斜を右上がり44度とし、『A』、『s』の各文字の細い傾斜の先端にあるはねを三角形状となし、その右上がり傾斜辺を44度とするといったデザインを施した点に特徴があり……、また、『A』の書体は他の文字に比べてデザイン的な工夫が凝らされたものとは認められるが、右程度のデザイン的要素の付加によって美的創作性を感得することはできず、右ロゴマークを著作物と認めることはできない」と判示して、著作物性を否定した。

　本判決も、このようなロゴマークについては、応用美術に準じて、「書体のデザイン的要素が『美術』の著作物と同視し得るような美的創作性を感得できる場合に限られる」という立場を前提にしている。ただ、ロゴマークというのは、家具や電化製品などの実用品とは異なり、意匠法との重複保護が問題となることはないため、通常の応用美術と同様に考えるのが妥当かどうか問題とな

る。もちろん、文字をもとにした表現であり、かつ、それが容易に読める形であるためには、表現の選択の幅が制約される結果、創作性が認められにくいのはたしかであろう。ただ、そのような意味での通常の創作性以上に、何らかの高い創作性あるいは「美的創作性」が求められるとすれば、検討の余地があるように思われる。

原告ロゴマーク　　　　　　　　　　被告ロゴマーク

【ケース3-8】住友建機株式会社ロゴ事件 21)

本件は、原告が、被告から依頼を受けて制作したロゴマークが使用料を支払わずに使用されていると主張し、それが著作物であることを前提として使用料を請求した事案である。

本件ロゴ

裁判所は、「本件で著作物性が問題となっている文字の書体についていえば、文字は万人共有の文化的財産であり、もともと情報伝達という実用的機能を有することをその本質とするものであるから、そのような文字そのものと分かち難く結びついている文字の書体も、その表現形態に著作物としての保護を与えるべき創作性を認めることは、一般的には困難であって、仮に、デザイン書体に著作物性を認め得る場合があるとしても、それは、当該書体のデザイン的要素が、見る者に特別な美的感興を呼び起こすに足りる程の美的創作性を備えているような、例外的場合に限られるというべきである」という一般論を述べた上で、「本件ロゴは、角ゴチック体と丸ゴチック体を適宜組み合せ、文字の太さ等を工夫することにより、力強い

---

21)　東京地判平成12年9月28日判時1731号111頁〔住友建機株式会社ロゴ事件〕。

イメージや安定感を表現し、被告の会社名を表現したものである。本件ロゴを
子細に検討すると、特に文字の右端を丸くしている点など、一般の書体には見
られない特徴を有していることが認められるが、他方、親会社である住友重機
の社名ロゴ（別紙二）と対比すると、これを基本に、同様なイメージを表現し
たものであって、美術としての格別の創作性を有するものではなく、見る者に
特別な美的感興を呼び起こすような程度には到底達していないといわなければ
ならない。右によれば、本件ロゴをもって、著作物と認めることはできない。
……著作物性の有無については、対象物自体を客観的に観察することによって
判断されるべきであり、本件ロゴの制作過程として原告の主張する事情は、本
件ロゴの著作物性の判断に影響しないというべきである」と判示して、著作物
性を否定した。

　本判決も、ロゴの著作物性については、「当該書体のデザイン的要素が、見
る者に特別な美的感興を呼び起こすに足りる程の美的創作性を備えているよう
な、例外的場合に限られる」という立場をとっているが、「特別な美的感興」
という高いハードルを要求する根拠については検討の余地があろう。

【ケース3-9】ゴナU事件 [22][23]

　本件は、単体のロゴではなく、一組の印刷用書体（タイプフェイス）の制作・
販売等を業とする会社同士の訴訟であり、原告が、被告の製造販売する被告タ
イプフェイス「新ゴシック体」が原告タイプフェイス「ゴナU」が原告の有
する著作権の侵害に当たると主張して差止・損害賠償を請求した事案である。

---

22)　最判平成12年9月7日民集54巻7号2481頁〔ゴナU事件：上告審〕。
23)　評釈として、小橋馨「印刷用書体の著作物性」判時1749号216頁（2001年）、大家重夫「タ
　イプフェイスの著作物性――印刷用書体ゴナU事件」『平成12年度重要判例解説』（有斐閣、
　2001年）276頁、板倉集一「タイプフェイスの著作物性の要件」知財管理52巻2号199頁
　（2002年）、高林龍「印刷用書体の著作物性」判タ1096号148頁（2002年）、高部眞規子「印刷
　用書体の著作物性」『最高裁判所判例解説民事篇平成12年度』（法曹会、2003年）831頁、佐藤
　恵太「デザイン書体――ゴナ書体事件」著作権判例百選〔第3版〕30頁、大橋正春「タイプフ
　ェイスの著作物性〔ゴナ書体事件：上告審〕」著作権判例百選〔第4版〕38頁、野一色勲「『ゴ
　ナU』最高裁判決の再検討」法時85巻4号96頁（2013年）、増田雅史「タイプフェイスの著作
　物性〔ゴナ書体事件：上告審〕」著作権判例百選〔第5版〕38頁、泉克幸「書体の著作物性〔ゴ
　ナU事件：上告審〕」著作権判例百選〔第6版〕20頁。

　裁判所は、「印刷用書体がここにいう著作物に該当するというためには、それが従来の印刷用書体に比して顕著な特徴を有するといった独創性を備えることが必要であり、かつ、それ自体が美術鑑賞の対象となり得る美的特性を備えていなければならないと解するのが相当である」という一般論を示した上で、「上告人書体……は、従来から印刷用の書体として用いられていた種々のゴシック体を基礎とし、それを発展させたものであって、『従来のゴシック体にはない斬新でグラフィカルな感覚のデザインとする』とはいうものの、『文字本来の機能である美しさ、読みやすさを持ち、奇をてらわない素直な書体とする』という構想の下に制作され、従来からあるゴシック体のデザインから大きく外れるものではない、というのである。右事情の下においては、上告人書体が、前記の独創性及び美的特性を備えているということはできず、これが著作権法2条1項1号所定の著作物に当たるということはできない」として、著作物性を否定した。

　このケースは、一組のタイプフェイスの著作物性が問題となったものであるが、最高裁が、「従来の印刷用書体に比して顕著な特徴を有するといった独創性」および「それ自体が美術鑑賞の対象となり得る美的特性」を要求していることから、実際に著作物性が肯定されるタイプフェイスというのは、かなり装飾的なものに限られるようにも思われる。ただ、タイプフェイスについては、これを保護する特別立法もなく、また、他の法律による保護の可能性も限られるため、上記のような解釈が妥当かどうか、また、何らかの立法論が必要かどうか課題となり得よう。

原告タイプフェイス　　　　　　　　　　被告タイプフェイス

【ケース 3-10】 INTERCEPTER 事件 [24) 25)]

　本件は、広告制作やグラフィックデザイン等を業とする会社である原告が、被告が配給上映した映画の予告編やパンフレット等に本件タイプフェイスの一部の文字を無断で利用したことが原告の有する著作権の侵害に当たると主張して、損害賠償を請求した事案である。

　裁判所は、ゴナ U 事件の最高裁判決（【ケース 3-9】）に沿った上で、「本件タイプフェイスにおける『シ』、『ッ』、及び濁点の各文字については、2 つの点をアルファベットの『U』の字に繋げた形状にしている点において従来のタイプフェイスにはない特徴を一応有しているということはできる。しかしながら、2 つの点が繋げられた形状のタイプフェイス……の存在を考慮すれば、顕著な特徴を有するといった独創性を備えているとまでは認めがたい。……以上からすれば、本件タイプフェイスが、前記の独創性を備えているということはできないし、また、それ自体が美術鑑賞の対象となり得る美的特性を備えているということもできないから、著作物に当たると認めることはできない」と判示して、著作物性を否定した。

　本件タイプフェイスは、特に「ザジズゼゾ」における濁点が、アルファベットの「U」のような形態になっており、この点は特徴的なものと言えよう。本判決も、この点について「従来のタイプフェイスにはない特徴を一応有して」いると評価してはいるものの、結論として「顕著な特徴を有するといった独創性を備えているとまでは認めがたい」として著作物性を否定した。その妥当性についても検討の余地はあるが、最高裁判決のいう「従来の印刷用書体に比して顕著な特徴を有するといった独創性」を考える上で参考になるケースと言えよう。

---

24)　東京地判平成 31 年 2 月 28 日判時 2429 号 66 頁〔INTERCEPTER 事件〕。他に、タイプフェイスの著作物を否定したものとして、東京高判昭和 58 年 4 月 26 日無体裁集 15 巻 1 号 340 頁〔ヤギ・ボールド事件：控訴審〕も参照。

25)　評釈として、園部正人「インターセプター事件」著作権研究 46 号 166 頁（2020 年）。

アイウエオ
カキクケコガギグゲゴ
サンスセソザンズゼソ
タチツテトダヂヅデド
ナニヌネノ
ハヒフヘホバビブベボ
パピプペポ
マミムメモヤユヨ
ラリルレロワヲン

本件タイプフェイス

(4)　複製主体に当たらないことを理由に侵害を否定した裁判例

　書に関する裁判例の中には、類似性が問題になり得る事案であるにもかかわらず、判決が類似性や著作物性に触れることなく、被告が複製主体に当たらないことを理由に請求を棄却したものもある。

【ケース 3-11】動書「佳扇」事件 26)

　本件は、動書で知られる書家である原告が、被告の経営による和風料理店「佳扇」において展示されている被告看板「佳扇」の文字が原告の有する著作権の侵害に当たるとして損害賠償を請求した事案である。

　裁判所は、「被告は、本件看板の制作には関与しておらず、既に制作され、被告店舗に設置された本件看板の引渡しを受けたにすぎないものであり、したがって、被告が本件書を複製したものと認めることはできない」と判示して、原告の請求を棄却した。

　本件は、被告が、もともと東京都内の料亭に勤めていた頃、銀座に見つけた空店舗で小料理屋を開店することを得意客の訴外 T に相談したところ、開店を応援する旨快諾を受け、訴外 T の申出により、店名の命名、小料理屋の開店に必要な店舗内外装の工事等一切を同人に委ねることになり、その後、この

---

26)　東京地判昭和 63 年 8 月 29 日判時 1286 号 141 頁〔動書「佳扇」事件〕。

工事は訴外Tの関係する会社およびその下請業者によって行われ、また、店名も訴外Tによって「佳扇」と命名され、さらに、同工事が完了するまでには本件看板も作成されて被告店舗に設置されたという事案であった。そのため、裁判所も被告は複製の主体でないということを理由に請求を棄却しやすかったものと考えられる。ただ、仮に被告が複製主体に当たると認められた場合、原告作品と被告看板とはデッドコピーではないようであることから、類似性は否定されたとも考えられようが、両者はかなり似ているようにも見えるため、なお議論の余地はあり得よう。

目録（一）　目録（二）　目録（三）

原告作品　　　　　　　　　　　　被告看板

【ケース3-12】動書「華」事件 [27]

　本件は、原告が被告に対して複製権侵害を主張した事案である。被告が花屋の本店で設置していた看板は、訴外会社に制作を依頼したものであり、その際、被告は、看板の内容について、花屋であることと会社名を示すために、「花いけだ」の4文字とするよう注文し、文字の字体やデザインはすべて同訴外会社に任せ、その後、できあがった本件看板をそのまま本店ビルに設置していた。

　裁判所は、「被告は、本件看板の制作には関与しておらず、既に制作された

27）　東京地判平成元年11月10日（昭和62年（ワ）第1136号）〔動書「華」事件〕。

本件看板の引渡しを受けてこれを設置したにすぎないものであり、したがつて、被告が本件書を複製したものと認めることはできない」と判示して、原告の請求を棄却した。

　本件は、動書「鶴」事件（【ケース3-1】）から分離して審理された事件のようであるが[28]、本判決は、被告が複製主体に当たらないとして請求を棄却したものである。したがって、類似性については判断が示されていないが、そもそも事案の詳細が明らかでなく、原告被告の書も不詳である。

---

28)　LEX／DB 文献番号 27808904 における「要旨」参照。

II 対談的検討

上　野　達　弘・前　田　哲　男

■書では、類似性を否定されたケースが多い？

上野：書の類似性が問題になった裁判例では、動書「鶴」事件（【ケース3-1】
→194頁以下）やデザイン書体「趣」事件（【ケース3-2】→195頁以下）のよ
うに、類似性を否定したものが非常に多いように思います。そうしますと、
書というのは、もはやデッドコピーの場合しか著作権侵害とならないと考
えていいのでしょうかね。

前田：まず、動書「鶴」事件では、1文字のみを取り出していると言いますか、
1文字によって構成される著作物なんですよね。たしかに1文字の書道作
品もありますけれども、「雪月花」のような、文字の配置や余白を含めた
全体的構成などの創作性がもともとない著作物です。そのような著作物で
も、書体、墨のかすれ具合、筆の勢いといった創作性を基礎づける要素は
もちろんありますけれども、複数の文字によって構成される書に比べると
その要素は少なくなります。そして、その要素の中で書体の比重が相対的
に高くなり、書体自体には高い創作性を認めづらいことから、結果的に類
似範囲がかなり狭くなっているということがあるのかなと思います。

上野：なるほど。そうしますと、同じ書でも、1文字だけの作品ではなく、例
えば3文字とか4文字とか、複数の文字で構成された作品であれば、1文
字の書き方においてのみならず、複数の文字の位置関係や余白などにおい
ても創作性が発揮される余地があるのだから、その場合は、ひょっとした
らデッドコピーでなくても類似性が肯定されるかも知れないということで
すね？

前田：そう思います。文字の位置関係、余白を含めた全体的構成、文字相互の
バランスだとか、それから、場合によっては書く文字の選択、そういった
点も共通していることにより、デッドコピーでなくても類似性が肯定され

ることがあると思います。しかし、動書事件では、そういったことが問題となり得ないですね。「東山荘かいわい」は、パッと見に私は誤解してしまいそうになるのですが、原告が「東山かいわい」と書いているわけじゃないんですよね。

上野：そうなんですよ。動書「私の散歩道」事件（【ケース3-4】→198 頁以下）で、原告側のものとして掲載したのは、もともと原告の『動書』という書籍では 1 文字ずつバラバラに掲載されているものを、私が並べたものなのです。

前田：しかもたくさんの文字が掲載されていて、その中から「東」「山」「荘」「か」「い」「わ」を取り出して、こういうふうに並べたのですよね。

上野：はい。原告書籍には 3000 文字以上が掲載されていますので、探してくるのはなかなか大変だったんですよ。それで、原告のものとして左側に掲載しているのは、私が被告のものと同じ様子になるように並べたというわけなんです。

前田：ああ、そういうことですか。ありがとうございます。

　　　もし「東山荘かいわい」と、原告がこういう配置で書いたものがあって、被告がそれに依拠して作成したのなら侵害かなという気がするんですけども、実際は、原告は 1 文字、1 文字を書き、「東」という字、「山」という字、「荘」という字、それからひらがなが、原告書籍の中で散在しているわけですよね。文字をこのように配置したのは被告であり、ここでは上野先生であって、原告が配置したわけではない。そこが類似性判断に影響するのかなあという気がして。あと、動書事件で看板がありますよね。

上野：同じく動書が問題になった動書「佳扇」事件（【ケース3-11】→208 頁以下）ですね。

前田：これも同じで、あたかも原告が「佳扇」と書いたように誤解をしてしまいそうなのですが、目録（一）と目録（二）とは、実際は同書籍の中の別の箇所にそれぞれあるんですよね。ですから、そのあたりが影響しているのかなというふうに思います。

上野：そのとおりかも知れませんね。たしかに、動書というのは、1 文字ごとに複写使用されることを想定したものでしたので、やや実用品的な側面が

あると言いましょうか、言ってみればタイプフェイスみたいなものだった
のかも知れませんね。

前田：そうですね。これはタイプフェイス的に作られ、かつ、タイプフェイス
　　　的に売られていたんですよね。

上野：この本には限定 1000 部発行ということで函にも「製本番号」という限
　　　定番号が記載されていて、所有者はこれを登録した上で、文字を使用した
　　　い場合は個別に承諾をもらうということになっていたみたいですね [1]。

前田：ええ、そう書いてある一方、すごく高いから自由に使っていいと思った
　　　という被告側の主張もありましたね。

■ 1 文字の場合における創作性の捉え方

上野：このように、書の場合、1 文字をバラバラで書いた作品と、複数の文字
　　　をセットで書いた作品とでは、類似性の判断が異なってくるということで
　　　すかね。ただ、1 文字だけの作品でも、さすがにデッドコピーであれば著
　　　作権侵害が肯定されるほどの創作性は通常認められると考えてよいのでし
　　　ょうかね。

前田：デッドコピーであれば 1 文字だけの作品でも侵害になると思います。な
　　　お、デザイン書体「趣」事件（【ケース 3-2】→195 頁以下）では、「趣」の
　　　方は 1 文字で一つの作品のようですが、「華」は、原告が作った「雪華亭」
　　　という店舗のロゴの 1 文字ということのようです。ロゴの中の「華」とい
　　　う 1 文字を取り出しているんですよね。被告の方は、たくさんの文字を収
　　　録している CD-ROM ですが、その中で、この「趣」と「華」が似ていた。
　　　イラストのマンション読本事件（【ケース 1-6】→61 頁以下）で問題となり
　　　ましたけれども、いろいろなものの中から原告が似ているものをピックア
　　　ップしているんですね。とはいえ、このような場合でもデッドコピーであ
　　　れば侵害になったのではないかと思います。

---

[1]　同書籍においては、「約 3200 の文字をフリーコピー制にして、複写使用してよいことにした」
　　との記載がある一方、その場合は、書類を提出し、「著者の承諾書が発行されたものに限り、無
　　料で使用してよいことにする」とも記載されている（10 頁）。

上野：なるほど。そうするとやはり、書というのは、複数の文字によってある程度まとまりのある作品でないとなかなか類似性が肯定されにくく、1文字だけの作品については、完全にデッドコピーの場合しか類似性は肯定されないということでしょうかね。

前田：やはり、各文字の大きさや配置の仕方、相互関係とか、余白を含めた全体的構成という要素がなくなってきてしまうので。あとは、書体や墨の濃淡・かすれ具合、筆の勢いはあるでしょうけれども、書体そのものにはなかなか創作性を認めづらいように思います。

上野：なるほど。そうしますと、動書「私の散歩道」事件（【ケース3-4】→198頁以下）の東京編の方はデッドコピーなので、1文字ずつ単体でも類似性を肯定してよいかと思うのですが、名古屋編の「東山荘かいわい」はデッドコピーではないですよね。ところが、判決は名古屋編についても類似性を肯定しています。この点についてはいかがでしょうか。

前田：「東山かいわい」については、たしかに1文字ずつにばらして観察しても、特に「東」は似ているような印象を受けますが、原告の書以外にも、似たような書体の「東」はあるのかも知れません。仮に被告が、似たような書体が他にもあると主張立証した場合には、「東」についても非類似になる可能性はあるように思います。なお「荘」は、かなり形が違うように思います。

■手書き原稿や写経の著作物性

上野：ところで、著作権法上の創作性というのは、その人なりの個性が現れていればよく、独創性や芸術性を要するものではありませんので、人が筆で文字を書いたという場合には、それがたとえ拙いものであっても、通常、創作性は肯定されると思うのですけれども、では、筆ではない筆記具で文字を書いた場合にも、同じようにその人の個性が出るのでしょうかね。例えば、ペンで書いたとか、鉛筆で書いたとか、そういった場合にも著作物性は認められるのでしょうか。

前田：たしか、上野先生も執筆者のお一人である『著作権法入門〔第3版〕』

のなかで、有名小説家の手書き生原稿が美的鑑賞の対象とされることもあり、美術の著作物としての側面が利用されているので、展示権の対象となるという記述があったと思います[2]。個人的には、手書き原稿が美術の著作物なのかなあと疑問を感じますが、どうでしょうか。原稿というのは、書いている人は、文字の美しさを皆さんに見せようと思って書いているわけではなくて、活字を組む人に対して、あるいは編集者に対して、自分の言いたいこと、書きたいことを伝える手段として手書きしているものであり、まさに文字の本来的な実用機能、すなわち意思伝達という実用機能を果たす手段として原稿の文字を書いていると思います。そのような場合、それが美術の著作物の創作に当たるのだろうかと。

上野：そうしますと、外形的には同じものが作出されたとしても、それを生み出した者の意図によって著作物に当たるかどうかが変わり得るということでしょうかね。

前田：そういう可能性があると思います。本来、原稿の文字を書くことは、編集者なり活字を組む方に対して伝えるという実用機能を目的としているけれども、その実用機能から分離して、美しさを感得させる要素があれば、それは美術の著作物として評価し得るかも知れないということでしょうか。

上野：ただ、著名な作家さんが残された自筆原稿の中には、なかなか味のある筆跡・筆致で書かれたものもあるような気がするのですが、たとえ味はあっても、それが出版社に内容を伝えるという目的で書かれたのであれば、結果として著作物性が否定されることになるのでしょうかね。

前田：すごく味があれば、それは出版社に内容を伝えるという本来の機能から分離して、あるいはその機能を捨象して考えて、ここが応用美術的な考え方かも知れないのですが、美術の著作物として評価し得るような鑑賞性が認められる、そういう原稿もあるのかも知れないですね。

上野：かなり応用美術と似た議論になってきますね。そうしますと、出版社に内容を伝える原稿の場合、その筆跡が著作物と認められるためには、通常の創作性の具備のみならず、「高い創作性」ではないけれども、美的鑑賞

---

2)　島並良＝上野達弘＝横山久芳『著作権法入門〔第 3 版〕』（有斐閣、2021 年）162 頁［島並］。

性のようなものが必要になるということかも知れませんね。

　では、例えば、写経などはどうでしょう。写経は、誰かに内容を伝えるというような実用的な機能を目的としたものではないかと思うんですけど、仮にこれを筆ではなく、鉛筆で書いたという場合、著作物性は認められますでしょうか。

前田：どうでしょうか。写経の場合は、自らの心を落ち着かせるという、書くこと自体に実用的な意味があるのかも知れませんが、それはともかく他人に美しさを感得させることも目的の一つとして書かれていたり、あるいは、自らの心を落ち着かせるために書いたものであっても、文字の美しさの鑑賞の対象となり得るものであれば、それは筆じゃなくても、ペンでも鉛筆でも美術の著作物になり得るように思います。ただ、鉛筆の場合は、筆の勢いだとか、墨の濃淡だとか、かすれ具合だとか、そういったところが出てこないですが。しかし、硬筆の書道だってあるわけですからね。

■実用目的だが、筆で書かれているという場合

上野：そうしますと、シャトー勝沼事件（【ケース3-5】→200頁以下）と関係してきますよね。この事件は、ワイナリーの看板が問題になったもので、「ワイナリー／工場見学」とも書かれていますし、いわば実用的な目的で書かれているとも言えそうです。「シャトー勝沼」という部分も同じかと思いますが、しかしこの部分は、おそらく筆で書かれていますよね。判決は、「見る者に特別な美的感興を呼び起こすに足りる程度の美的創作性」がないとして著作物性を否定していますが、ここでも「広告看板用のもの」であるということが考慮されているようです。この点についてはいかがでしょうか。

前田：私は、この判決はすごく腑に落ちるように思います。やはり、広告看板としての実用機能を果たすために書かれている。そして、もし文字の形状が、動書事件のような特殊な書体だったら美術の著作物になり得ると思うのですが、これは普通に書いているだけのような気がします。毛筆状のデジタルフォントもたくさんありますけれども、そのようなものではないで

しょうか。

上野：おお、そうですか。ただ、これはデジタルフォントを用いて看板を作ったというわけではなく、手書きで書いたものではあるんですよね。

前田：そうですね。でも、これは古来、看板屋さんがよく書く書体。看板屋さんに汎用されている書体のような気がします。

上野：なるほど。ただ、一般論としては、人が筆で文字を書けば、たとえ素人が書いた拙いものであっても、あるいは、子どもが書いた書き初めのようなものであっても、著作物性は肯定されて、少なくとも無断デッドコピーの場合は著作権侵害になるわけですよね。しかも、先ほどのお話では、1文字ではなく、2文字以上の文字を組み合わせた作品の場合、文字の位置関係や余白についても創作性が発揮される結果、類似性が肯定されやすくなる、というお考えだったかと思うわけですけれども、この「シャトー勝沼」というのは、まさに複数の文字を筆で書いたものですよね。しかし、「シャトー勝沼」は広告看板を作るという目的で書かれたのだから著作物性が否定されるということになりますと、結果物として全く同じものを人が生み出したとしても、創作目的という主観的な事情によって著作物性の有無が変わってくるということになってしまうのでしょうか？

前田：鋭い指摘にヘナヘナとなりそうですが、私としては、そう考えざるを得ないのではないかと思います。文字フォントの問題と応用美術の問題は同じで、いずれも、本来の実用機能と、それ自体の美しさという両面を持つというものなのですよね。ですから、応用美術をどのように考えるかということの見解の相違が、この「シャトー勝沼」の文字部分の評価にも影響してくるのではないでしょうか。

上野：なるほど。ただ、応用美術をめぐる最近の議論では、アメリカの影響もあって、いわゆる分離可能性説が一つの有力説になっていますよね。これに従いますと、三次元の作品と二次元の作品が区別され、二次元の作品の場合、そのデザインは機能や目的の影響をあまり受けないために著作物性が認められる傾向が強いように思います。この「シャトー勝沼」も二次元ですので、分離可能性説の立場に従ったとしても、この看板については著作物性を認めてよいという人も少なくないのではないでしょうかね。

前田：たしかに、二次元のものでは、機能によって制約を受ける部分が少なくて自由度が広く、Ｔシャツにデザインを描くのと同じだということかも知れないですね。ただ、やはり「シャトー勝沼」の広告看板である以上、当然わかりやすく、車を運転している人からもパッと目について、「シャトー勝沼」という名前のワイナリーがあって、工場を見学できることを印象づける・伝えるという実用目的があるので、それによる制約があるように思います。たしかに自由度は広いけれども、その実用目的から分離して、美的鑑賞の対象となるようなものであることが、やはり必要なんじゃないかなと思います。

上野：なるほど。そうですか。

前田：もう一つ、そう考えるべき必要があると思う理由として、例えば「シャトー勝沼」でドラマの撮影をする場合に、あるいは、「シャトー勝沼」をタレントさんが訪問してそこで工場を見学するというような街歩き番組を撮影する場合に、看板を映すでしょうね。その際に、看板の著作権者を探して、許諾をとらなきゃいけないのかと。

上野：では先生、仮にこの「シャトー勝沼」が、もともと書道作品として書かれたものであって、その後、看板に使われたという場合は、著作物性は認められることになるのでしょうか。

前田：これはドラえもんの形をした目覚まし時計が著作物だと言わざるを得ないのと同じことと思います。また、猪熊画伯が描いたものだから三越の包装紙は著作物であると言わざるを得ないというのと同じような現象が生じるのではないでしょうか。

上野：そうですか。たしかに、三越の包装紙として使われていた猪熊弦一郎の「華ひらく」については、起草者（加戸守行）も、それが「鑑賞用の意図で創作した」のであれば著作物性を否定しがたいと述べているように読めますが3)、あれはもともと包装紙のデザインを作って欲しいという依頼に

---

3)　加戸守行『著作権法逐条講義〔六訂新版〕』（著作権情報センター、2013 年）70 頁は、これが文化庁に著作権登録されていることについて、「猪熊画伯が『まさに鑑賞用の意図で創作したものである』とおっしゃれば反駁のしようがないといったような判断があったのだろうと思います」とする。

基づいて作られたようですよね⁴⁾。いずれにいたしましても、結果物としての絵が同じであるにもかかわらず、実用目的で描いた場合と鑑賞目的で描いた場合とでは異なり、最初の創作意図によって著作物性があったりなかったりするのはおかしいのではないか、という問題がよく指摘されるところではあります。

前田：そうですね。おっしゃるとおり、創作者の本当の意味での内心の意思によって変わるというのはおかしいと思います。できたもの自体から、あるいは創作過程を含めてもよいかも知れませんが、客観的に認識できる目的、ということになると思います。

上野：なるほど。そうしますと、問題になるのは現実の主観的な目的というわけではないということですか。

前田：はい。この看板を描いた方も、もしかしたら私のこの文字の美しさを世の中の人に訴えたいという内心の意思を持って描いたのかも知れない。その内心の意思を創作者の方が裁判所で証言したとして、その証言に真実味があるから、これは著作物だねということになるのは、さすがにおかしい気がいたします。本当に純粋な内心の意思じゃなくて、この看板から、客観的に認識し得る創作者の意図がどういうものかで区別するしかないのではないかなと。

上野：そうですか。まあしかし、この「シャトー勝沼」という部分だけを見ると、それがもともと書道作品として書かれたのか、それとも広告看板目的に書かれたのかという点は、この看板を客観的に観察しても厳密には確定できないような気もするのですが、とにかく難しい問題ですね。

■ロゴマークに著作物性を認めることがもたらす影響

上野：同じようなことはロゴマークでも問題になりますね。この「シャトー勝沼」でも、上の「ワイナリー／工場見学」という文字は筆で書かれたものではありませんし、ただのフォントのようですから、結論として著作物性

---

4)　https://mitsukoshi.mistore.jp/sogogift/wrapping/index.html

フジサンケイグループの
ロゴマーク

は否定されますよね。ただ、アサックス事件（【ケース3-7】→202頁以下）の「Asahi」は、もちろん筆で書いたわけではないかと思いますが、それなりに工夫されていますよね。ただ、この文字を生み出すときの目的があくまでロゴマークを作ることだった場合、もはや著作物性が肯定される余地はないということになるのでしょうか。

前田：ロゴマークにはいろんなものがあって、手描き的、イラスト的なロゴマークは最近増えていると思うのですが……。フジサンケイグループのロゴマークもありますが、あれは文字じゃないですね。著作物性否定例としてはポパイ・ネクタイ事件一審判決5)がありますが、これはあくまで文字ですね。

上野：なるほど、著作物性が肯定されるロゴマークもあるということでしょうかね。そうしますと、「シャトー勝沼」は著作物性がないけれども、例えば、筆で書かれたロゴマークで鑑賞性があるようなものであれば著作物性が肯定され得るということでしょうかね。

前田：筆で書かれたロゴマークのほうが著作物性は肯定されやすいと思います。もっとも、社名や商品名を文字により伝えるものについては、鑑賞性が認められにくいように思います。

上野：なるほど。ただ、筆で書いたのではないけれども、それと同じくらい凝ったロゴマークというのもあるような気がするんですよね。先ほどの「Asahi」はそれなりに凝っていたのではないかとも思うのですが、いかがでしょうか。

前田：どうなんですかねえ。ただ、ロゴマークに広く著作物性が認められてしまうと、さっきの問題が出てくるんですよね。つまり、ロゴマークは日常の身の回りに存在し、看板あるいは商品の外観などに多用されるものなので、これが著作物になると、いろいろな意味で混乱が生じるように思います。もし46条を類推適用していいのであれば状況は変わるかも知れない

---

5)　東京地判平成2年2月19日判時1343号3頁〔ポパイ・ネクタイ事件：第一審〕。

のですけれども。別の会社が似たようなロゴを作るなど、不正競争的な要素があるものについては、著作物性が広く認められても実害はないのだと思いますが、例えば、個人がアサヒの缶ビール飲みながら、「アサヒの缶ビール、美味しかったよ」みたいな写真を撮ってアップした場合に、それも侵害なのかという問題が生じるように思います。

上野：ただ、写り込み規定（著作権法30条の2）が、令和2年改正［令和2年法律第48号］によって拡充されましたよね。したがって、例えば、風景の中に看板のロゴマークが写り込んだという場合であれば、この写り込み規定が適用されると思いますが、他方で、この規定は、ある対象に「付随して対象となる」場合に適用されるものですから、その対象を主たる被写体とする意図がある場合は適用されません。ですから、例えば、アサヒビールの会社に取材に行きましたということで看板を写したり、これがアサヒビールの看板ですと言いながら写したりしてしまうと、そのロゴマークが主たる被写体に当たるとされ、写り込み規定が適用されないかも知れません。やはりこういうことがあるから、こうしたロゴマークに著作物性を認めると弊害が大きいということでしょうかね。

前田：ええ。おっしゃるとおりと思います。また、アサヒ対キリンというような記事は、よく見かけると思うのですが、アサヒ VS キリンでシェア争いをやっていますという記事を書く際に、ロゴマークを使うことが多いような気がするのですが、著作物性を広く認めると、それを引用でセーフにする必要が出てくる。アサヒ対キリンのシェア争いを報道したい時に、アサヒのロゴマークの美しさを批評、論評するつもりは全くないけれども、引用として認められるかどうかという問題が出てきます。あるいは、アサヒビールを批判する際にロゴマークを使うときにも同様の問題が生じます。

上野：たしかに、ロゴマーク自体を論評しているわけではなく、そのロゴマークが象徴している会社を論評しているという時でも、適法引用（著作権法32条1項）に当たり得るかという問題はあるかも知れませんね。ただ、引用の対象全てを直接論評しなければだめだというのでは、適法引用に当たる場合がかなり限定的になってしまいますので、この点はある程度、緩やかに解釈するのが一般的かと思います。

前田：そうですね。ただ、ロゴマークを著作物として認める場合に、写り込み
　　　規定や引用で常に救えるかを細かに検討してみる必要があって、著作物性
　　　を広く認めてしまうと弊害が起きる可能性はあるのかなと思います。そう
　　　したことへの配慮もあって、特に文字自体や文字をロゴにしたものについ
　　　ては、著作物性が厳しめに見られているということかなぁと考えたりして
　　　おります。

■タイプフェイスの著作物性

上野：ロゴマークとも関係するものとして、最後の論点は、タイプフェイスで
　　　す。タイプフェイスについてはゴナU事件（【ケース3-9】→205頁以下）の
　　　最高裁判決があるのですが、この事件では、そもそも著作物性が否定され
　　　ていますので、判決では類似性が問題になりませんでした。もし、類似性
　　　が問題になっていたら、「う」とか「え」とかの上の線が、どちら向きに
　　　反っているかが異なるといった話になって、類似性についてもおもしろい
　　　事件になったかも知れません。ちなみに、ゴナUの場合、やはり1文字
　　　だけでは著作物性がなく、またこのように大量の文字がセットになっても
　　　著作物性はないと考えるしかないでしょうかね？
前田：たしかに、一つ一つ個別にみた場合には創作性ありといえるハードルを
　　　越えられなくても、セットとして、総和してみればそのハードルを越えら
　　　れるという現象は、一般論として生じ得ると思います。しかし、やはり実
　　　用的なものですからね。独創性という言葉がここでは使われていますよね。
　　　顕著な特徴を有するといった独創性という、普通は著作権法の中では出て
　　　こない概念がここでは出てくることには、やはり理由があって、文字その
　　　ものは、意思や事実を伝えるためのツールであって万人が自由に使えるよ
　　　うにすべきものであり、そのような文字の形状に著作物性を認めるために
　　　は、何か特別な要素がないといけないということなのではないでしょうか。
上野：なるほど。先ほどの「Asahi」みたいにロゴマークであれば、仮に著作
　　　物性を認めても、写り込みのような問題を解決できるとしても、書体・タ
　　　イプフェイスについては、やはり印刷物に使われるということを考慮する

と、著作物性を認めることの弊害が大きいということかも知れませんね。ただ、その「独創性」についてですが、ゴナ U はともかく、INTER-CEPTER 事件（【ケース 3-10】→207 頁以下）でも独創性は否定されているんですよね。

前田：このタイプフェイスの形状はかなり特殊ですよね。

上野：特に「ザジズゼゾ」のような濁点が、アルファベットの「U」みたいになっていて、判決も、この点において「従来のタイプフェイスにはない特徴を一応有して」いるといってるんですよね。

前田：そうですね。ただ、ポパイや先ほどのアサヒのロゴマークでも著作物性がないということから考えると、これも著作物性がないのかも知れないですね。

上野：まあ、ロゴマークに関する昔の判決は、応用美術の議論の影響もあってか結論として著作物性を否定するものが多いのですが、ただ、それを捨象して現時点で INTERCEPTER の著作物性を考えると、ちょっとお悩みになる事案ということでしょうか。

前田：ええ。普通、濁点を U の字に書かないですよね。ただ、最高裁判決がありますから、それを前提とすると、これも顕著な特徴を有する独創性があるというわけにはいかなかったということですかね。

上野：最高裁のいう「顕著な特徴を有するといった独創性」もなく、また「美術鑑賞の対象となり得る美的特性」もないということですかね。

前田：最高裁判決は、「顕著な特徴を有するといった独創性を備えること」かつ「それ自体が美術鑑賞の対象となり得る美的特性を備えていなければならない」ですものね。後者の要件はどうでしょうか。うーん。

上野：いや、先生がお悩みになっているということ自体、私にとっては非常に興味深いです。先ほど、手書きの文字でも著作物性が認められる場合があるというお話でしたが、例えば、人気芸能人に全ての文字を手書きで書いてもらって、これをまとめてフォントとして販売したら結構売れるんじゃないかと思ったりもするんですけど、その場合、それがタイプフェイスとして作成されたものでも著作物性が認められる場合があるんじゃないでしょうかね。だとすると、手書きではなくて、機械を用いて作ったタイプフ

ェイスは著作物性が認められにくいことになるのでしょうかね。

前田：たしかに機械で作ったというのは一つの要素かもしれないのですけれど
　　も、機械で作ったから著作物性を認める余地がないというわけでもないよ
　　うな気がします。

上野：いや、そうなんですよ。著作物性の判断においては、人間が創作的に表
　　現したかどうかが問題になる以上、その手段や道具を問題にしてはいけな
　　いはずなんですけど、手書きか機械かというのが影響してきそうですよね。

前田：手書きというのは、ものすごく無限の可能性がある中で一つの形ができ
　　ているといえます。筆跡鑑定ができるということは、同じようなものとい
　　うのはなかなかできないからだと思うんですね。それに対して、機械で作
　　ったものについては、似たようなものが出てくる可能性が手書きに比べる
　　と高いということでしょうか。

上野：なるほど。そうかも知れません。いずれにしても、書については、類似
　　性の問題以前に、どうしても著作物性の話になってしまいますね。

■裁判所における判断の傾向

上野：最後に、もう一度、動書「私の散歩道」事件（【ケース 3-4】→198 頁以
　　下）について触れたいのですが、あの事件では、デッドコピーだった東京
　　編のみならず、デッドコピーではない名古屋編についても類似性が肯定さ
　　れていますよね。しかし、先ほども議論させていただきましたように、
　　「東山荘かいわい」について類似性を肯定することには異論があり得たは
　　ずです。ただ、どうも昔の裁判例には、一部に明らかにデッドコピーがあ
　　ると、なんといいましょうか被告は悪い人だみたいな印象になって、あま
　　り細かく個別的な検討をせずに、全部侵害を認めてしまうみたいな傾向が
　　あったようにも思われるところです。これに対して、最近の裁判例は、イ
　　ラストのところでもお話しましたように（第1章）、例えば、猫のTシャ
　　ツが問題になった眠り猫事件【ケース 1-19】→86 頁以下）でも、イラスト
　　ごとに、これは侵害、これは非侵害と細かく判断しているような気がいた
　　します。それは被疑侵害者である被告側が十分な主張立証をしていないと

いうことになるんでしょうかね。

前田：でしょうね。あの事件で、東京編と名古屋編とでは、被告は同じでしたっけ？

上野：はい、そうですね。

前田：被告は同じで、東京編と名古屋編の違いなんですね。

上野：そうなんですよ。被告も、東京編についてはデッドコピーを認めているようなんですが、名古屋編の方は書き直したというのであれば、もっとそれを具体的に主張しないと、裁判所の方も個別的な検討をしないということなのでしょうかね。特に昔の判決って短いものが多いじゃないですか。例えば、動書「私の散歩道」事件の判決も、問題となるはずの名古屋編の類似性については、「名古屋編に使用されている別紙第三目録記載の各文字は、本件書中のそれと極めてよく類似しており、本件書の複製物であると認めることができ、右認定を覆すに足りる証拠はない」と述べただけです。たしかに、東京編についてはデッドコピーですから、原告の許諾があったと認められない以上、被告による著作権侵害があるのだから、あとは事実上、損害賠償の額が問題になるだけでしょ、という感じなのでしょうかね。

前田：そうですね。先生から教えていただいた経緯から、私は祇園祭写真事件（【ケース4-14】→252頁以下）の判決を連想してしまいました。最初に原告写真をそのまま使って抗議を受けたから、原告とのトラブルを避けるために、写真ではなく、それを水彩画に描き直してポスターを制作することにしたという事案です。水彩画のほうは翻案権侵害かどうか微妙と思うのですが、このような経緯ですと水彩画のほうも侵害になりやすい気がします。動書「私の散歩道」事件でも、東京編ではデッドコピーし、名古屋編を作る時には、それはちょっとまずいから変えようとしても、一蓮托生で侵害ということになりやすいのかも知れませんね。

上野：なるほど。いささか情緒的な判断のようにも思えますが、現実の裁判実務では、そういうことがあるのかも知れませんね。ただ、理論的に考えれば、当初はデッドコピーに近かったけれども少しずつ離れた結果かなり異なるものになった場合と、最初からその異なるものを作っていた場合とで、

　　類似性の判断が異なってよいのかという問題は残るように思いますが。

前田：たしかにその問題はありますね。

上野：また、写真（第4章）に関するケースですけど、みずみずしいすいか事件（【ケース4-13】→249頁以下）で、控訴審判決は、被告側が原告作品を参考にしたと発言したかどうかという点について控訴審判決がかなり詳しく論じた上で、「被控訴人Bは、20日の時点では、本件写真を参考にしたことを認めていたのに、その後、何らかの理由で、これを否定するようになった」と述べていて、控訴審判決が原判決を取り消して著作権侵害を認めた背景には、そのような訴訟中の経緯で裁判官の心証を悪くしたことが影響したという見方もあるようですが、現実にはそういったことが類似性判断に影響することもあり得るのでしょうかね。

前田：イラストの章でも申し上げましたけれども、類似範囲というのは客観的・確定的にブライトラインで決まっているものではなくて、ぼやっとした幅のある概念であって、どちらにも転び得る領域がある。その中でどちらに転ぶかの判断は、不正競争的な要素だとか、常識的に被告の行動はひどいだろうという評価を受ける要素があれば、それによって影響を受けるのではないかと思います。しかし、いくら不正競争的要素が顕著だからといって、著作権法的に考えた時におよそ類似していないものを類似していると強引に言うべきでないのはもちろんです。もともと類似かどうかが微妙で、どちらとも決めかねる領域というのがどうしても残ってしまい、その領域の中では、どっちに転ぶかの判断には、そういう諸要素が考慮される。そういうことは、ある意味、著作権事件に限らず、どのような訴訟事件でも起こり得る当然のことじゃないかなと感じています。

上野：なるほど。実におもしろいです。この本は理論的な側面と実務的な側面の両面から裁判例を分析するというコンセプトですので、そのような観点からも非常に興味深くお聞きしました。

第4章　写　真

I　判例の概観

上　野　達　弘

1　総　説

　写真というのは、機械を用いて作られる著作物である。また写真とは、何らかの被写体を撮影するものである。その意味で、絵画や彫刻のように、基本的には人間の手のみによって作られ、必ずしも被写体を要しないものと比べるならば、写真は表現の選択の幅が基本的に狭いと考えられる。したがって、写真は、相対的には創作性が低いと判断されることが多く、その場合は、類似性も認められにくいことになろう。

　とはいえ、写真においても、被写体の選択・組合せ・配置、構図・カメラアングルの設定、シャッターチャンスの捕捉、被写体と光線との関係、陰影の付け方、色彩の配合、部分の強調・省略、背景など、様々な点で表現の選択の幅があり、そこに創作性を発揮し得る。従来の裁判例においても、一方で、平面の絵画を正面から撮影した写真については、一律に創作性が否定されるものの[1]、他方で、三次元の立体物を撮影した写真については、構図やアングルなどにおいて表現の選択の幅があることから結果として創作性が肯定されるのが一般的である[2]。

---

[1]　東京地判平成 10 年 11 月 30 日知財裁集 30 巻 4 号 956 頁〔「版画藝術」事件〕参照。

[2]　東京地判平成 31 年 4 月 17 日（平成 31 年（ワ）第 2413 号）〔夜景 INFO 事件〕、東京地判平成 27 年 12 月 7 日（平成 27 年（ワ）第 4090 号）〔東京フォト事件〕、東京地判平成 27 年 1 月 29 日判時 2249 号 86 頁〔IKEA 事件〕（平面に近いと思われる「マット等をほぼ真上から撮影したもの」についても、「生地の質感が看取できるよう撮影方法に工夫が凝らされている」として著作物性を肯定）、東京地判平成 20 年 6 月 26 日（平成 19 年（ワ）第 17832 号）〔リフレティックス事件〕、知財高判平成 18 年 3 月 29 日判タ 1234 号 295 頁〔スメルゲット事件：控訴審〕、東京

　もちろん、カメラには、ほぼすべて自動化されているものから、極めて詳細な設定が可能なものまで様々なものがあり、それによって創作性の高低も変わり得ようが、たとえスマホで何気なく撮影した風景写真であっても、被写体が立体物である以上、少なくとも構図やアングルには創作性が認められ、著作物性自体は肯定されることが多いであろう。

　ただ、特に風景写真のようなものの場合、被写体自体は所与のものであり、撮影者が作り出したわけではない以上、どのように被写体を撮影するかという点に限って創作性が発揮されることにならざるを得ないため、基本的には、創作性は低い場合が多いと考えられよう。例えば、国会議事堂を正門から撮影した写真の場合、著作物性は肯定されるものの、創作性は低いと考えられるため、他人が当該写真そのものをスキャンするなどデッドコピーする場合には著作権侵害に当たる一方で、これに依拠した別の人が同じ国会議事堂を同じ場所から同じ角度や構図で撮影し直して、結果的に、ほぼ同じような写真ができあがったとしても、類似性は否定されるものと解されよう。

　ただ、そのような風景写真のみならず、被写体に関する工夫が認められる写真についてどのように考えるべきかという点は問題になる。従来の裁判例においては、被写体を考慮に入れつつ類似性を肯定したものが散見されるのみならず、写真に基づいて水彩画や日本画に仕立てたケースで類似性を肯定したものも見られる。さらには、近時、立体物を撮影した写真について著作物性を否定する裁判例も見られる。こうした裁判例の結論をめぐっては諸説あるところであり、検討すべき課題と言えよう。

　地判平成 11 年 3 月 26 日判時 1694 号 142 頁〔イルカ写真事件〕、仙台高判平成 9 年 1 月 30 日知財裁集 29 巻 1 号 89 頁〔石垣写真事件〕、福岡高判平成 8 年 5 月 23 日（平成 7 年（ネ）第 782 号・第 1029 号）〔PC ギ木販売用カタログ事件：控訴審〕（第一審判決〔福岡地小倉支判平成 7 年 7 月 20 日（平成 5 年（ワ）第 313 号）〕引用部分）、長崎地判平成 4 年 7 月 22 日判例地方自治 106 号 45 頁〔「活き活き長崎」事件〕、東京地判昭和 62 年 7 月 10 日判時 1248 号 120 頁〔真田広之ブロマイド事件〕参照。

2　裁判例

⑴　類似性を否定した裁判例

【ケース 4-1】廃墟写真事件 [3][4]

　本件は、『棄景』等の書籍に廃墟を被写体とする写真を掲載した写真家である原告が、被告の書籍『廃墟遊戯』『廃墟漂流』等において被告写真を掲載したことに対して、原告の著作権および著作者人格権の侵害あるいは名誉毀損に当たるなどと主張して、差止・損害賠償等を請求した事案である。

　裁判所は、原告作品は、「本件の原告写真 1～5 は、被写体が既存の廃墟建造物であって、撮影者が意図的に被写体を配置したり、撮影対象物を自ら付加したものでないから、撮影対象自体をもって表現上の本質的な特徴があるとすることはできず、撮影時季、撮影角度、色合い、画角などの表現手法に、表現上の本質的な特徴があると予想される」と述べた上で、両者を比較して、原告写真 2 については、「両者とも、栃木県足尾町に所在する足尾銅山付近の通洞発電所跡（建物外観）を撮影したものであり、建物右下方向からの撮影であって構図の点では近似している。しかし、撮影対象が現に存在する建物跡であることからすると、たとえ構図において似ていても、写真において表現されている全体としての印象が異なっていれば、一方が他方の翻案に該当するものと認めることはできない。撮影時季が違うことは、特に原告写真 2 でセピア色の中で白色に特徴付けられて写真左下に写っているすすきが、建物の色感覚をそのまま撮影したであろうと印象付けられる被告写真 2 にはなく、その位置に緑色の植物が写っていることから明らかである。これらの印象の違いと撮影物の違いにかんがみると、被告写真 2 が原告写真 2 の翻案に当たるということはできない」などと判示して、類似性を否定した。

　このケースで問題となったのは、廃墟を被写体とする写真である。まず、あ

---

3)　知財高判平成 23 年 5 月 10 日判タ 1372 号 222 頁〔廃墟写真事件：控訴審〕。

4)　評釈として、谷川和幸「同一の廃墟を被写体として撮影された廃墟写真について翻案権侵害が否定された事例」知的財産法政策学研究 39 号 343 頁（2012 年）、山神清和「写真の類似性〔廃墟写真事件〕」著作権判例百選〔第 6 版〕110 頁参照。第一審判決に関する評釈として、谷川和幸「廃墟写真について翻案権侵害の成否が問題となった事例」L＆T 52 号 98 頁（2011 年）参照。

る廃墟を選んで写真に撮るというのはアイディアに過ぎず、この点が共通する
だけでは創作的表現の共通性とは言えないため、類似性は肯定されない。その
上で、その廃墟をどのように撮影するかという点に関する創作的表現が共通す
れば類似性が肯定される。ただ、既存の物を被写体とした風景写真の場合、被
写体自体は所与のものである以上、先述のように、一般に創作性は低いと解さ
れる結果、類似性も肯定されにくいと考えられよう。むしろ、既存の建物を被
写体とした風景写真について、これを別人が撮影しても類似性が肯定される場
合があり得るかどうか検討の余地があろう。

原告写真1[5)]　　　　　　　　　　　被告写真1[6)]

原告写真2[7)]　　　　　　　　　　　被告写真2[8)]

---

5)　丸田祥三『棄景——廃墟への旅』（宝島社、1993年）17〜18頁より。

6)　小林伸一郎『廃墟遊戯』（メディアファクトリー、1998年）16頁より。

7)　切通理作＝丸田祥三『日本風景論』（春秋社、2000年）316〜317頁より。

8)　小林伸一郎『廃墟をゆく』（二見書房、2002）31頁より。

【ケース4-2】コーヒーを飲む男性事件 9) 10)

本件は、本件写真素材「コーヒーを飲む男性」を含む計75点の写真素材を収録した写真素材集CD「Makunouchi 043 Christmas Couple」を販売している原告が、被告がインターネット検索で見つけた本件写真素材のサンプル画像を参照してイラストを作成し、同人誌イベントに出品する小説同人誌の裏表紙に掲載して同イベントで50冊を販売したことが著作権侵害に当たると主張して、損害賠償を請求した事案である。

　裁判所は、原告写真について、「本件写真素材の表現上の本質的特徴は、被写体の配置や構図、被写体と光線の関係、色彩の配合、被写体と背景のコントラスト等の総合的な表現に認められる」とした上で、「本件イラストは、本件写真素材の総合的表現全体における表現上の本質的特徴（被写体と光線の関係、色彩の配合、被写体と背景のコントラスト等）を備えているとはいえず、本件イラストは、本件写真素材の表現上の本質的な特徴を直接感得させるものとはいえない」と判示して、類似性を否定した。

　このケースは、原告写真をイラスト化する過程で省略されている部分も大きく、これによって写真の創作的表現は消失していると言えるように思われることから、類似性を否定した判断は妥当と考えられよう。

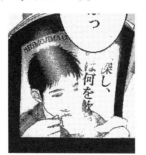

本件写真素材（原告）　　　　　　本件イラスト（被告）

9)　東京地判平成30年3月29日判時2387号121頁〔コーヒーを飲む男性事件〕。

10)　評釈として、松田俊治＝田島弘基「写真を基にして描いたイラストの著作権侵害該当性」NBL 1136号85頁（2018年）、本山雅弘「人物写真のイラスト化と複製・翻案の成否」新・判例解説Watch 27号243頁（2020年）参照。

【ケース 4-3】カーテン商品カタログ事件 [11] [12]

　本件は、広告デザイン業を営む原告が、カーテン用副資材等を製造販売する訴外 P 社から依頼を受けて商品写真等を掲載した商品カタログを制作していたところ、同様にカーテン用副資材等の製造販売を業とする被告が自社の商品カタログを訴外デザイン事務所 B に依頼して制作し、これを頒布したことが、本件写真（カーテンフックを音譜に見立てて罫線が五線譜のように見えるもの）等について原告の有する著作権の侵害に当たると主張して、差止・損害賠償を請求した事案である [13]。

　裁判所は、本件写真の著作物性を肯定し、「被告写真 1 は、罫線を引いた黒の地色を背景にしてカーテンフックを撮影したものであり、左から順に①アルファベットの p に似たカーテンフック、② h に似たカーテンフック、③ p に似たカーテンフック（①よりサイズが小さいもの）、④ h に似たカーテンフック（②よりサイズが小さいもの）の順で配置している点で本件写真 1 と共通して」いると述べる一方で、「しかしながら、いずれについても、本件写真の被写体が P 社の商品であるのに対し、被告写真の被写体は被告の商品であるから、前説示に照らし、被告写真をもって本件写真の複製という余地はないものといわなければならない（同様に、被告写真をもって本件写真を翻案したものということもできない。）」と判示して、類似性を否定した。

　本判決は、「被写体」である商品が異なることを理由に「被告写真をもって本件写真の複製という余地はない」と判示しているところ、厳密には異なる商品が被写体であってもその選択または配列において創作性が認められる場合も含めて、常に類似性が否定されるかどうかは問題となり得よう。ただ、本件写

---

11)　東京地判平成 7 年 3 月 28 日知財裁集 27 巻 1 号 210 頁〔カーテン商品カタログ事件〕。

12)　評釈として、蘆立順美「商品カタログ——三光商事事件」著作権判例百選〔第 3 版〕72 頁、茶園成樹「写真の著作権・編集著作権の侵害の成否——商品カタログ事件」著作権研究 25 号 209 頁（1999 年）参照。

13)　なお、原告は、本件写真は、「カーテンフックが音譜に似ていることから罫線があたかも五線譜のようにみえる面白さをもつデザインとなっている」ところ、被告はこの点を模倣するのみならず、「カーテンフックの機能上、本来サイズを示す罫線はカーテンフックの内側に引かれなければならないのに、外側に引かれているという、本件写真 1 における誤りまでもそのまま模倣している」とも主張した。

真に関しては、カーテンフックの選択と配列においても両者の共通性が乏しいと言えるため、類似性を否定した本判決の結論は支持されよう。

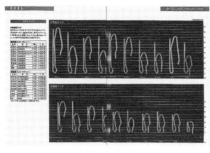

本件写真（原告）　　　　　　　　　　　　　　　　　被告写真

【ケース4-4】ニューディナーパン事件[14]

　本件は、「ニューディナーパン」等の名称でアルミ製フライパンを製造販売する原告が、被告らが「ミラクルパン」の名称で被告製品を製造販売したり、パンフレットや広告に掲載したりしたことについて、不正競争防止法上の不正競争行為および著作権侵害に当たると主張して、差止・損害賠償を請求した事案である。

　裁判所は、被告製品の広告（別紙一）における被告写真と、原告製品の広告（別紙四の1・2）における原告写真について、「その写真についていえば、原告が別紙四の1・2の表示についての著作権を侵害するものであると主張する……別紙一の表示に用いられている、いずれもフライパンに入れられた卵の写真、野菜と思われる食材・とうもろこし・枝豆の写真、肉の写真、焼き魚・餃子・ホットケーキと思われる食材の写真及び蓋付フライパンの全体写真は、別紙四の1・2の表示における各写真と同種の食材又はフライパンを、よく似た構図で撮影したものではあるが、写真の被写体たる具体的な食材又はフライパン自体は異なるものであり……、これを新たに撮影した全く別の写真であることが明らかであるところ、写真の著作物の複製とは、当該写真そのものに依拠

14）　大阪高判平成10年2月13日（平成9年（ネ）第828号）〔ニューディナーパン事件：控訴審〕（第一審判決〔大阪地判平成9年3月13日（平成7年（ワ）第6803号・第9287号・第11640号）〕引用部分）。

としてこれと同一性あるものを再製することであって、その保護は抽象的な被写体の選定、構図、光量の調整等という撮影方法に及ぶものではないから、別紙一の表示における各写真は、別紙四の1・2の表示において著作物として認められる余地のある各写真についての著作権を侵害するものではない」と判示して、類似性を否定した。

　本件における両写真を比較すると、本判決も述べるように、一定の食材（卵、野菜、とうもろこし、枝豆、肉、焼き魚、餃子、ホットケーキ）が入れられたフライパンを被写体としている点で共通し、また、構図もよく似ているとされるが、本判決は、原告写真に映っているフライパンは原告商品「ニューディナーパン」であり、被告写真に写っているフライパンは被告商品「ミラクルパン」であることや、食材も同種のものではあれ、同じ物を撮影したわけではないことを理由に類似性を否定したように読める。本判決が、被告写真は「新たに撮影した全く別の写真である」とか、「写真の著作物の複製とは、当該写真そのものに依拠としてこれと同一性あるものを再製することであ」ると述べていることからすると、その背景には、本件のように、風景ではない複数の物を被写体とする写真の著作物についても、同種の被写体を用意して撮影し直した場合には、当該写真著作物の著作権侵害には当たり得ないという考えがあるのかも知れない。仮にそうだとするならば、その是非については検討の余地があり得よう。

原告写真（別紙四の1・2）　　　　　　　　　　　　被告写真（別紙一）

【ケース 4-5】播磨喜水パッケージデザイン事件 15)

　本件は、いわゆるビジュアル・アイデンティティ（VI）の製作を業とする原告が、被告の委託を受けて作成したパッケージデザインについて、契約違反および著作権侵害に当たると主張して、差止・損害賠償等を請求した事案である。

　裁判所は、対照表4（原告制作物4と被告制作物4）について、「写真に創作性が付与されるのは、被写体の独自性によってではなく、撮影や現像等における独自の工夫によって創作的な表現が生じ得ることによるものであり、被写体の選択や配置上の工夫は、写真の創作性を基礎付けるに足りる本質的特徴部分ではない。したがって、原告が指摘する被写体の配置、構図、背景については、写真の著作物の創作性を基礎付けるに足りる本質的特徴部分とはいえないから、これらの点が共通しても翻案とはならない。また、原告制作物4と被告制作物4が類似するか否かは、原告制作物4の創作性を基礎付けるに足りる本質的特徴部分である、カメラアングルの設定、被写体と光線の関係、陰影の付け方、色彩の配合が共通するか否かを考慮して判断する必要があるところ、……原告制作物4及び被告制作物4は、別紙対照表4のとおりの内容を含むものであると認められる。これによれば、原告制作物4と被告制作物4とは、カメラアングルのほか、中央上部の光源により左右に影を生じているという被写体と光線の関係は共通するといい得るとしても、これらの点は、一般的な商品の宣伝広告・販促用写真として顕著な特徴を有するともいい難く、表現上の創作性がある部分に当たるとは俄かにいい難い上、陰影の付け方及び色彩の配合は相違しており、被告制作物4を原告制作物4と比較して見たとき、表現上の本質的特徴の同一性を維持し、原告制作物4の表現上の本質的特徴を直接感得することができるとは評価し難い……。そうすると、被告制作物4は、原告制作物4を翻案したものであるとは認められないから、その余の点を検討するまでもなく、原告制作物4に係る原告の著作権を侵害するものとはいえない」と判示して、類似性を否定した（その他の点について、第一審判決 16）は黙示的な許諾の範囲内

---

15)　大阪高判令和3年1月21日（令和2年（ネ）第597号）〔播磨喜水パッケージデザイン事件：控訴審〕。

16)　大阪地判令和2年1月27日（平成29年（ワ）第12572号）〔播磨喜水パッケージデザイン事件：第一審〕。

に当たるなどして請求を棄却したが、控訴審判決は被告制作物1についてのみ許諾の存在を否定し、その限りで著作権侵害を理由とする損害賠償請求を認容した)。

　本判決は、写真の著作物の類似性判断に関して、「カメラアングルの設定、被写体と光線の関係、陰影の付け方、色彩の配合が共通するか否かを考慮して判断する必要がある」という考えを示した上で、本件においては、「カメラアングル」や「被写体と光線の関係」について共通性が認められるとしても、それは創作性のある部分に当たらないとして、類似性を否定したものと解される。他方、本判決は、「被写体の選択や配置上の工夫は、写真の創作性を基礎付けるに足りる本質的特徴部分ではない」という考え方を示しており、本件においても、そうした点は類似性判断において考慮されていない。もっとも、（本書掲載の画像では十分に確認できないものの）両制作物を比較する限り、被写体の選択と配置に関しても創作的表現の共通性までは認められないように思われる。

原告制作物4

被告制作物4

原告制作物1

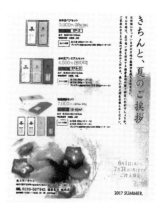

被告制作物1

【ケース4-6】 おもてなしプレゼント事件 17)

　本件は、原告が、鉄道会社である被告が「新潟デスティネーションキャンペーン」という観光キャンペーンの一環として、各観光地を訪れた外国人への「おもてなしプレゼント」を募集したところ、M市観光協会が原告制作の写真絵はがきセットを買い受けた上で、駅を訪れる外国人旅行者に無償配布することになったため、被告が外国人旅行者向け割引乗車券の販売宣伝用パンフレットに各絵はがきの裏面を重ねて撮影した上縮小した写真（約1.5cm×約2.3cm大）を印刷して配布したことが、著作権侵害に当たると主張して、損害賠償を請求した事案である。

　裁判所は、「写真著作物を機械的に複写する増製行為は、通常、写真著作物の複製権を侵害する行為であると解されるところ、本件縮小写真のパンフレットへの掲載は、増製の一形態であるから、原告が有する本件各写真部分の著作権（複製権）を侵害すると考えられなくもない。しかしながら、写真に法的保護の対象となるべき著作物性が備わるのは、被写体の構図、光のとらえ方、陰影の作り方、シャッター速度、露出、レンズ選択、被写体の一瞬の表情の相違、現像手法等の工夫により凝らされる撮影者の思想及び感情の創作的表現が当該写真から感得されるからであり、後行写真等著作物から、先行写真著作物の保護対象である上記表現内容を感得することができず、これを利用しているとはいえない場合には、形式的には、写真著作物の増製に該当するとしても、実質的には、著作権者が有する複製権の侵害があるとはいえないと考えられる」とした上で、「本件縮小写真が極めて小さく、殊に、そのうち2枚についてはその一部が他の写真部分に隠れていることは前記第2の2(2)のとおりであって、本件縮小写真自体からは、被写体の属性や構図の一部を除けば、原告が工夫を凝らした思想及び感情の創作的表現を感得することは著しく困難といわざるを得ず、むしろ、本件パンフレットを手にする者に、その創作的表現内容ではなく、村上市の自然や風物が被写体である写真絵はがきが『おもてなしプレゼント』の1つであることを認識させるにとどまるということができる。そうすると、本件縮小写真の掲載された本件パンフレットの頒布は、形式的には増

---

　17)　横浜地判平成23年6月1日（平成22年（ワ）第5673号）〔おもてなしプレゼント事件〕。

製に該当するとしても、実質的には原告の本件各写真部分における上記創作的表現を利用するものではないというべきであって、その複製権を侵害する行為とは到底いうことができない」と判示して、類似性を否定した。

本件では、もとの原告写真が大幅に縮小されており、しかも 3 枚の写真のうち 2 枚が他のはがきと重なり（1 枚は約 2 分の 1 が、他の 1 枚は約 4 分の 1 が）隠れていることから、原告写真の創作的表現が被告の本件パンフレットに残っていないと判断されたと考えられよう [18]。なお、本件事案では、もともと M 市観光協会が原告制作の写真絵はがきセットを買い受けて、これを譲渡しようとしており、本件パンフレットはこれを促進するものとも考えられることからすれば、仮に平成 21 年改正法施行後であれば、同改正によって設けられた著作権法 47 条の 2 ［美術の著作物等の譲渡等の申出に伴う複製等］の適用可能性があるかどうかという点も課題になろう [19]。

原告絵はがきセット

被告パンフレット

---

18)　その意味では、本件は、書の写り込みに関する、東京高判平成 14 年 2 月 18 日判時 1786 号 136 頁〔雪月花事件：控訴審〕に似ているところがあると言えよう。

19)　著作権法 47 条の 2 は、平成 21 年改正［同年法律第 53 号］によって設けられた規定であり、

(2)　類似性を肯定した裁判例

【ケース 4-7】ヘアデザイン写真事件 20) 21)

　本件は、原告写真を撮影したカメラマンから著作権の譲渡を受けたと主張する原告が、被告の出版する雑誌「SNIP STYLE No. 348」にこれを掲載した行為が著作権侵害に当たると主張して、損害賠償を請求した事案である。本件において、被告写真は原告写真のデッドコピーのようであり、実際のところ類似性に関しては当事者間に争いがない。ただ、原告写真は、ヘアドレッサーたちが美容専門雑誌に発表するために自らスタイリングを行った女性モデルをカメラマンが撮影したものであるため、原告が著作権を有することの前提として、当該カメラマンが本件写真の著作者と言えるのかどうかが問題となった。

　裁判所は、「原告各写真については、……被写体の組み合わせや配置、構図やカメラアングル、光線・印影、背景等に創作性があるというべきであり、原告各写真の被写体のうちの、独特のヘアスタイルや化粧等を施されたモデルに関連して、別途何らかの著作物として成立する余地があるものとしても、……原告各写真は、被写体を機械的に撮影し複製したものではなく、カメラマンにより創作されたものというべきである。そうすると、原告各写真の著作者はカメラマンであって、ヘアドレッサーではないというべきである」と判示した上で、著作権侵害に当たるとした。

　本件は、類似性に関しては争いがない事案であるが、本判決が原告各写真の著作者はカメラマンのみであり、ヘアドレッサーは少なくとも原告各写真の著作者ではないという判断を行う前提として、「原告各写真は、被写体の組み合わせや配置、構図やカメラアングル、光線・印影、背景の設定や選択等に独自性が表れているということができ」ると述べたことは、どのような点に写真著作物の創作的表現が認められるのかを考える上で参考になろう。

　2010 年 1 月 1 日に施行された。本件事案は、2009 年秋頃に本件パンフレットを複製頒布したとされているため、同条の規定の適用はなかったと考えられる。

20)　東京地判平成 27 年 12 月 9 日（平成 27 年（ワ）第 14747 号）〔ヘアデザイン写真事件〕。

21)　評釈として、張睿暎「ヘアドレッサーはヘアスタイル写真の著作者ではないとされた事例」新・判例解説 Watch 21 号 255 頁（2017 年）、谷川和幸「写真の著作物の著作者〔ヘアスタイルコンテスト写真事件〕」著作権判例百選〔第 6 版〕40 頁参照。

  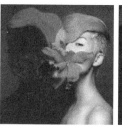 

原告写真3　　　　　被告写真3　　　　　　原告写真4　　　　　被告写真4

【ケース4-8】たぬピク事件 22)

　本件は、自己の両脚を撮影した2枚の写真（本件写真）について著作権を有すると主張する原告が、インターネット上の電子掲示板において、本件写真を一部カットした画像のアップロード先であるURLが氏名不詳者によって投稿されたことが著作権侵害に当たるとして、プロバイダに対して発信者情報開示を請求した事案である。

　裁判所は、「事案に鑑み、本件投稿による本件写真2に係る公衆送信権侵害の成否について判断する」とした上で、「本件画像には、本件写真2の下側の一部がほんの僅かに切り落とされているほかは、本件写真2がそのまま用いられていることが認められる。そして、本件画像は、解像度が低く、本件写真と比較して全体的にぼやけたものとなっているものの、依然として、上記1で説示した、本件写真2の被写体の選択・組合せ、被写体と光線との関係、陰影の付け方、色彩の配合等の総合的な表現の同一性が維持されていると認められる。したがって、本件画像は、これに接する者が、本件写真2の表現上の本質的な特徴を直接感得することができるものであると認められる」と判示して、類似性を肯定した（本件写真1については判断されていない）。

　このケースは、発信者情報開示請求事件であるため、一般論として権利侵害が肯定されやすい傾向があると考えられるが 23)、本件事案が、本件写真の大

---

22)　東京地判平成31年2月28日（平成30年（ワ）第19731号）〔たぬピク事件〕。

23)　発信者情報開示請求は、「権利が侵害されたことが明らかである」（プロバイダ責任制限法4条1項1号）場合に認められるものではあるが、氏名不詳者である侵害者は訴訟当事者でないこ

部分をデッドコピーしたものだとすれば類似性を肯定した判決は支持されよう（ただ、現実にアップロードされた写真が、どれほどぼやけているかは不詳である）[24]。

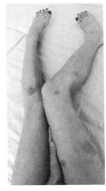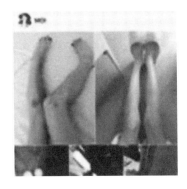

本件写真 1　　　　　　本件写真 2　　　　　　　　　　　投稿画像

【ケース 4-9】マンモス画像事件 [25]

　本件は、マンモス標本の X 線 CT データ等をもとに 3 次元コンピュータグラフィックスによって本件画像 1・2 を作成した大学教授である原告（被控訴人）が、被告（控訴人）が被告書籍『CT は魔法のナイフ』中の 2 枚（被告・控訴人画像 1・2）および表紙（被告・控訴人画像 3）において利用したことが、著作権および著作者人格権の侵害に当たると主張して、差止・損害賠償を請求した事案である。

　裁判所は、本件画像について、「学術又は美術の範囲に属するものであって、著作権法上の著作物に当たる」と述べた上で、画像 1 については、「控訴人画

とに加えて、プロバイダ側は裁判外における任意の発信者情報開示を回避するために応訴するに過ぎないケースが少なくないことから、プロバイダ側から権利侵害を否定する主張が必ずしも十分に行われない場合があること、また、発信者情報開示請求事件は、その後に予定されている侵害訴訟の「前段階」であると認識されることが多いことなどから、裁判実務においては比較的緩やかに請求が認容される傾向が見受けられる。

24)　池村聡「〈講演録〉現代社会における写真と著作権」コピライト 718 号 58 頁（2021 年）は、「個人的には、侵害を否定してもよい事案だったのではないか」とする。

25)　知財高判平成 24 年 4 月 25 日判時 2151 号 102 頁〔マンモス画像事件：控訴審〕。

像1においては、カラー画像が白黒画像とされている点を除き、本件画像1が再製されている。よって、本件画像1と控訴人画像1とは、前記のとおり本件画像1が有する創作性のある表現上の特徴的部分の色彩以外の部分において同一性を有するものであって、控訴人画像1から本件画像1の表現上の本質的特徴を直接感得することができるものといえるから、控訴人画像1は、本件画像1を有形的に再製したものということができる」と判示し（画像2についても同様）、画像3については、「控訴人画像3においては、『©IHDMI, Jikei Univ, Naoki SUZUKI』の表示及び黒色の背景が削除されている点並びにカラー画像が白黒画像とされるとともに、明暗が反転されている点を除き、本件画像1が再製されている。よって、本件画像1と控訴人画像3とは、前記のとおり本件画像1が有する創作性のある表現上の特徴的部分の色彩以外の部分において同一性を有するものであって、控訴人画像3から本件画像1の表現上の本質的特徴を直接感得することができるものといえるから、控訴人画像3は、本件画像1を有形的に再製したものということができる」と判示して、類似性を肯定した。

　このケースにおける本件画像は、X線CTデータ等をもとにCG加工して作成されたものであるため、これを「写真」と言うべきかどうかは問題となるところであるが（本判決も本件画像を「写真の著作物」とは明言していない）、本件画像におけるCG加工には創作性が認められると考えられるため、著作物性は肯定されよう。また、被告画像は本件画像のほぼデッドコピーのようであることからすれば、本件において類似性を肯定した本判決の結論は支持されよう。なお、本件では、当事者間において電子メールによる交渉があり、原告から被告に本件画像データを送信するなどしていたことから、原告による利用許諾があったと言えるかどうかも問題になったが、原告が「あくまで最終記事内容を当方が確認の上とさせていただきます。」「必ずゲラ刷りの段階で拝見させていただくことを、これら2点の写真原稿をお貸しする条件とします。」と記載していたことなどから、本判決は、原告による利用許諾は、あくまで掲載箇所の記述の最終的な確認が許諾条件になっていたと判断して、原告が利用許諾を行ったとは認められないとした。

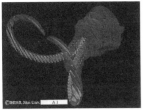

本件画像 1

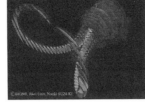

被告画像 1 26)

被告画像 3

本件画像 2

被告画像 2 27)

【ケース 4-10】東京アウトサイダーズ事件 28) 29)

　本件は、原告が、被告らが、原告の元夫 A（ウォリー・ゲイダ）を紹介する被告書籍『東京アウトサイダーズ——東京アンダーワールド 2』において、原告の撮影した写真（A が自宅で長男を抱いているもの）の一部を掲載したことが著作権および著作者人格権の侵害に当たると主張して、差止・損害賠償を請求した事案である。

　裁判所は、「本件書籍には、本件写真のうち A の上半身部分が、そのまま掲

---

28)　知財高判平成 19 年 5 月 31 日判時 1977 号 144 頁〔東京アウトサイダーズ事件：控訴審〕。

29)　評釈として、桑野雄一郎「家族のスナップ写真に著作物性を肯定——『東京アウトサイダーズ』出版差止請求事件」コピライト 557 号 28 頁（2007 年）、井關涼子「日常生活で撮影されたスナップ肖像写真の利用行為について著作権侵害が認められた事例」知財管理 58 巻 6 号 757 頁（2008 年）、斉藤博「妻が夫を撮影したスナップ写真の掲載と著作権侵害」私法判例リマークス 37 号 68 頁（2008 年）、高瀬亜富「スナップ肖像写真の著作物性と自由利用の可否——東京アウトサイダーズ事件」知的財産法政策学研究 32 号 285 頁（2010 年）参照。

載されているから、本件書籍には、本件写真の著作物性がある部分（シャッターチャンスの捉え方等）が再現されていることは明らかである」と判示して、類似性を肯定した。

　たしかに、単なるスナップ写真だとしても、原告写真の全体は著作物に当たると言えようが、本件において被告書籍に掲載されたのは、原告写真の全体ではなく、Ａの風貌が分かる部分のみをカットした一部に過ぎないため、被告書籍においては、原告写真全体の構図における創作的表現は残っていないと考えられる。そのような中、本判決は、原告写真における「シャッターチャンスの捉え方等」に関する創作的表現が被告書籍に残っていると判断して、類似性を肯定したものと解される。このような判決の結論については異論もあり得るところであろう[30]。

原告写真

被告書籍[31]

244

【ケース 4-11】 パロディ＝モンタージュ事件[32) 33)]

　本件は、原告写真（本件写真）を撮影して書籍『SKI' 67 第 4 集』に掲載した写真家の原告が、被告が原告写真を切除して白黒の写真に複製した上、ブリジストンタイヤ社の広告写真からコピーした自動車スノータイヤの写真を配して作成した写真を「軌跡」という題名で週刊誌等において公表したことが、原告の有する著作権および著作者人格権侵害の侵害に当たると主張して、損害賠償・謝罪広告掲載を請求した事案である。

　第一審の東京地裁は、著作権侵害を肯定して損害賠償および謝罪広告掲載を命じたが[34)]、控訴審の東京高裁は、「控訴人は、本件写真を批判し、かつ、世相を風刺することを意図する本件モンタージュ写真を自己の著作物として作成する目的上、本件写真の一部の引用を必要としたものであることが明らかであると同時に、その引用の方法も、今日では美術上の表現形式として社会的にも受け容れられているフォト・モンタージュの技法に従い、客観的にも正当視される程度においてなされているということができるから、本件モンタージュ写真の作成は、他人の著作物のいわゆる『自由利用』（フエア・ユース）として、

---

31)　ロバート・ホワイティング（松井みどり訳）『東京アウトサイダーズ——東京アンダワールド 2』（角川書店、2002 年）口絵 1 頁より。

32)　最判昭和 55 年 3 月 28 日民集 34 巻 3 号 244 頁〔パロディ＝モンタージュ事件：第一次上告審〕。

33)　評釈として、播磨良承「他人が著作した写真を改変して利用することによりモンタージュ写真を作成して発行したパロディ行為と著作者人格権の侵害」判時 979 号 169 頁（1980 年）、斉藤博「判批〔最判昭和 55 年 3 月 28 日〕」民商 84 巻 1 号 38 頁（1981 年）、同「モンタージュ写真の作成・発行と著作者人格権の侵害」判タ 439 号 119 頁（1981 年）、小酒禮「判解〔最判昭和 55 年 3 月 28 日〕」『最高裁判所判例解説民事篇昭和 55 年度』（法曹会、1985 年）149 頁、渋谷達紀「モンタージュ写真の作成と著作者人格権侵害の要件——引用の意義」法協 98 巻 11 号 1550 頁（1981 年）、田村善之「写真の改変——パロディ事件第 1 次上告審判決」著作権判例百選〔第 2 版〕140 頁、伊藤真「写真の改変——パロディ事件第一次上告審判決」著作権判例百選〔第 3 版〕116 頁、林修三「写真の改変——『パロディー』事件」著作権判例百選〔初版〕118 頁、阿部浩二「パロディ・モンタージュ写真事件」『昭和 55 年度重要判例解説』（有斐閣、1981 年）280 頁、阿部浩二「『パロディ判決』と著作権」法セ 306 号 92 頁（1980 年）、飯村敏明「引用(1)——パロディ〔モンタージュ写真事件：上告審〕」著作権判例百選〔第 4 版〕118 頁、飯村敏明「引用(1)——パロディ〔モンタージュ写真事件：上告審〕」著作権判例百選〔第 5 版〕144 頁、清水節「引用(1)——パロディ〔モンタージュ写真事件：上告審〕」著作権判例百選〔第 6 版〕138 頁等参照。

34)　東京地判昭和 47 年 11 月 20 日無体裁集 4 巻 2 号 619 頁〔パロディ＝モンタージュ事件：第一審〕。

許諾さるべきものと考えられる」と判示して、著作権侵害を否定した[35]。

　最高裁は、「本件写真は、遠方に雪をかぶつた山々が左右に連なり、その手前に雪におおわれた広い下り斜面が開けている山岳の風景及び右側の雪の斜面をあたかもスノータイヤの痕跡のようなシユプールを描いて滑降して来た6名のスキーヤーを俯瞰するような位置で撮影した画像で構成された点に特徴があると認められるカラーの写真であるのに対し、本件モンタージユ写真は、その左側のスキーヤーのいない風景部分の一部を省いたものの右上側で右シユプールの起点にあたる雪の斜面上縁に巨大なスノータイヤの写真を右斜面の背後に連なる山々の一部を隠しタイヤの上部が画面の外にはみ出すように重ね，これを白黒の写真に複写して作成した合成写真であるから、本件モンタージユ写真は、カラーの本件写真の一部を切除し、これに本件写真にないスノータイヤの写真を合成し、これを白黒の写真とした点において、本件写真に改変を加えて利用し作成されたものであるということができる。ところで、本件写真は、右のように本件モンタージユ写真に取り込み利用されているのであるが、利用されている本件写真の部分……は、右改変の結果としてその外面的な表現形式の点において本件写真自体と同一ではなくなつたものの、本件写真の本質的な特徴を形成する雪の斜面を前記のようなシユプールを描いて滑降して来た6名のスキーヤーの部分及び山岳風景部分中、前者についてはその全部及び後者についてはなおその特徴をとどめるに足りる部分からなるものであるから、本件写真における表現形式上の本質的な特徴は、本件写真部分自体によつてもこれを感得することができるものである。そして、本件モンタージユ写真は、これを一瞥しただけで本件写真部分にスノータイヤの写真を付加することにより作成されたものであることを看取しうるものであるから、前記のようにシユプールを右タイヤの痕跡に見立て、シユプールの起点にあたる部分に巨大なスノータイヤ一個を配することによつて本件写真部分とタイヤとが相合して非現実的な世界を表現し、現実的な世界を表現する本件写真とは別個の思想、感情を表現するに至つているものであると見るとしても、なお本件モンタージユ写真から本件写真における本質的な特徴自体を直接感得することは十分できるものであ

---

[35]　東京高判昭和51年5月19日無体裁集8巻1号200頁〔パロディ＝モンタージュ事件：控訴審〕。

る」と判示して、類似性を肯定した。

　このケースにおける被告作品は、たしかに原告写真の大部分をコピーしたものではあるが、同時に、一定の風刺的な主張を持ったパロディ作品でもある。パロディの世界では、特定の作品を利用しなければ表現できないものもあると考えられるため、諸外国には、たとえ他人の著作物利用が認められる場合であっても、パロディとして許容する明文の規定を有する国も少なくない。他方、わが国著作権法にはパロディに関する明文の規定がないため、他人の著作物の創作的表現が残るようなパロディの場合、著作権侵害に当たることにならないか問題となる。著作権と表現の自由のバランスをとる観点からしても、わが国においてパロディをどのように取り扱うべきかについては、立法論・解釈論共に残された課題と言えよう。

本件写真
（原告写真）

被告作品

【ケース 4-12】グルニエ・ダイン事件 36) 37)

　本件は、原告が、被告が「百年耐久・檜の家」の名称の下でモデルハウスを建築展示することが、原告が製造販売する高級注文住宅「グルニエ・ダイン」シリーズの一環である「大屋根インナーバルコニータイプ」の原告建物について有する著作権の侵害および不正競争防止法 2 条 1 項 3 号の不正競争行為に当たること、また、被告が「木曽檜の家　お客様の家見学会」と題するチラシに掲載した被告写真が、原告が販売する木造住宅「シャーウッド」シリーズの最高級品「エム・グラヴィス　ベルサ」の建物を写真撮影して CG 出力処理した原告写真について有する著作権の侵害に当たることを主張して、差止・損害賠償を請求した事案である。

　裁判所は、写真について、両者を比較して、「どちらも被写体となる建物を、正面左側の位置から、正面と左側面一部が写るように撮影されている」だけでなく、「原告写真と被告写真をスキャニングし、原寸で OHP フィルムにて出力したものを重ね併せると、上記寄棟造り様の屋根、建物右側の葺き下ろしの屋根、建物左側 1 階部分の窓、2 階部分の窓、建物右側の玄関、奥まったインナーバルコニー、右端の 1 階部及びその窓がほぼ一致する」などと述べた上で、「上記のような共通点により、原告写真と被告写真の各被写体の建物は、建物の形状、屋根、壁面、窓、玄関、バルコニー等の配置、色彩等を含め、全体として極めてよく似た外観として表示されている」などと判示して、類似性を肯定した（建物自体については著作物性を否定）。

　本件における被告は、「被告写真の被写体である建物の正面左側 2 階の窓の下の窓枠部分が原告写真の被写体と異なること、被告写真の被写体である建物には建物左側面の張り出しや屋根の上の煙突がないこと、正面 2 階中央のバルコニーの花の装飾が異なること、全体的な色調が異なること」などと主張したが、この点について、本判決は「被告の指摘は、些細な、格別に意味のない相

---

36)　大阪地判平成 15 年 10 月 30 日判時 1861 号 110 頁〔グルニエ・ダイン事件：第一審〕。なお、同控訴審（大阪高判平成 16 年 9 月 29 日（平成 15 年（ネ）第 3575 号））では、写真については争われなかった。

37)　評釈として、日向野弘毅「判批〔大阪地判平成 15 年 10 月 30 日〕」判時 1879 号 189 頁（2005年）参照。

違にすぎ」ないと判断した。そもそも、被告写真がどのように作成されたかは必ずしも明らかではないところであるが（原告は、被告写真は原告写真をもとにコンピュータによって簡易合成された写真と思われる旨主張している）、被告写真に原告写真の創作的表現が残っていると言えるかどうか、検討の余地を残していると言えよう。

原告写真　　　　　　　　　　　　　　　被告写真

【ケース 4-13】 みずみずしいすいか事件 38) 39)

　本件は、原告が、被告Bが撮影して被告会社が発行するカタログ「シルエット in 北海道」に掲載された被告写真（被控訴人写真）が、原告写真（控訴人写真）「みずみずしいすいか」についての著作権および著作者人格権の侵害に当たると主張して、差止・損害賠償等を請求した事案である。

　第一審の東京地裁は、「確かに、原告写真と被告写真とは、中央前面に、大型のスイカを横長に配置し、その上に薄く切ったスイカを六切れ並べたこと、その後方に楕円球及び真球状のスイカを配置したこと、緑色をした丸いスイカと扇型に切った赤いスイカとの対比を強調していること等において、アイデアの点で共通する。しかし、右共通点は、いずれも、被写体の選択、配置上の工夫にすぎず……、右の素材の選択、配置上の工夫は、写真の著作物である原告

---

38)　東京高判平成 13 年 6 月 21 日判時 1765 号 96 頁〔みずみずしいすいか事件：控訴審〕。

39)　評釈として、岡邦俊「写真の創作性の判断対象を撮影素材の選択にまで拡張——『スイカ写真』事件」JCA ジャーナル 49 巻 8 号 57 頁（2002 年）、野一色勲「判批〔東京高判平成 13 年 6 月 21 日〕」発明 99 巻 8 号 137 頁（2002 年）、小泉直樹「判批〔東京高判平成 13 年 6 月 21 日〕」判時 1779 号 208 頁（2002 年）、松田政行「類似性（4）——写真〔西瓜写真事件：控訴審〕」著作権判例百選〔第 5 版〕114 頁参照。

写真の創作性を基礎付けるに足りる本質的特徴部分とはいえない」と判示して、類似性を否定した[40]。

　これに対して、控訴審の東京高裁は、一般論として、「本件写真は、そこに表現されたものから明らかなとおり、屋内に撮影場所を選び、西瓜、籠、氷、青いグラデーション用紙等を組み合わせることにより、人為的に作り出された被写体であるから、被写体の決定自体に独自性を認める余地が十分認められるものである。したがって、撮影時刻、露光、陰影の付け方、レンズの選択、シャッター速度の設定、現像の手法等において工夫を凝らしたことによる創造的な表現部分についてのみならず、被写体の決定における創造的な表現部分についても、本件写真にそのような部分が存在するか、存在するとして、そのような部分において本件写真と被控訴人写真が共通しているか否かをも検討しなければならない」とした上で、「以上によれば、被控訴人写真は、本件写真の表現の一部を欠いているか、本件写真を改悪したか、あるいは、本件写真に、些細な、格別に意味のない相違を付与したか、という程度のものにすぎないのであり、しかも、これらの相違点は、そこから被控訴人B独自の思想又は感情を読み取ることができるようなものではない。……被控訴人写真は、本件写真に表現されたものの範囲内で、これをいわば粗雑に再製又は改変したにすぎないものというべきである。このような再製又は改変が、著作権法上、違法なものであることは明らかというべきである」と判示して、類似性を肯定した。

　本件で問題になった写真は、既存の物体を撮影した風景写真ではなく、人工的な被写体を撮影したものであるため、シャッターを押す撮影段階のみならず、被写体の設置段階においてすでに創作的表現が行われていると考えられる。そのような創作的表現を「写真」の著作物と見るか、それとも、写真とは別の美術の著作物と見るかどうかはともかくとして[41]、そうした被写体に関する工

---

40)　東京地判平成 11 年 12 月 15 日判時 1699 号 145 頁〔みずみずしいすいか事件：第一審〕。

41)　田村善之『著作権法概説〔第 2 版〕』（有斐閣、2001 年）96 頁は、「被写体が美術の著作物に該当するのであれば、その美術的表現に関する著作権は、被写体を撮影した写真家ではなく、被写体を創作した美術家に与えられるべきである。そして、被写体を創作した者がたまたま写真家本人であるならば、被写体に関する著作権を楯にとって、同一ないし類似する被写体を用いて撮影した写真に対して、二次的著作物に該当するということで著作権侵害を主張すればよいだけの話である。一部に、被写体の美的側面の問題を写真の著作物の枠内で考える見解があるようだが、

夫を含めて類似性判断をすべきと考えるのか[42]、それとも、少なくとも写真の著作物の類似性判断においては被写体に関する工夫を考慮すべきでないと考えるのか、といった点をめぐって盛んな議論がある[43]。実際のところ、本件事案で類似性を肯定した控訴審判決に対しては、これを支持する見解も[44]、これを批判する見解も散見されるところであり[45]、その是非については引き

そうすると、被写体の創作者と写真家が異なる場合の処理に窮することになろう」とする。他方、谷川・前掲注 4)「同一の廃墟を被写体として撮影された廃墟写真について翻案権侵害が否定された事例」363 頁以下は、「重要なのは『写真の著作物』なのか『美術の著作物』なのかという性質決定ではなく、結局、当該写真作品の表現上の本質的特徴がどの点に存在するのかを個別具体的に検証することである」とする。

42)　前掲注 40) 東京高判平成 13 年 6 月 21 日〔みずみずしいすいか事件：控訴審〕も、一般論として、「写真著作物において、例えば、景色、人物等、現在する物が被写体となっている場合の多くにおけるように、被写体自体に格別の独自性が認められないときは、創作的表現は、撮影や現像等における独自の工夫によってしか生じ得ないことになるから、写真著作物が類似するかどうかを検討するに当たっては、被写体に関する要素が共通するか否かはほとんどあるいは全く問題にならず、事実上、撮影時刻、露光、陰影の付け方、レンズの選択、シャッター速度の設定、現像の手法等において工夫を凝らしたことによる創造的な表現部分が共通するか否かのみを考慮して判断することになろう。しかしながら、被写体の決定自体について、すなわち、撮影の対象物の選択、組合せ、配置等において創作的な表現がなされ、それに著作権法上の保護に値する独自性が与えられることは、十分あり得ることであり、その場合には、被写体の決定自体における、創作的な表現部分に共通するところがあるか否かをも考慮しなければならないことは、当然である」と述べる。

43)　田村善之＝高瀬亜富＝平澤卓人『プラクティス知的財産法 II　著作権法』（信山社、2020 年）297 頁以下も参照。

44)　小泉・前掲注 41) 211 頁（「著作権侵害の成否は、もっぱら写真にあらわれた表現の異同によるべきである。写真表現の類似性に加えて、被写体の同一性なるもうひとつの基準を立てることは必要ない。この点、本件判旨は、被写体そのものの同一性なるものに足をすくわれることなく判断を下しており、正当である。……美術の著作権と写真の著作権が並存する自体は現行制度においてそもそも予定されているのであり、権利処理が困難であるから権利を認めない、という発想は採るべきではない。写真の創作性をもっぱら撮影技法に局限する新説は、表現の保護を本旨とする現行著作権法の体系上位置づけがむつかしいだけでなく、ひいては、アートとしての写真著作権の存立基盤を脅かしかねないものである。本判決がこれを採用しなかったことは、まことに正当である」とする）、松田・前掲注 41) 115 頁（「私見は、X 写真の被写体の素材の選択等は、すでに写真の著作物の創作行為に入っており（この部分のみで、美術の著作物を肯定するものではない）、さらに照光とアングルの設定によって X 写真が創作されたと考える。Y1 の Y 写真の作成はこれを利用して再製（複製）したものである」とする）参照。

45)　岡・前掲注 41) 61 頁（「筆者は高裁判決の結論には反対です。なぜなら、写真①と写真②とが類似しているとは言いがたい上、高裁判決のいう『撮影の対象物の選択、組み合せ、配置等』

続き課題となろう。

原告写真

被告写真

【ケース 4-14】祇園祭写真事件 46) 47)

　本件は、アマチュア写真家である原告が、被告らが、原告の撮影した写真集『京乃七月』の表紙に用いられた原告写真（本件写真）を月刊誌（月刊京都）や新聞広告（京都新聞平成 15 年および 16 年）に、また、本件写真をもとに作成された水彩画を新聞広告（京都新聞平成 17 年）やポスターに使用したことが、原告の有する著作権および著作者人格権の侵害に当たると主張して、損害賠償を請求した事案である。

　裁判所は、本件写真と本件水彩画に関して、「本件写真の創作的表現とは、被告 Y 神社の境内での祇園祭の神官によるお祓いの構図を所与の前提として、

　　の工夫も、……本件については、黄さんという写真家が撮影に際し工夫したアイデアの域を出ないと思われるからです」とする）、野一色・前掲注 41) 142 頁（「独自性のある被写体の類似をもって創作的表現が類似するとする考え方は、被写体自体に著作物性を認めるに等しい。本件被写体が独自なものであろうと被写体自体に著作物性が認められないことは本件の当事者も裁判所も当然の前提にしていたはずである。本判決は自らの当然の前提に反する結論を自ら導いていることになる」とする）参照。また、田村・前掲注 43) 96 頁は、「具体的な構図に加えて陰影等の決め方に創作性が認められるに過ぎず、これらの表現が再生されていない限り、写真に関して著作権侵害は起こりえないと考えるべきである」と述べて、類似性を否定した本件第一審判決を引用している。

46)　東京地判平成 20 年 3 月 13 日判時 2033 号 102 頁〔祇園祭写真事件〕。

47)　評釈として、比良友佳理「写真の著作物の保護範囲——写真に依拠して制作された水彩画が翻案権侵害に当たるとされた事例」知的財産法政策学研究 25 号 117 頁（2009 年）（同 143 頁は本判決を支持）、岡邦俊「祭礼の光景の写真を引き写した水彩画は写真の翻案権を侵害する」JCA ジャーナル 57 巻 6 号 60 頁（2010 年）参照。

祭りの象徴である神官と、これを中心として正面左右に配置された 4 基の黄金
色の神輿を純白の法被を身に纏った担ぎ手の中で鮮明に写し出し、これにより、
神官と神霊を移された神輿の威厳の下で、神輿の差し上げ（神輿の担ぎ手がこれ
を頭上に担ぎ上げることをいう。）の直前の厳粛な雰囲気を感得させるとこ
ろにあると認められる」とした上で、両者を比較し、「本件水彩画のこのよう
な創作的表現によれば、本件水彩画においては、写真とは表現形式は異なるも
のの、本件写真の全体の構図とその構成において同一であり、また、本件写真
において鮮明に写し出された部分、すなわち、祭りの象徴である神官及びこれ
を中心として正面左右に配置された 4 基の神輿が濃い画線と鮮明な色彩で強調
して描き出されているのであって、これによれば、祇園祭における神官の差し
上げの直前の厳粛な雰囲気を感得させるのに十分であり、この意味で、本件水
彩画の創作的表現から本件写真の表現上の本質的特徴を直接感得することがで
きるというべきである」と判示して、類似性を肯定した [48]。

　本判決は、写真を水彩画に変形した場合において類似性を肯定したものであ
るが、このような場合に著作物の類似性を肯定するためには、もとの写真にお
ける創作的表現が水彩画に残っている必要がある。本件で問題となった被告の
水彩画のすべて（白黒のものを含む）について、本件写真の創作的表現が残っ
ていると言えるかどうかについては異論もあり得よう [49]。

---

[48]　なお、本判決は、相違点について、「本件写真と本件水彩画では、神官の動作及び持ち物に違
　　いが認められる。しかしながら、本件水彩画では、神官の動作を紙垂が付された棒を高く掲げる
　　動作に修正して、神官のお祓いの動作をより強調するものであって、この意味で、厳粛な雰囲気
　　をより増長させるものと認められる。したがって、上記の表現の相違は、本件水彩画から本件写
　　真の表現上の本質的特徴を直接感得できるという上記認定を左右する程のものではない」と述べ
　　ている。

[49]　池村・前掲注 26) 59 頁は、「大いに疑問がある」とする。

本件写真[50]

本件水彩画
（ポスター）

本件写真
（月刊京都）[51]

本件写真
（京都新聞（平成16年））[52]

本件水彩画
（京都新聞（平成17年））[53]

---

50)　齋藤和年『京乃七月裁判ブログ』（ココデ出版、2011年）表紙より（カラー）。

51)　月刊京都2003（平成15）年7月号14〜15頁より（カラー）。

52)　京都新聞2004（平成16）年7月17日16〜17面（全面広告）より（白黒）。

53)　京都新聞2005（平成17）年7月17日16〜17面（全面広告）より（白黒）。

【ケース 4-15】舞妓写真事件 [54) 55)]

本件は、原告（日本画家）が、被告（日本画家）が原告の撮影した舞妓の写真に基づいて日本画を制作したことが著作権および著作者人格権の侵害に当たると主張して、差止・損害賠償を請求した事案である。

裁判所は、「本件絵画③、④は、いずれともその全体的構成は本件写真③の構図と同一であり、本件写真③の被写体となっている舞妓を模写したと一見して分かる舞妓を本件写真③の撮影方法と同じく、正面斜め前の全く同じ位置、高さから見える舞妓の姿を同じ構図で描いていることで本件写真③の本質的特徴を維持しているが、本件絵画③は、これに背景色に明るい単色を用い、さらに舞妓の姿も本件写真③よりも明るく淡い雰囲気となるよう表現した日本画として描かれることにより、また本件絵画④は、本件絵画③とは異なり背景色に暗い色を用い、さらに舞妓の着物の色を本件写真③とは異なる青味のものとした上、その輪郭をぼかして淡く光るように描くことで、背景から舞妓の姿を浮かびあがらせるよう表現した日本画として描かれることにより、それぞれ創作的な表現が新たに加えられたものであるから、これらに接する者がいずれも本件写真③の表現上の本質的な特徴を直接感得することのできる別の著作物が創作されたものとして、本件写真③を翻案したものということができる」などと判示して、類似性を肯定した。

本件は、原告が、写生会（京都祇園の茶屋の一室を貸し切ってモデルとなる舞妓を招くもの）において、高齢で眼病のために参加できなかった訴外 P3 のために写真を撮影して提供したところ、その後 P3 が制作活動をやめる際、被告に当該写真を提供したという事案である。裁判所は、「原告が P3 に対して本件写真を含む写真を多数交付したのは目を患っている P3 の絵画制作を援助するためという人的関係に基づくものであって、その写真が P3 から第三者に交付され利用されることは予定されていなかったこと」などの事実を認定しつつ、結論として著作権侵害を肯定した。しかし、本件における被告は、写真をそのままコピーしたものではなく、これを水彩画に変形したものである。このよう

---

54)　大阪地判平成 28 年 7 月 19 日判タ 1431 号 226 頁〔舞妓写真事件〕。
55)　評釈として、髙野慧太「写真に基づく絵画制作と翻案の成否、題材としての価値と損害——舞妓写生会事件」ジュリ 1533 号 108 頁（2019 年）参照。

に、写真を日本画に変形した場合において類似性を肯定するためには、写真における創作的表現が日本画に残っていると言えなければならない。本件写真および本件絵画が掲載された判決別紙が判例集等に登載されていないため、訴訟記録を閲覧しない限り検討は困難であるが、本件において類似性を肯定した本判決の結論については異論もあり得よう[56]。

(3)　著作物性を否定した裁判例

写真に関する最近の裁判例では、著作物の類似性が問題となる以前に、著作物性を否定したものが見られる。

【ケース 4-16】久保田一竹美術館事件[57][58]

本件は、故久保田一竹が開発した「一竹辻が花」という独自の染色技術を用いた創作着物作品およびその制作工程に関する文章や写真等について著作権および著作者人格権を有する原告らが、久保田一竹美術館を経営する被告が、被告作品集『久保田一竹　一竹辻が花』に制作工程写真（1～7）および美術館写真（1～2）を掲載するなど、同美術館において販売している商品等に上記着物作品等を複製等したことが、著作権および著作者人格権の侵害に当たると主張して、差止・損害賠償を請求した事案である。

裁判所は、制作工程写真について、「故一竹による『辻が花染』の制作工程の各場面を撮影したものであるところ、これら制作工程写真の目的は、その性質上、いずれも制作工程の一場面を忠実に撮影することにあり、そのため、被写体の選択、構図の設定、被写体と光線との関係等といった写真の表現上の諸要素はいずれも限られたものとならざるを得ず、誰が撮影しても同じように撮影されるべきものであって、撮影者の個性が表れないものというべきである。したがって、制作工程写真は、いずれも著作物とは認められない」と述べ、ま

---

56)　髙野・前掲注55) 110 頁は、「もし、これが、いかなる位置・高さから姿を捉えるかという撮影方法を類似性の根拠とする趣旨であれば、判旨Ⅱは是認できない」とする。

57)　東京地判平成 30 年 6 月 19 日（平成 28 年（ワ）第 32742 号）〔久保田一竹美術館事件〕。

58)　評釈として、安達陽子「判批〔東京地判平成 30 年 6 月 19 日〕」パテント 72 巻 11 号 28 頁（2019 年）参照。

た、美術館写真について、「一竹美術館の外観又は内部を撮影したものである
ところ、これら美術館写真の目的は、その性質上、いずれも一竹美術館の外観
又は内部を忠実に撮影することにあり、そのため、被写体の選択、構図の設定、
被写体と光線との関係等といった写真の表現上の諸要素はいずれも限られたも
のとならざるを得ず、誰が撮影しても同じように撮影されるべきものであって、
撮影者の個性が表れないものである。したがって、美術館写真は、いずれも著
作物とは認められない」として著作物性を否定した。

　本章の冒頭に述べたように、平面（二次元）の被写体を正面から撮影した写
真には創作性が否定されるのに対して、立体物を撮影した写真は創作性が肯定
されるのが一般的である。このことからすれば、本件写真は、いずれも立体物
を撮影したものであり、その構図・カメラアングルの設定において個性が発揮
されるように思われる。特に制作工程写真は、建物とは異なり、動きのある人
間が被写体になっているため、シャッターチャンスにおいても個性が発揮され
よう。従来の裁判例（人物写真について、東京アウトサイダーズ事件（【ケース4-
10】）、建物写真について、グルニエ・ダイン事件（【ケース4-12】））との比較から
しても、本件写真について著作物性を否定した本判決には疑問が残る[59]。

制作工程写真1　　　　　　制作工程写真4　　　　　　美術館写真1

59)　安達・前掲注59) 30頁以下も同旨。

【ケース 4-17】メガネサロントミナガ事件 [60]

　本件は、写真事務所を経営する原告（個人カメラマン）が、被告が本件写真データを使用して作成したチラシをメガネサロントミナガのホームページに掲載したことが著作権侵害に当たると主張して、損害賠償を請求した事案である。

　裁判所は、「本件写真データを作成するために本件眼鏡を撮影するに当たり、原告には、被写体、その組合せ、被写体である眼鏡のつるの開閉については選択の余地がなく、撮影方向についても選択の幅は狭かった。また、本件写真データは切り抜いてチラシに使用されるものであり、眼鏡の形や色を忠実に再現することが求められていたのであって、このため、背景色については事実上選択の余地はなく、また、上記のとおり、眼鏡の周囲に黒ケント紙を配置したのも、露光計で明るさを測って、その数値をカメラに入力して撮影したのも、眼鏡の色を忠実に再現するためである。被写体である眼鏡の配置も、筒の上に乗せて撮影したもの以外は一般的な配置方法である。さらに、つるを閉じた眼鏡を白い紙様の物で作られた筒の上に乗せて撮影したのは、眼鏡を白色の平面に直接置かないことにより、眼鏡が光を反射することを避けるためであると推測される。本件写真データの一部では、眼鏡の左側のつるの外側に配置された黒ケント紙の上に白色の紙が配置されているが、これは眼鏡の縁の左端及び左側のつるに配された装飾が目立つようにする等の目的の下に行われたものと推測される。そうすると、本件写真データは、切り抜き用の写真データを作成するという制約の下で、被告の指示に従い、眼鏡の形、色を忠実に再現するとの目的を持って作成されたものであり、原告が本件眼鏡を撮影するに当たり、独自の工夫を凝らしたとは認め難く、本件写真データに、創作性が存在するということはできない。したがって、本件写真データは思想又は感情を創作的に表現したものとは認められない」と判示して、著作物性を否定した。

　本件も、メガネという立体物を撮影した写真であるため、その著作物性を否定した本判決については検討の余地が残るように思われる。もっとも、このケースは、印刷等を業とする被告が、広告デザインを業とする訴外 A にメガネ

---

60)　知財高判平成 28 年 6 月 23 日（平成 28 年（ネ）第 10025 号）〔メガネサロントミナガ事件：控訴審〕（第一審判決〔千葉地裁松戸支判平成 28 年 2 月 5 日（平成 27 年（ワ）第 209 号）〕引用部分）。

サロントミナガの特売用眼鏡を中心とした新聞折り込みチラシのデザイン制作を依頼したところ、訴外 A が知人の原告に上記眼鏡について写真データの作成を依頼して、原告との間で上記写真データに係る眼鏡の写真撮影契約を締結した後、原告が被告従業員から受け取った眼鏡合計 33 個を撮影した本件写真データを A に納品して対価を得ていたという事案であり、そのため、被告は原告が本件ホームページへの掲載についても許諾していたと主張した。そのような中、裁判所は、原告による許諾に関する判断に立ち入ることなく、本件写真データの著作物性を否定して原告の請求を棄却したものである。

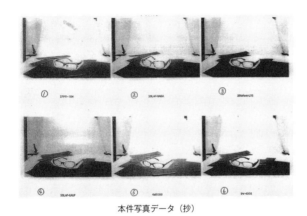

本件写真データ（抄）

上　野　達　弘・前　田　哲　男

■風景写真の創作性を基礎づける要素

上野：写真にも、いろいろなものがあると思うんですけれども、やはり写真は
被写体があるものですよね。絵の場合でも、何らかの対象物を描く場合は
ありますが、写真の場合は、常に被写体を写しているという点で絵とは異
なるように思います。

　そして、平面の絵画を被写体として撮影した写真というのは、他に撮り
ようがなく創作性がないため著作物性が否定されると解するのが一般的で
すが、平面でなく、立体物を撮影した写真というのは、むしろ常に著作物
性が肯定されると解するのが一般的のように思います。ただ、特に風景写
真の場合、被写体自体は所与のものですから、それをどのように写し取る
かという点に限って創作性が認められることになりますので、そのような
意味で創作性は低いと評価されることが多いように思います。その結果、
風景写真に著作物性が肯定されても、基本的には、その写真をそのままデ
ッドコピーするという場合にしか、類似性は肯定されないようにも思いま
すが、この点について、前田先生いかがでしょうか。

前田：上野先生がおっしゃるとおりと思います。写真の著作物の創作性を基礎
づける要素をどのように考えるかという問題がありますが、風景写真の場
合は、被写体自体の創作性を取り込むということはできません。そうする
と、撮影ポイント・カメラアングルの選択等による構図のほかは、撮影時
期・時刻の選択、シャッターチャンスの選択、シャッタースピードや絞り
の選択、レンズの選択といった写真の著作物本来の要素しか残りませんの
で、他の写真の著作物と比較すると創作性の要素が少なくなると思います。

　人物写真だと、「一瞬の表情を捉えている」点に創作性を基礎づける要
素は大きく存在すると思うんですね。風景写真の場合はどうか。風が吹い

ている様子だとか、雷が落ちている写真だとか、そういう写真は一瞬を捉
えているのだろうと思いますし、同じ富士山を同じ場所から撮るにしても、
刻々といろいろ表情を変えるでしょうから、その中の一瞬の表情を捉えて
いるという創作性の要素は、風景写真でもあるのだろうと思います。しか
し、人物や動物など動きの激しい被写体の写真に比べると、その要素は小
さいのだろうと思います。

上野：なるほど。

前田：他の著作物に比べると創作性を基礎づける要素が少ないことから、デッ
ドコピーではないものの場合は、創作性の再現がないと判断される場合が
多くなるということではないでしょうか。

上野：そうですね。廃墟写真事件（【ケース 4-1】→229 頁以下）の判決も、両者
の写真を比較して、被告写真において「同じく植物は配置されているが、
ススキではなく、逆光でもないことなどの相違点があり……写真全体から
受ける印象が大きく異なる」と述べて類似性を否定しています。ただ、例
えば、国会議事堂を正門の前から撮影したという場合、もちろん天気によ
って空の様子が多少異なることはあるかも知れませんけれども、真正面か
ら撮るという以上、誰がやっても大体同じような写真になるのではないか
と思います。したがって、もし別の人が同じ位置から同じ構図で写真を撮
り直し、結果として、背景なども含めてほぼ同じような写真ができたとし
ても、類似性は否定されるという理解でよいのでしょうかね。

前田：そう思います。真正面から撮る場合、構図の創作性というのはほとんど
ないと思います。レンズ、シャッタースピードや絞りなどの選択や、撮影
時刻の選択は、結果として似ている写真であっても、それぞれの撮影者が
それぞれの判断で選択するのでしょう。撮り直した写真にはそれらが残っ
ていないことが多いように思います。

上野：そうですね。でもまあ、国会議事堂を正面から撮影した風景写真にも著
作物性自体は認められるということでいいのでしょうかね。

前田：そうなりますよね。構図だけじゃなくて、それ以外の写真の著作物の創
作性のファクターがあって、そういったものを総合することによって、著
作物性はあると考えられる場合が多いんだろうと思います。

■立体物である商品の写真の著作者は誰か

上野：いわゆるスメルゲット事件でも、商品写真について、第一審の横浜地裁（横浜地判平成17年5月17日（平成16年（ワ）第2788号））は著作物性を否定したんですけども、控訴審の知財高裁（知財高判平成18年3月29日判タ1234号295頁）は著作物性を肯定しつつ、「その創作性の程度は極めて低いものであって、著作物性を肯定し得る限界事例に近いものといわざるを得ない」と述べています。これは商品写真ではありますが、立体物を撮影している以上、判決も「被写体の組合せ・配置、構図・カメラアングル、光線・陰影、背景等にそれなりの独自性が表れている」と述べているように、撮影上の工夫があると考えられます。

　ところが、最近のメガネサロントミナガ事件（【ケース4-17】→258頁以下）は、これも同じく立体物の商品写真に関するケースなのですが、判決は創作性がないとして著作物性を否定しています。さらに、久保田一竹美術館事件（【ケース4-16】→256頁以下）でも、判決は、創作着物作品の制作工程写真や美術館写真の写真について創作性がないとして著作物性を否定しています。どうも最近、このように立体物を撮影した写真について著作物性を否定する裁判例が増えているように思うんですけど、いかがですか。

前田：そうですね。久保田一竹美術館事件の制作工程写真や美術館写真については、創作性ありというのが従前の考え方だと思います。なぜこれを否定したのでしょうかね。

　これは、原告が撮影した写真ではなくて、他の写真家が撮った写真なんですよね。原告はその著作権を譲り受けたと主張し、被告側は原告への著作権譲渡があったというのは不自然であると否認していて、本当に原告への著作権譲渡があったかどうかがよくわからない事案です。これらの写真が著作物であるとした場合、その先に論点があることになります。著作物性がなければそれで終わってしまうので結論を出しやすかったということだったのではないか、という気もしないではありません。

上野：ほほう……なるほど。著作権譲渡があったかどうかの認定は証拠調べも
　　　含めて裁判所にとっても負担が大きいので、どうせ結論が変わらないなら、
　　　認定しやすい著作物性に関する判断ですませたのではないか、ということ
　　　でしょうかね。そういった類いのお話は、私も実務家の先生からよくお聞
　　　きするんですよ。いやむしろ実務というのはそういうものなんだ、という
　　　方もいらっしゃいます。たしかに、裁判所も多くの事件を処理する必要が
　　　ありますので、結論が同じなのであれば、負担が少なく認定しやすい争点
　　　で決着を付ける方が訴訟経済上も望ましいということかも知れません。た
　　　だ、久保田一竹美術館事件における制作工程写真や美術館写真には、本当
　　　に著作物性がないんでしょうかね。「美術館写真」の方は風景写真ではあ
　　　りますけれども、立体物である建物を撮影した写真として創作性は否定し
　　　がたいと思いますし、まして、「制作工程写真」の方は人が写っています。
　　　人の場合は動きがありますので、この写真の場合でも、創作着物を制作し
　　　ている人の動作や一瞬の表情を捉えた点に創作性がある、として著作物性
　　　を肯定するのが通常のようにも思うんですが。

前田：そうですね。普通に考えますと、やっぱり著作物性を否定するのはさす
　　　がに無理じゃないかなぁと思います。

上野：私も同感です。また、メガネサロントミナガ事件の判決も写真の著作物
　　　性を否定していますが、その際、「本件眼鏡を撮影するに当たり、原告に
　　　は、被写体、その組合せ、被写体である眼鏡のつるの開閉については選択
　　　の余地がなく、撮影方向についても選択の幅は狭かった」とか、背景色に
　　　ついては事実上選択の余地はなかった、など、いろいろ理由を述べていま
　　　すね。

前田：はい、被写体とその組み合わせは被告側で決めていて、つるを開いた状
　　　態で撮影するか閉じた状態で撮影するかも被告から指示し、撮影方向も基
　　　本的には被告から指示していたということのようですね。それと、原告が
　　　撮った写真以外にも、同じようなメガネの写真が並べられているようなん
　　　ですけれども、似たような写真がたくさんあるということで、そういうよ
　　　うな事情も影響しているのかなと。

上野：なるほど。判決も本件写真の撮影の仕方について詳細に検討している一

　　　方で、原告は「被告の指示に従い、眼鏡の形、色を忠実に再現するとの目
　　　的を持って作成されたものであり、原告が本件眼鏡を撮影するに当たり、
　　　独自の工夫を凝らしたとは認め難く、本件写真データに、創作性が存在す
　　　るということはできない」といった判示もしていますね。

前田：そうですね。もともと選択の幅が狭い上に、被告からの具体的な指示が
　　　あったということになりますと……。

上野：たしかに、特に写真については、他人の指示がある場合に、そもそも誰
　　　が著作者に当たるのかということがしばしば問題になりますよね。古くは、
　　　SM 写真事件（東京地判昭和 61 年 6 月 20 日判タ 637 号 209 頁）でも、SM 写
　　　真の撮影に関与した者がカメラマン、編集者、縛り師などいる中で、誰が
　　　著作者に当たるかということが問題になりましたし、最近のヘアデザイン
　　　写真事件（【ケース 4-7】→239 頁以下）でも、著作者は、撮影したカメラマ
　　　ンなのか、それとも女性モデルのスタイリングを行ったヘアドレッサーな
　　　のかが問題になりました。

　　　　後ほどのケースでも議論になりますが、写真というのは、人の指示を受
　　　けて撮る場合が比較的多いのかも知れませんね。ただ、そのように、カメ
　　　ラマンが他人の指示に従って機械的に撮影したという場合、単に、そのカ
　　　メラマンの著作者性が否定されるというだけでなく、そもそも当該写真の
　　　著作物性が否定されてしまうというのは、どういうことなのでしょうか。

前田：そのような疑問が出てきますね。著作物性が否定された背景には、この
　　　事案で著作権侵害を認めることの「据わりの悪さ」みたいなものがあった
　　　のかも知れません。カメラマンに指示して写真を撮ってくださいと発注す
　　　る際に、発注書の中でちゃんと「成果物の著作権は、著作権法 27 条及び
　　　28 条に規定されている権利を含めて発注者に帰属します」と記載してい
　　　れば、おそらく何の問題も生じなかったのだと思うんです。そういった明
　　　確な書類がないまま発注したのでしょう。もしかしたら口頭での発注かも
　　　しれませんけれども、発注の仕方がちゃんとしていないがゆえに、こうい
　　　うトラブルが起きているように思います。

上野：ああ、なるほどですね。

前田：発注書等で著作権譲渡が定められていない場合には、著作権譲渡があっ

たという事実認定をすることはかなり厳しい。しかし、発注者側の指示に従って商品を機械的に撮影をするというようなケースであれば、「著作権を発注者に譲渡する」という条件で発注するのが通常ではないかという気もしますので、そうすると、この事案で著作権侵害を認めてしまうのはどうなのだろうと、そういった感覚が写真の著作物性自体を否定する方向に働いているのかも知れないと思います。

上野：なるほど。商品写真の場合でも、通常は、いくら他人から指示や注文を受けたといっても、実際にシャッターを押したカメラマンが著作者になり、その後、必要に応じて著作権を注文者に譲渡していると解することになるんでしょうね。ただ、今回の判決は、そのような著作権譲渡をうまく認定できなかったので、あるいはそのような認定を行うことを避けて、他人の指示を受けて撮影したのだから著作物性がない、と判断したというわけですかね。

　　　ただ、他人から非常に具体的な指示があって、これに従って撮影したというのであれば、そのような具体的指示を行った他人が著作者として認定されるべきかも知れません。もちろん、その指示が抽象的なものであれば単なるアイディアであって、アイディアを提供しても著作者とは言えないということになりますが、それにとどまらない例もあり得ますよね。例えば、自分ではシャッターを押さずに、撮影する位置についてもシャッターを押す人の身体を両腕でつかんで移動させて、「ここから撮るんだ」と指示したり、シャッターチャンスについても、「今だ、シャッターを押せ」と指示したりしたという場合などは、そのような具体的指示をした人が著作者で、他方、シャッターを押した人は著作者ではないと、そうなるはずです。しかし、メガネサロントミナガ事件は、他人の指示に従ったのであって、カメラマンが独自の工夫を凝らしたとは認め難いことを理由に、創作性がないとして著作物性を否定したわけなんですよね。

前田：そうですね。指示した人自身が創作性はないと主張しているんですけどね。

上野：しかし、創作性の有無というのは客観的に決まるものですよね。だから、ある指示を行った本人が、自分の指示に創作性がないと主張したからとい

って、創作性がなくなるというわけではないように思うのですが。

前田：そうですね。しかし、商品写真撮影の依頼者が、「ここから撮るんだ」「今だ、シャッターを押せ」というような、あるいは「シャッタースピードや絞りをいくつにしてください」みたいな、写真の著作物性を基礎づける創作的要素となる点について具体的な指示をしているケースはあまりないのではないでしょうか。やはり写真をとることに関してはカメラマンのほうがプロなわけで、メガネサロントミナガ事件でも、被告のチラシのデザイン制作の発注を受けたデザイン事務所では眼鏡の撮影を行っていなかったので、プロのカメラマンである原告に写真データの作成を依頼したそうです。カメラマンがカメラ助手に指示をするような場合とは状況が異なって、依頼者からの指示は、写真の著作物の創作行為とは言いにくいように思います。

　　他方、商品広告写真の場合、被写体は依頼者側の商品ですから、カメラマンがその選択をしている事実はありません。被写体の組み合わせとか、商品の置き方とかを依頼者が指示していることも少なくないでしょうし、たくさん撮影された写真の中でどれを採用するかという選択も依頼者側が行っているかも知れません。芸術写真家が自由に被写体を選択・構成して撮影する場合と比較して、写真の著作物の創作性を基礎づける要素が少なくなるという傾向があって、結局、指示をした側も、指示を受けた側も、どちらも著作者とは認められないから、著作物性自体が認められないという現象は生じ得るのではないでしょうか。

上野：なるほど。指示した者が著作者でないとすると、その指示は抽象的なアイディアにすぎないということになるのでしょうね。そもそもカメラマンというのは他人から依頼を受けて撮影することが多いわけで、何らかの指示を受けて写真を撮るということ自体はよくあるんですかね。

前田：そうですね。特に商品広告写真については、依頼者から何らかの指示をしてカメラマンに撮影してもらっていることが多いのだろうと思います。しかし、その抽象的指示をもって依頼者が著作者であるとは言えず、かといって発注書や契約書に著作権譲渡の条項がないと、譲渡をなかなか認定できない。他方、商品広告写真については芸術写真に比べると、写真の著

作物の創作性を基礎づける要素が少ない。それらのことから、著作物性を
否定する方向になったのではないかなと。

上野：なるほど。まあ、この判決は知財高裁ですが、今問題になっている説示
　　　は千葉地裁松戸支部の第一審判決をそのまま引用したところですね。

前田：松戸支部の第一審判決は、知財部の経験のある裁判長が担当されている
　　　ようです。

上野：たしかに、かなり詳しい認定がされていますね。

■たぬピク事件・マンモス画像事件

上野：さて、それではまた類似性の話に戻りまして、たぬピク事件（【ケース
　　　4-8】→240頁以下）では類似性が肯定されています。写真は1と2がある
　　　のですが、これが発信者情報開示請求事件だからでしょうか、判決は、本
　　　件写真2についてだけ判断したようです。本件写真1の方はカットされた
　　　部分が大きいのに対して、本件写真2の方はあまりカットされていないよ
　　　うですが、もとの写真と比較すると、ちょっとぽやけているように見えま
　　　すね。この事件で類似性が認められた点についてはいかがでしょうか。

前田：これは、椅子との位置関係や、それから床の光り具合や影もそのまま再
　　　現されていますし、普通に考えますと、侵害じゃないでしょうか。そもそ
　　　もデッドコピーですしね。解像度は落ちていますけれども、物理的に利用
　　　していると言いますか……。

上野：そうですね。たしかに、他人の写真と同じようなものを撮影し直した場
　　　合は、ほぼ常に類似性が否定されるのに対して、スキャンやデジタルコピ
　　　ーなどデッドコピーした場合は、多少カットされても、多少ぽやけさせた
　　　としても、結論として類似性が肯定されやすいのかも知れませんね。
　　　　その意味では、マンモス画像事件（【ケース4-9】→241頁以下）における
　　　マンモスの画像――あれは写真と言っていいのかわからないところもある
　　　のですけれども――は、カラー画像を白黒画像に変更したり、明暗を反転
　　　したりしていますが、もとの画像をそのままデッドコピーした上で加工し
　　　たもののようです。この事件は、被告の出版社が当初から原告から許諾を

　　もらうつもりで交渉していて、原告も基本的にはこれを了承する方向で対
　　応して、自ら本件各画像のデータファイルを被告に提供していたけれども、
　　最終的に内容を確認することを許諾の条件としていたにもかかわらず、校
　　了直前の段階でうまく連絡が取れず、最終的に原告との間で連絡できない
　　まま校了に至ってしまったという事情があるようです。

前田：なるほど。ちょっと被告側が可哀想な気もしますけど。本件画像はどう
　　いう画像なのですか。

上野：これは2002年にロシアの永久凍土の中から発見されたマンモスの頭部
　　で、2005年の愛知万博でも展示されたものですが、日本に冷凍状態のま
　　ま輸送されたマンモス頭部をCT装置で撮影して得られた断層像のCTデー
　　タ等をもとにして3DCGによって作成された画像だそうです。

前田：なるほど。原告は、いろんな角度から画像を描くことが可能な中で、こ
　　の角度を選択して再現している。そして、なんといっても被告画像はその
　　デッドコピーですからね。

上野：まあ、3DCGの画像という意味では、通常の写真とは異なるところもあ
　　りますので、どういう点に創作性があるのかというのは問題になるかと思
　　いますが、複数の画像をつなぎ合わせてこのようなものを作成したとすれ
　　ば創作性が認められるかと思います。そうすると通常の写真と同様に、デッ
　　ドコピーに近い場合は類似性が肯定されるということになるんでしょう
　　ね。実務上は、このような画像の利用について、出版社としてはきちんと
　　許諾を得ておく必要があるということになりましょうか。

■被写体に関する工夫の考慮

上野：では、被写体のお話に移りたいと思います。一般に、写真というのは、
　　被写体をどのように撮影するかという点に創作性があると考えられますが、
　　写真の中には、風景写真のように既存の被写体を撮影するものだけではな
　　く、被写体を自分で作る場合もありますよね。まさに、みずみずしいすい
　　か事件（【ケース4-13】→249頁以下）がそうですね。そういう写真でも、
　　写真という以上、あくまで被写体をどのように撮影するかという点に創作

性があるのだから、写真の類似性判断においては、被写体それ自体に関する工夫を考慮すべきでない、という考えも見られるところでありますが、その点について先生はどうお考えでしょうか。

前田：被写体それ自体が美術の著作物であると言える場合はたしかにあるのでしょうが、写真の著作者が、写真を撮るために被写体を構成して工夫をしている場合には、その工夫は写真の著作物の創作過程の一つとして行われているのですから、それを写真の著作物の創作とは分断して考えるのは、実態から離れているような気がいたします。被写体の工夫をカメラマンとは別の人が行っているのであれば、被写体自体と写真の著作物とを分けてそれぞれが著作者になると考えるのか、写真の著作物の共同著作者になるのかが微妙と思うのですが。

上野：ほほう。それは興味深いお話です。

前田：被写体自体と写真の著作物とを分離するとまずいことが生じるような気がするんです。というのは、両者を分離して、被写体のみを美術の著作物として見た場合には創作性が低く、それ単独では創作性の閾値を超えないために著作物とはいえない場合が出てくるのではないか。被写体の構成自体の創作性がゼロではなくても、それだけでは著作物性を認めるに足りるほどの創作性はないという場合もあり得るのだと思うのです。でも、諸要素を全部まとめて一つの作品として見た場合には、創作性ありといえるケースがあると思います。写真の著作物の創作過程で行われる被写体の構成などの工夫を分離してしまうと、被写体自体は美術の著作物としての創作性が認められず、他方、被写体の配置・構成を除くと写真の著作物としての創作性も認められない可能性が出てくる。あるいは類似判断の際に、被写体の構成の類似性を総合考慮に含めることができなくなってしまいます。それはまずいのではないかなと。

上野：なるほど。写真と美術（被写体）を分けてしまうと、写真単体では著作物性が認められず、また、被写体であるオブジェが美術の著作物と言い難い場合があり得て、その場合はどちらも著作物性がないことになってしまうので、そうであれば両者を分けることなく、両方の要素をまとめて「写真の著作物」と理解した方が、総合的に見て創作性が肯定されやすい場合

　があるだろうと、そういうことでしょうかね。

前田：はい。写真家による写真の著作物の創作過程において、そのために被写
　　　体が構成されているようなケース、まさにみずみずしいすいか事件のケー
　　　スがそれに当てはまるのだと思うのですけれども、その場合は、やはり分
　　　離して観察することは不自然ではないかなと思います。

上野：そうすると、ひょっとしたら、ここでも創作者の主観的な創作目的が関
　　　係してくるのかも知れないですね。例えば、ある写真家が「今から写真を
　　　撮るぞ」と考えて、そのプロセスの一環でこのスイカのようなオブジェを
　　　作ったという場合には、全体をまとめて「写真の著作物」になると理解で
　　　きるのに対して、ある美術家の方が「今からオブジェを作るぞ」と考えて、
　　　このようにスイカを切って配置して、完成したあとに、写真家がこの写真
　　　を撮ったという場合は、そのオブジェが美術の著作物となり、写真家はそ
　　　の写真の著作物の部分についてのみ著作者になると、こういうことなので
　　　しょうね。

前田：必ずしも主観的な創作目的だけでなく、創作目的を含めた創作過程を自
　　　然に観察した場合に、「一つの」著作物の創作なのかという問題ではない
　　　でしょうか。上野先生がおっしゃった後者の場合であれば、創作過程を自
　　　然に観察すれば、美術家によるオブジェ作品の創作と、写真家による写真
　　　作品の創作という、2つの著作物の創作があったと考えられると思います。

上野：先ほどのお話で、写真と美術を分けてしまうと、それぞれ個別には創作
　　　性が認められない場合があるというお話でしたが、考えてみたら、写真と
　　　いうのは立体物の被写体を撮れば、事実上、常に著作物性は認められるの
　　　ではないでしょうか。一方、美術はなかなか難しくて、普通の絵のような
　　　作品であれば、およそ著作物性は肯定されると解されますけれども、例え
　　　ば、レディ・メイドの現代アートみたいに、既存の物を組み合わせること
　　　によって自分の作品とした、というものについて常に著作物性を認めても
　　　いいのかどうかは問題となるところですよね。

　　　　もちろん、今回のスイカは切ったものですので、その限りで加工がある
　　　と言えますから、著作物性は比較的認めやすいかと思うのですが、既存の
　　　物を集めてきただけで「はい、これが私の作品です」というようなものを

著作物と認めていいかどうか問題になります。このように考えますと、たしかに美術の著作物に関しては、先生がおっしゃるような著作物性の閾値に達しないものがあるかも知れませんね。

　その上で、みずみずしいすいか事件の高裁判決は、「本件写真は……人為的に作り出された被写体であるから、被写体の決定自体に独自性を認める余地が十分認められるものである」とした上で、撮影の工夫のみならず、「被写体の決定における創造的な表現部分……において本件写真と被控訴人写真が共通しているか否かをも検討しなければならない」と述べて類似性を肯定していますので、結局、被写体に関する工夫を写真それ自体の要素として捉えているようにも読めます。先生は、類似性を肯定したこの判決についてどのようにお考えでしょうか。

前田：私は、肯定でよいのではないかと思います。原告作品を写真の著作物であるとあえて言わなくてよく、要するに著作物であればいいわけです。原告作品が写真の著作物であるとか美術の著作物であるとかの性格付けは、特定の種類の著作物にしか認められていない支分権や権利制限規定が問題となる場合には必要ですが、類似性判断においてはそのような性格付けは不要ではないでしょうか。原告作品が著作物であることは要件事実ですが、それが写真の著作物であるか、美術の著作物であるか、あるいはそれ以外かは問題にならないと思います。そうすると、写真の撮り方だけでなく、被写体の構成等を含めた一つの著作物が現にそこに存在していることが認定できる以上、その作品における創作性が被告作品にも再現されているかどうかという判断が必要であり、かつ、それで足りるのではないかと考えます。

上野：なるほど。「写真の著作物」というかどうかはともかくとして、この作品同士は類似性が肯定されるべきだということですね。もちろん、"6切れのスイカをスイカの上に載せて写真を撮る"というだけだとアイディアにすぎないと思いますけど、この両者はその点だけが共通するわけではなくて、背後にスイカのようなものが置かれているとか、蔓があるとか、背景に青空のような青いグラデーション用紙があるとか、そういう点も含めて考えたら、創作的表現において共通すると判断されて然るべきだという

ことでしょうかね。

前田：はい。さらに、同じように光を当てているとか、いろいろな要素がある
　　　かも知れません。一つ一つの要素に分断して考えるだけではよくないと思
　　　います。このケースについて、上野先生はどうお考えですか。

上野：いや、このケースについて、私はこれまではっきり意見を述べたことが
　　　ないんですが、ここではやっぱり何かもうちょっと言ったほうがいい感じ
　　　ですかね……（笑）。

　　　　従来の学説で、類似性を肯定した控訴審判決に対する批判があるのは、
　　　写真の類似性判断において被写体に関する工夫を考慮してはいけないとい
　　　う考えに基づいていたのかも知れません。ただ、本件写真の被写体である
　　　オブジェにも創作的表現は認められるように思いますので、これを「写
　　　真」の一部なのか、独立した「美術」なのか、あるいは全体として「何ら
　　　かの著作物」なのかという点はともかくとして、そのような被写体に関す
　　　る工夫も著作物の類似性判断においては考慮されるべきなのだろうと思い
　　　ます。そのように被写体における工夫を含めて比較するとしても、本件は
　　　その共通点が創作的表現と言えるかどうかが問題となるケースであると思
　　　いますので、なんとも言い難いのですが、さしあたり、類似性を肯定した
　　　控訴審判決のような判断もあり得るとは思っております。

　　　　ちなみに、この高裁判決の依拠性に関する箇所などを読んでおりますと、
　　　被告側が原告側といろいろなやりとりがあったにもかかわらず、本件写真
　　　を参考にしたかどうかに関する説明を変遷させたように見えたことなど、
　　　ある意味では裁判所の心証を悪くしたというような経緯があったみたいで
　　　すが、そのような事情も高裁が結論を逆転させたことに関係しているんで
　　　しょうか。いやもちろん理論的には、そうした事情が類似性の判断に影響
　　　してはいけないと思うのですが。

　　　　あと、時代によって類似性判断に変化があって、全体的に見ると、昔よ
　　　りも最近の方が、類似性が肯定されにくくなっているのではないでしょう
　　　かね。

前田：類似性の判断は本来客観的でなければいけないのでしょうが、裁判官の
　　　心証を悪くしたという経緯も事実上影響する余地はあるのかも知れません。

この事件は、これかなり古い、もう 20 年近く前のものですが、上野先生がおっしゃるとおり、最近のほうが類似性は肯定されにくいという傾向があると思います。今もし、同じ事件が起きたとしたら、上野先生は異なる結論が出ていたとお考えですか？

上野：いやあ……どうでしょうか。また研究させていただきます（笑）。

前田：（笑）。私は、今でも侵害と思います。

上野：なるほど。今これが訴訟になっても侵害と判断されるということですね。そうですか。私も、この対談が本になるまでに何かもう少し明確な見解を書けるようになるかも知れませんが、ならないかも知れません（笑）。

　　　私もゼミなんかで同じ事件を何年も扱っていますと、そのときの学生の議論に影響されるからかも知れませんが、時間と共に印象が変わることがよくあるんですよね。どうして昔はこれを非侵害だと思ったんだろう、とか、なぜあの時はこれを侵害に決まっていると思ったんだろうって思うことがあるわけなんです。ですので、このケースについても、将来、考えが変わるかもしれませんので、なかなか明確なコメントがしづらいところです。

前田：そうですよね。私は、自分が昔どう言ったかっていうことすら忘れてしまうのですが。

■写真をもとに絵を描く行為、トレース

上野：さて、今度は写真と写真の比較ではなく、写真と絵の比較ですね。祇園祭写真事件（【ケース 4-14】→252 頁以下）と舞妓写真事件（【ケース 4-15】→255 頁以下）は、他人の写真をもとに絵を描いたというケースなのですが、それでも類似性が肯定されています。これは非常に興味深い結論のように感じられます。ひょっとすると、写真に関しては、最近、類似性が緩やかに肯定される傾向があるのかも知れませんが、先生これについてはいかがでしょうか。

前田：祇園祭写真事件に関しては、類似性を否定する意見も多いのではないかと思います。しかし、この事案では、最初は原告の写真そのものを用いて

祇園祭のポスターを作ったようなんですが、それに対して原告が抗議をした。そこで次の年には、原告の写真そのものではなく、それに依拠した水彩画を作成して祇園祭のポスターを制作することにしたと。そうした経緯を考えると、まあ、侵害でいいのかなぁと。

上野：おー、やはり経緯が判決に影響するんですかね。つまり裁判官としては、当事者間にそういった経緯があったことからすれば、この被告の振る舞いはちょっといかがなものか、という印象というか落としどころがまずあって、理論的にはいささか難しいとしても、もしここで類似性を否定したら結論として被告が勝訴するということになってしまい、それは自分の正義感や公平感に反するから、争点になっている著作権侵害を認める方向で結論を出そう、そういった意識が働いているのではないかということでしょうかね。

前田：依拠性と類似性というのは全く別の要件ですけれども、この場合、かなり強い依拠があるような気がします。

上野：ああ、それは実におもしろいご指摘ですね。ぜひその点をもう少しお聞きしたいです。いわば「強い依拠性」がある場合は、類似性が肯定されやすいということになるんでしょうか。

前田：写真の著作物を、物理的にスキャンをして、多少加工して使うということがあると思うんです。過去に写真を見たことがあり、それが記憶に残っていて絵に描いた場合でも依拠はあると思うんですが、それよりも、物理的にスキャンして取り込んで加工して作ったという場合には、非常に強い、物理的な意味での依拠があります。そういうケースにおいては、やっぱり類似の範囲が広がる傾向はあるのではないかと思います。

上野：そこでいう依拠性の「強さ」というのは、手段によって変わるのでしょうかね。例えば、他人の写真を横に置いて見ながら自分の絵を描くという場合と、他人の写真をスキャンしたり、トレースしたりするという場合とでは、依拠性の「強さ」が異なり、たとえ結果としてできあがった絵は同じであっても、後者の方が「強い依拠性」があるから類似性が肯定されやすい、ということになるのでしょうかね。もしそうだとすれば、その背景にあるのは、いわば人の作品にフリーライドすることによって "楽" をす

るのはよくない、というような考えなのでしょうかね。

前田：依拠に強弱はあると思います。意識の深いところに眠っている過去の記憶が作用した場合、過去に見た記憶を頼りに絵を描く場合、横に置いて見ながら自分で絵を描く場合、スキャンしたりトレースして物理的に利用する場合は、この順序で依拠性が強くなっていくと思います。著作権法は「汗をかいた」ことを保護の対象としていませんが、汗の部分の利用は類似性判断から一切捨象されてしまうのか、それとも、類否が微妙なケースでは、被告側が「汗をかかずに」他人の著作物を機械的に利用していることが類似性の判断に影響を与えるのかというと、現実には後者のような気がいたします。もっとも、依拠性が強い場合には、その結果として細部が共通することが多く、それゆえに類似と判断されやすいという可能性もあると思います。

上野：いや、まさにこの本では、類似性の判断に関して、理論的な観点だけではなく、現実の裁判実務においてどのような事情が作用しているのかを探究した上で、それを理論的に見てどのように理解できるのか、ということを突き詰めていきたいという思いがあるので、非常に興味深いお話です。

　　　もちろん、祇園祭写真事件の判決も、被告は原告写真をトレースとかして"楽"をしたじゃないかとかそういうことを明示的に述べているわけではなくて、普通に、「本件水彩画の創作的表現から本件写真の表現上の本質的特徴を直接感得することができる」という理論的な判示をしているわけです。しかし、そう言われても、被告の水彩画のどこに原告の写真の創作的表現が残っているのか、と疑問に思ってしまうわけなんです。まあ、判決は「祇園祭における神官の差し上げの直前の厳粛な雰囲気を感得させる」と述べているんですが、結論として原告の請求を認めるという結論を決めた以上は、こんなふうに言うしかなかったということかも知れませんね。

前田：そうですね。判決は、本件水彩画が本件写真に依拠して制作されたために「全体の構成から細部の描写に至るまで、本件写真を基にして制作されたとみられる部分が多い」と述べています。「強い依拠」があって、それゆえに細部の描写まで一致していることは、類似性判断に大きく影響して

いるように思います。他方、判決が指摘している構図の同一は、ありふれた構図とも言えそうですし、「祇園祭における神官の差し上げの直前の厳粛な雰囲気を感得させる」という部分については、そういう雰囲気を感得させる祇園祭の写真や絵画はいくらでもあるでしょうから、その雰囲気を感得させるから類似するとは言えないように思います。この部分は、表現上の本質的な特徴の直接感得性という判例の判断基準を使って判決理由を書くために、こういう表現になったということかも知れません。

上野：舞妓写真事件も、写真をもとにした日本画の事件ですよね。判決は、全体的構成は原告写真の構図と同一であり、原告写真の被写体となっている舞妓を模写したと一見してわかる舞妓を同じ撮影方法と同じ構図で描いているから、原告写真の本質的特徴が維持されているとして類似性を肯定していますけれども、こちらについてはいかがでしょうか。

前田：この事件では、預けた写真が流用されたというような事案ではなかったでしょうか。

上野：そうですね。これは日本画家同士の訴訟ですが、原告は、高齢で眼病を患った訴外日本画家 P3 の活動を援助するため、舞妓を招いた写生会で写真を撮って提供していたんですよね。その後、この P3 がいよいよ活動困難になって引退することになったので、P3 が保有していた写真を被告に提供したところ、被告はこれを用いて絵画制作をし、個展において 17 万円で販売したというようなことのようです。原告と被告は、同じ舞妓写生会に参加していたということもあるようですし、被告は、この写真が P3 以外の第三者が撮影したものと認識していたようですので、そうした経緯が判決に影響したのでしょうかね。

前田：ありがとうございます。はい、経緯が影響しているように思います。それに、細部が似すぎている気がいたします。細かいところが似ていても、必ずしもそれらは表現上の本質的な特徴ではなく、さらにいえば、創作性を基礎付ける要素でもないことがあるかも知れません。特に、現実に存在する被写体を撮影した写真では、写真家が創作したものではないものが細部に含まれてくると思います。しかし、髪飾りとか、着物や帯の柄とか、手や指の具合など、ここまで細部を似せて描くと、さすがにそれはダメで

しょうという素朴な感覚が生じませんかね。

上野：よく見るとたしかに細部が似ているかも知れませんね。ただ、トレース
をしたというわけではないようでもありますね。

前田：たしかに、体の傾きなども若干違いますしね。しかし、両手の位置関係
や指の形、この形は、あるいは踊りの型としてあるのかも知れませんけど、
一致しています。

上野：そうした姿勢や所作のところに創作的表現が認められるという話になり
ますと、そのような姿勢や所作は誰が作り出したものなのかが問題になり
ます。ちなみに、この写生会というのは、モデルである舞妓さんを招いて、
踊ってもらったり、適宜指示したポーズをとってもらったりしていたらし
いのですが、仮にこの所作が、カメラマンの具体的指示によるものではな
く、被写体である舞妓さんが自ら行ったものだったという場合はどうなん
でしょうね。その場合も、カメラマンがそのような一瞬を捉えたのだから、
そうした姿勢や所作に関する部分もカメラマンが作り出した創作的表現だ
ということになるのでしょうかね。

前田：そうですね。ここは風景写真と違い、動きのあるものを被写体にしてい
ますので、たとえ被写体が行った所作であっても、その一瞬を、この角度
から捉えているところに創作性が認められるのではないでしょうか。上野
先生はどのようにお考えでしょうか。

上野：これですか……。そうですねえ。しかし、もしこの程度で著作権侵害に
なるとしますと、よく漫画なんかでも、ネット上の画像をもとにトレース
して漫画を制作するようなことがありますよね。昔だったら、例えば、何
か動物を描きたいと思ったら図鑑なんかを参考にしていたのかと思います
が、今はグーグル検索してヒットした画像を見ながらやっているのではな
いかなと思います。そうすると、結果としてトレースに近いようなことに
なる場合があるのではないでしょうか。実際にも、有名な漫画の一部が既
存の写真のトレースであることを検証するようなウェブサイトがあったり
しますよね。こういった漫画制作におけるトレースというのも、基本的に
著作権侵害だということでいいんでしょうかね。

前田：漫画を制作する際にグーグル検索して画像を見ながら描く場合、創作性

のある部分のデッドコピーなら侵害にならざるを得ないでしょうが、許容範囲にとどまることも多いような気がします。そのような場合と本件とでは原告と被告との関係性が大きく異なります。本件では原告、被告ともに舞妓をモデルにして日本画を描く日本画家同士で、しかも、同じ舞妓写生会に参加していただけでなく、原告は訴外日本画家 P3 の活動を援助するために舞妓写生会で写真を撮って P3 に提供しており、P3 は保有していた写真を被告に提供したということですから、原告・被告の間には、P3 を間に挟んだ濃密な人間関係が──ライバル関係かも知れませんが──あったのかも知れません。グーグル検索をして見つけてきた写真を参考に描く場合とは異なる要素があるのではないでしょうか。

上野：なるほど！　では、もし当事者間に、そういう濃密な人間関係があったわけではなくて、全く知らない人の写真をグーグル検索で拾ってきて、それをもとにこのような日本画を描いたという場合は、ひょっとしたら類似性が否定されたかも知れないということでしょうかね。

前田：それが正しいかどうかは別として、実際の事案の解決としては、そういう現象が起こり得るんじゃないでしょうか。グーグル検索で拾った写真を参考に日本画が描かれても、写真の著作権者は問題にしないかも知れません。これに対して、これは私の勝手な想像にすぎませんが、仮に P3 が原告、被告双方にとって尊敬する師匠や大先輩のような存在だったとして、原告が P3 のために提供していた写真が被告に流用されたのであれば、原告が怒るのもよくわかるような気がして、しかも原告・被告はともに舞妓をモデルとする日本画を描く日本画家同士ですから、そのことが類似性判断に事実上影響することはあり得るのかなと。

　本来、著作物が類似するとされる範囲は、準物権が及ぶ範囲ですから、それはできる限り客観的に明確になっていなければいけないと思います。しかし、やはりどうしても、遊びの部分と言いますか、どちらにも転びうる領域が残ってしまうと思います。舞妓写真事件のケースでも、グーグル検索で拾った写真をトレースして漫画の背景を描く場合も、いずれかの結論を出さなきゃいけないわけですから、その時には、依拠性の強さ、それゆえの細部における共通性だとか、人間関係・信頼関係、信頼を裏切った

とか、他人の作品の顧客吸引力の利用目的があるとか、その他不正競争的な要素があるとか、そういったファクターがあるかどうかということも影響してくるのではないかと思うんですね。舞妓写真事件では、人間関係上の問題がどこかで影響していて、さらに細部が一致しているなどの点が合わさって、結局、侵害という結論になったのではないかなと。でもこの結論ってもう確定しているんでしたでしょうか？

上野：そうだと思います。たしかに、裁判官の方とお話していても、研究者の先生は基本的に判決文だけを読んでいろいろと論評するけれども、やはり生の事件というのは、判決文に現れない様々な事情があって、事件に直接接した者が直感する落としどころというか事件の "スジ" というものがあると言うんですね。そのように結論が見えたら、あとは、——もちろん情緒的な側面とか、要件事実に関係がないことを判決に書くわけにはいきませんけれども——そのような落としどころに帰着するように法律論を組み立てていくと。つまり、例えば、この事件は請求認容だと決めたら、そのような結論を支える事実をできるだけたくさん拾い集めて、上手にそれを強調すると。類似性についても同じで、結論を侵害にすると決めたら、創作性がありそうな点を強調するし、結論を非侵害にすると決めたら、ありふれていそうな点を強調して、読んだ人がなるほどと納得するような判決を書くと。極端な話、優秀な裁判官というのは、一つの事件について、どちらの結論にでも上手に説得的な判決を書けるのだというような趣旨のお話も聞いたことがあります。

　もちろん、その是非についてはいろいろと議論があり得るところかと思いますが、もし現実にそのような実務があるとすると、実務家の先生の戦略としては、先ほどおっしゃった人間関係ですとか、事件をめぐる様々な経緯といったことが、ひょっとしたら裁判官の結論を左右するかも知れないと考えて、たとえ情緒的な事情だとしても、訴訟の中でそういう主張を混ぜ込んで裁判官の心証にアピールしようとする、というようなことが行われるのでしょうかね。

前田：それは、現実の事件では、双方の代理人が過剰なまでにやっていて、本来の争点よりも情緒的なほうが主戦場になっている感さえあるような訴訟

をよく見かける気がします。

上野：なるほど、そうですか。事実上、そういったファクターが判決に影響を及ぼす可能性があるとすれば、当然そのようになるのかも知れませんね。

■東京アウトサイダーズ事件

上野：それでは、他の裁判例の結論についても議論したいと思います。まず、東京アウトサイダーズ事件（【ケース4-10】→243頁以下）は、先生が被告代理人ですから、あくまで差し支えない範囲でお話をうかがえればと思うんですけど、この原告の写真というのは、1970年頃に、当時の夫であった男性と長男を自宅で撮影したスナップ写真で、判決も「父子の姿を捉えたその構図やシャッターチャンスにおいて、創作性が認められ」ると述べているのですが、仮に「父子の姿を捉えたその構図やシャッターチャンス」に創作性があるとしても、これほど小さくカットしていれば、子どもはほとんど見えなくなってますし、もとの構図というのもなくなっているような気もします。それでも、判決は「本件写真の著作物性がある部分（シャッターチャンスの捉え方等）が再現されていることは明らか」と判示したのですが、これはどうなんでしょうかね。

前田：この訴訟では、物理的には原告の写真を使っているため、類似性がないという言い方ではなく、著作物性を基礎づける創作性ある部分の再現がないという主張をしました。控訴審判決から引用しますと、「本件写真は本件書籍にAの風貌を読者に伝える目的で、口絵として小さく掲載されているにすぎず、本件写真における創作性を基礎づける美的要素を鑑賞・感得させるという掲載目的は全くない。また本件書籍への掲載の大きさ（中略）、掲載態様（中略）、掲載場所（中略）にかんがみても、Aの風貌を伝えるという目的に沿った効果しか生じておらず、それを超えて美的要素を鑑賞・感得させる効果は生じていない。したがって、本件書籍に掲載された本件写真に接する一般人の通常の注意力を基準とした場合、本件写真の創作性を基礎づける美的要素が感得できるほどに本件書籍に再現されているということはできない。確かに本件写真の構図等のごく一部は本件書籍

においても再現されているかもしれないが、その構図等はごく一般的なスナップ肖像写真のそれを超えるものではなく、平凡かつありふれたものであるから、構図等の再現があることをもって著作物性を基礎づける創作性ある部分の再現があるということはできない。」という主張です。しかし、上野先生がご紹介くださったとおり、私の主張は判決であっさりと排斥されました。

上野：なるほど。裁判所としては、写真の一部とはいえ、その部分はデッドコピーだから、類似性を否定しがたかったのでしょうかね。そうなると、被告側としてはそもそもこのようなスナップ写真には著作物性がないとか、あるいは、これは未公表のプライベート写真ではありますけれども、著作権法上の適法引用が成立すると言いたいところでしょうかね。

前田：はい、そう言いたいところなんですが、高裁判決では、未公表の著作物だから適法引用にならないと言われてしまっています。

上野：引用に関する著作権法 32 条 1 項とは違って、時事の事件の報道に関する 41 条は、「公表された著作物」という要件がないんですよね。だから時事の事件の報道を行う場合は、未公表著作物でも利用できるわけなんですが。

前田：はい、まあ、公表権侵害の問題は別途残るのかもしれませんが。

上野：そうですね。他方、著作権法 32 条 1 項は、冒頭に「公表された著作物は」と規定しておりますので、文言上、未公表著作物について同項をそのまま適用することは難しいとしても、こうした写真を用いる必要性が高い場合には同項の類推適用が認められるべきだということを被告側は主張したわけですが、判決は、「ノンフィクションにおいて本件写真を利用する必要性があるからといって、著作権法 32 条 1 項を類推適用すべきであるということにはならない」とだけ述べてこの主張を退けています。ただ、例えば、死亡した大物政治家が書いた手紙を政治史研究のために引用するなど、未公表著作物であっても、正当な論評が許されて然るべき場合もあるように思いますので、未公表著作物については適法引用が一切認められないというのも厳格すぎるような気もするんですけども。

前田：そうですね。例えばある人物が、誰にも知られたくない自分の本心を吐

露した日記を書いていたと仮定して、その日記が盗まれて、ご本人がまだ御存命中に第三者がそれを引用しました、という場合には、それはさすがにいけないような気がするんですね。しかし、大物政治家の手紙や日記につき、死後ある程度期間が経過している場合には、死後の人格的利益についても、著作者の意を害しないと認められるとして60条違反にならない場合もありますし、そのような場合でもなお適法引用ができないというのは、いかがなものかと思います。

　公表要件はベルヌ条約由来ですが、既に公表されたものでなければ引用の必要性は生じないと考えられたのかも知れません。しかし、上野先生がご指摘のように、未公表著作物でも引用の必要が生じることもあります。32条1項が公表要件を定めているのは、引用の合理的必要性が認められる典型例を想定したからであって、逆にいうと、未公表著作物であっても引用の合理的必要性が認められるのなら、人格的利益の侵害の程度が大きくない限り、適用引用が認められる余地があるというべきと思います。東京アウトサイダーズ事件のケースでは、写真を撮った原告は、被写体の元配偶者ですが、原告自身のプライバシー侵害というファクターはないように思いますし、他方において、故人の一生を描いたノンフィクションにおいて対象者の生前の写真を引用する合理的必要性は高いと思いますので、未公表だからってことで引用が否定されるのはどうなのかなあと。

上野：そうですよね。それから、こういう人物写真の場合は、カメラで撮影した人が著作者で、その人が著作権を取得するというのは、たしかに原則論としてはそうだと思うんですけれども、例えば、観光地に行って、見知らぬ人にシャッターを押してくださいって頼むことがありますよね。そういう場合は、通常、構図だとかシャッターチャンスだとか具体的に指示するわけではありませんから、著作権法的には、依頼を受けてシャッターを押した人が著作者で著作権を取得するということになるかと思います。もちろん、その後、「ありがとうございました」とでも言った時に黙示的に著作権が譲渡されていると解することができるのかも知れませんけれども、著作者人格権は譲渡できませんので、著作者人格権はシャッターを押した人に残っている、などということになってしまうんでしょうか。

前田：旧著作権法には、肖像本人が著作権を持つ場合があったと思いますが
　　　……。

上野：あ、旧著作権法25条［嘱託による写真肖像］ですね。他人の嘱託によ
　　　って撮影した写真肖像の著作権は嘱託者に属するという規定で、実はその
　　　ほうが現実に即しているのかも知れませんが、現行法にはそうした規定が
　　　ありませんので、どのように理解することになるんでしょうかね。まあ普
　　　通に考えれば、やはり撮影した人が著作者だということにならざるを得な
　　　いように思います。もちろん、これは先ほどのメガネの写真の話と関係す
　　　るかも知れませんが、例えば、その角度からこういう構図で撮ってくださ
　　　い、といったようにかなり具体的な指示をしたような場合は、指示を受け
　　　てシャッターを押した人はいわば手足で、シャッターを押すように依頼し
　　　た人が著作者に当たるという場合もあるかも知れませんね。

前田：そのような場合もないとは言えないでしょうね。カメラマンの指示に基
　　　づいて助手がシャッターを押す場合には、著作者はカメラマンでしょうか
　　　ら。しかし、上野先生がおっしゃるとおり、それは例外的場合で、現行法
　　　では、通常は、シャッターを押した人が著作者になることが多いと思いま
　　　す。あとは、著作権譲渡や著作者人格権不行使の黙示的合意、あるいは包
　　　括的な利用許諾や改変等の同意を柔軟に認定するか、権利濫用などで合理
　　　的な解決を図るしかないのかも知れませんね。

上野：なるほど、よくわかりました。

■グルニエ・ダイン事件

上野：では、次にグルニエ・ダイン事件（【ケース4-12】→248頁以下）です。
　　　この事件は、建物の著作物性が問題になったケースとしてよく知られてい
　　　て、判決は建物について著作物性を否定したわけですが、写真に関しては
　　　著作物性も類似性も認めているんですよね。この事件で、原告は、被告写
　　　真は原告写真をもとにコンピュータによって簡易合成された写真と思われ
　　　る、というようなことを主張しているんですが、両者を比べると、かなり
　　　異なる点もあるように思うんですよね。いかがでしょうか。

前田：これはなぜ写真の著作権侵害が認められたんでしょうね。原告写真と被告写真を、それぞれ著作物として見た場合には、建物の左右や背景における木の違いとか、建物の前の植栽の違いとか、そういった建物以外の部分におけるいろいろな違いの部分も含めて、類似性の有無を観察することになる。判決が「格別に意味のない相違にすぎ」ないとした点も、写真の著作物として見る場合は、カウントされなきゃいけないように思いますので、これで類似性を認めたというのはよくわからないと思います。

上野：判決が、原告写真と被告写真をスキャンして OHP フィルムで重ね併せると、屋根、窓、玄関、インナーバルコニーなどがかなり一致すると述べていることからしますと、そうした部分はトレースしたということなのかも知れません。ただ、そもそも被告は、自社のモデルハウスの見学会のチラシに掲載するために、なぜ原告の写真をもとにしたのかが不思議なんです。そうすると、これもある意味では、自分で写真を撮るところからやらないで、他人のものにフリーライドして "楽" をしたからよくないと判断された、つまり逆に言えば、原告が汗をかいた部分の保護を認めたというようなことになるのでしょうかね。

前田：そうなんでしょうけど、類似かどうかの境界線には幅があって、その幅の中では諸要素が働くと主張している私の感覚でも、さすがにこれは類似範囲を広げ過ぎではないかなと思います。類似性の微妙なライン、どちらにも転びうる範囲を超えて、類似にしてしまっているように私には思えます。

上野：まあ、そうですよね。ひょっとしたらですけど、この事件は、もともと似たような建物が販売されていたという事案ですよね。ただ、裁判官としては、原告の建物について著作物性を認めるのはかなり厳しい、だからそれはできないけれども、だからといって、被告はこれだけ他社のものにフリーライドしている以上、どこかで原告の請求を認容してあげるのが落としどころとしてちょうどよい、というような発想があったのでしょうかね。

前田：そうかも知れませんね。当事者間の紛争の核心部分はけっして写真の著作物ではなく、建物についてなのでしょうから。仮に物理的にスキャンをして取り込んでいるのだとすると、たしかにそれは類似性を広げる要素に

なり得ると思うんですが、その場合でも、完成した作品同士を比較するのが大原則と思います。目で比較した時に、類似でも非類似でも両方あり得るという場合に初めて、依拠性の強さだとか、そういうことが考慮されるべきであって、本件の写真では、その前段階で非類似になるのではないかと思うんです。そうだとしますと、いくらフリーライドという要素が強くても、それで著作権侵害にすることはできないのではないかと思います。

上野：はい。この2つの写真は、たしかに建物や屋根の外形においては共通しているかと思いますが、それだけで類似性は認められるべきではないということでしょうかね。

■おもてなしプレゼント事件

上野：さて、最後に、おもてなしプレゼント事件（【ケース4-6】→237頁以下）ですね。被告のパンフレットの中に原告の写真絵はがきが小さく掲載されたという事案で、もとの写真の創作的表現は感得できないということを理由に著作権侵害が否定されたわけですので、いわゆる雪月花事件（【ケース3-3】→197頁以下）みたいな判断です。ただ、あれは書でしたからそういう判断がしやすかったようにも思うのですが、こういう写真でも同じような解釈ができるということでしょうかね。

前田：うーん。どうなんでしょうかね。この写真の構図とかは、そのまま再現されているような気も。

上野：まあ、3枚の写真のうち2枚は他のはがきと重なって隠れていますが、一番上にある1枚は全面見えていますし、また、サイズがかなり小さいとはいえ、その部分だけ見ればいわばデッドコピーですよね。

前田：そうですよね。だから、「雪月花」みたいな理由でセーフにするのはかなり難しいのではないでしょうか。

上野：雪月花事件は、やはりもとの著作物が書でしたからね。書という作品は、文字それ自体に創作性が発揮されるわけではなくて、その文字をどのように書くかというところに創作性が発揮されますので、ある程度縮小されれば、墨の濃淡やかすれといった点における創作性が感得できないと言いや

すかったと思うんです。しかし、こちらの方は写真ですから、構図やシャッターチャンスに創作性があるということになりますと、たしかに、かなり縮小されても、それはまだ知覚可能だという考えもあるかも知れませんね。

前田：そうですね。この事件が今起こったとすれば、むしろ上野先生が「判例の概観」で書かれているように、47条の2で救済できないか……。これもやっぱり譲渡の申出かな？

上野：そうですね。この事件は、絵はがきという写真著作物の複製物の譲渡を申し出ていますので、もし改正法施行後であれば、オークション等と同じように著作権法47条の2の適用可能性があるかと思いますが、同条の規定は、「所有者その他のこれらの譲渡又は貸与の権原を有する者」が譲渡または貸与しようとする場合に適用されるんですよね。この事件では、パンフレットを作ったのは鉄道会社である被告なんですが、この絵はがきは観光地を訪れた外国人へのプレゼントなので、譲渡するのは被告ではなくて、訴外の観光協会なんですよね。このように、絵はがきの譲渡の申出をしている者とパンフレットを作った者が異なるということは問題になりましょうか。

前田：いわゆるタイアップと言いますか、共同企画と言いますか、譲渡主体はたしかに観光協会なのかも知れないんですけれども、共同企画だとすると、その譲渡行為も共同性を帯びてくる、というわけにはいかないのでしょうかね。

上野：たしかに、形式的には、観光協会が絵はがきを購入して譲渡しているとしても、もともと、この「おもてなしプレゼント」という企画は、被告が庄内地方の各地方公共団体と共同開催していた観光キャンペーンの一環だったようですので、そうした点も加味して、譲渡の主体をいわば共同主体として理解して、その共同主体が譲渡しようとしているということで47条の2の適用が考えられますね。また、同条を類推適用するという考えもありましょうか。

前田：47条の2は、「譲渡又は貸与の権原を有する者」だけでなく、その者から「委託を受けた者」による申出のための複製等を許容していますので、

　　鉄道会社を譲渡の共同主体とは評価できなくても、観光協会から「プレゼント企画の宣伝をしてくれませんか」と言われてパンフレットに掲載したのであれば、類推適用でなく、47条の2をそのまま適用できる余地もあるのではないでしょうか。「委託を受けた者」や「申出の用に供するため」の各要件を広めに解釈する点では類推適用ということになるかも知れませんが。

上野：あ、たしかにそうですね。本件では47条の2が問題にならなかったせいか、判決でもそのあたりの事実は認定されていないようですが、被告が「委託を受けた者」に当たる可能性もあるかも知れませんね。

前田：この件では、結論として、これを侵害にするのはかわいそうという感覚が根本にあるのかも知れません。絵葉書の海賊版を作って配ることを告知するものでしたら侵害でいいような気がするんですけど、本物の絵葉書を原告側から購入していたんですよね。

上野：そうなんですよ。だから、なぜ原告は訴えを起こしたのかという疑問が残るんですよね。というのも、被告が自分の絵はがきをキャンペーンに採用してくれて、そうである以上、この絵葉書もそれなりに売れたんじゃないのかと思いますので。両者の間で何かがあったのでしょうかね。

前田：そうですね。普通に考えますと、原告の商品を大量に購入した者のプロモーションとしてのパンフレット掲載ですから、それほど問題にされないのではないかと思いますよね。結論として請求棄却にしたかったっていうことなのでしょうかね。

上野：そうすると、これも落としどころとして、先に請求棄却という結論があったということでしょうかね。いや、どうもこの「表現上の本質的特徴の直接感得」というのは、非常に曖昧な概念なのですけれども、裁判実務にとっては、そのような曖昧なものがあるからこそ、生の事件における様々な事情を取り込んで、いわば裁判官の公平感覚に合致する結論を導くことができる、ということで、むしろ好都合なツールになっているのかも知れないですね。その良し悪しはともかくとして。

前田：そうですね。まあ、ただ、類似性というのはやはり本来は客観的に判断されるべきものであって、被告の主観的な要素だとかそういったことには

関わらないで判断できるものでなければいけないのが原則であると思います。その原則自体を切り崩してしまうことはちょっとまずいだろうと。その原則を意識しつつ、あくまで微調整にとどめるべきと思います。

上野：なるほど。最後の微調整のところだけは許容されるということでしょうかね。ただ他方で、最近は権利制限規定がかなり充実して詳細なルールが定められていますよね。写り込みに関する著作権法30条の2や、非享受利用に関する30条の4、あるいは先ほどの47条の2もそうかも知れません。そのように、どのような著作物利用が許容されるべきかということについては、明文の規定が充実しつつある、と考えると、表現上の本質的特徴を直接感得できないという理由で著作権侵害を否定する、という論法に頼らざるを得ない場合というのは、かなり少なくなっているのではないかと私は思います。

前田：そうですね。正しい方向に向かっているっていうことかも知れませんね、著作権法が。

上野：まあ、いくら権利制限規定が充実しているとしましても、さすがに当事者の人間関係や経緯、あるいは他人の労力にフリーライドして"楽"をした、といった事情を考慮することはできないかと思いますので、やはり裁判実務としては、生の事件における様々な事情を考慮できるような仕組みが必要だということになるのであれば、表現上の本質的特徴の直接感得というものは、今後も固有の役割を果たすことになるのかも知れませんね。

前田：そうですね。

事 項 索 引

アルファベット

CM ……………………………………49
DVD ………………………………65, 99
INTERCEPTER 事件 …………207, 223
SM 写真事件 …………………………264

あ 行

アイディア／表現……………………12
　——二分論 …9, 13, 47, 123, 163, 193
アイディアの複合体…………………12
アサックス事件 ………………202, 220
アニメ…………………………………72
ありふれた表現……………14, 33, 50, 114
依拠性 ……2, 43, 62, 147, 185, 274, 285
　強い—— ……27, 101, 114, 274
意匠法 …………………………7, 160, 203
イラスト………………………………46
　——化…………………………………231
色あせ…………………………………21
印刷用書体……………………………205
引用 …………………25, 221, 244, 281
写り込み …………………22, 24, 221, 288
裏旋律問題……………………………25
うるせぇトリ事件……………………52, 115
映画……………………………………73
江差追分事件 …4, 6, 9, 22, 25, 98, 107, 178
絵はがき………………………………237
エルミア・ド・ホーリィ事件 ………139, 180
応用美術…149, 152, 153, 155, 200, 201, 203, 215,
　217
おもてなしプレゼント事件 …………237, 285

か 行

カーテン商品カタログ事件 …………232
絵画……………………………………139
カエル…………………………………50

カタログ ………………197, 232, 249
かつ～ん事件…………………………202
角川 mini 文庫事件…………………144, 183
カメラマン ……………………264, 277
贋作……………………………………139
完全自殺マニュアル事件 …………131, 189
看板 ……………194, 200, 208, 216
祇園祭写真事件 ………225, 252, 273
擬人化……………………49, 50, 53
キャラクター…………………46, 71
旧著作権法 ……………………4, 7
共同著作………………………………269
許諾……………………………………259
金魚……………………………………68, 141
　——電話ボックス事件 …………141, 156
久保田一竹美術館事件 ………256, 262
組み合わせ ……12, 53, 59, 60, 66, 76, 110, 167
グルニエ・ダイン事件 ………248, 283
経緯……29, 112, 147, 171, 186, 225, 272, 274, 276,
　279, 288
劇団 SCOT 事件 ……………124, 156, 161
けろけろけろっぴ事件………………50, 93
現代アート……123, 125, 141, 156, 165, 270
広告………………60, 75, 216, 233, 245, 252
コーヒーを飲む男性事件 …………176, 231
コーポレーションペンギン事件…………56
個性……………………………………14
ゴナ U 事件……………………207, 222
誤認混同…………………………26, 43
コンピュータグラフィックス …………241

さ 行

坂井真紀イラスト事件 …………60, 93
サザエさんバス事件…………………70, 105
事実……………………………………41
字体……………………………………194
氏名表示権 …………………………3, 182

写経 ………………………………216
写真 ……………170, 227, 242, 272
　　商品―― ………………………265
　　スナップ―― …………………244, 280
　　風景―― …………230, 260, 268, 277
シャトー勝沼事件 …………………200, 216
柔軟な権利制限規定 ………………24
主体 ………………………………25
主張立証責任 ……………28, 41, 116
書 …………………………………193
商標法 …………………………7, 202
職務著作 ………………………67, 104
処分権主義 ……………………37, 122
スイカ ……………………………68
水彩画 …………………………252, 275
スキャン ………………184, 274, 284
スタンプ …………………………52
ストーリー ………………………34
住友建機株式会社ロゴ事件 ………204
スメルゲット事件 …………………262
請求の特定 ………………………31
雪月花事件 ……………………197, 285
全体比較論 …………20, 25, 38, 175
選択の幅 ………14, 125, 157, 193, 227, 263
創作性……10, 13, 47, 115, 123, 157, 163, 172, 227,
　　260, 265
　　――相関関係説 …………………22
　　――の高低 ……………………16
創作的表現一元論（創作的表現共通性一元論）
　　…………19, 23, 26, 38, 96, 103
創作的表現の共通性 …8, 17, 19, 23, 33
訴訟経済 ………………………29, 263
訴訟物 ……………………………36

　　た　行

対照 ……………………………90, 114
対比 ……………………………54, 115
タイプフェイス ………194, 205, 222
たいやきくん事件 ……………72, 110
タウンページ・キャラクター事件 …48, 93
たち吉事件 ……………………126, 165

建物 ……………170, 230, 248, 257, 283
たぬピク事件 …………………240, 267
チーズはどこへ消えた？事件 ………190
直接感得性独自基準説 ……………20
著作権 ……………………………2
　　――譲渡 …………262, 264, 266, 283
著作者 …………………239, 262, 266
　　――人格権 ……………………3
　　――の権利 …………………3, 6
著作物 …………………8, 20, 23
　　――性……63, 125, 126, 145, 149, 152, 155, 156,
　　194, 200, 219, 248, 256, 283
　　――の単位 …………………112, 122
　　二次的―― …………………3, 137
　　編集―― ……………………110, 186
　　まとまりのある―― ……35, 38, 122
著名性 …………26, 43, 97, 109, 169
チラシ ……………………………258
積戻命令 …………………………183
釣りゲータウン２事件………………35, 122
手書き原稿 ………………………214
デザイン書体「趣」事件 ……195, 211, 213
デッドコピー……81, 114, 125, 157, 194, 196, 199,
　　211, 214, 224, 228, 239, 242, 260, 267, 278, 281,
　　285
出る順シリーズ事件…………………79, 105
電子掲示板 ………………………240
同一性保持権 ……………………5
東京アウトサイダーズ事件………243, 280
動書 ……………194, 198, 208, 212
　　――「佳扇」事件 ……………208, 212
　　――「鶴」事件 ……………194, 211
　　――「華」事件 ………………209
　　――「私の散歩道」事件 …198, 212, 214, 224
同人誌 ……………………………231
独創性 …………………207, 214, 222
特許発明 …………………………23
特許法 …………………………7, 23
トレース ………………180, 274, 277
トントゥ人形事件 ……………149, 153

な 行

二段階テスト……………………………………17
日本画 ……………………………………255, 276
ニューディナーパン事件 ……………………233
入門漢方医学事件 …………………………151, 187
人形………………………79, 123, 148, 149, 154
ぬいぐるみ ………………………59, 72, 123, 153
猫（ネコ）……47, 84, 86, 109, 112, 127, 168
　　――のぬいぐるみ事件……………127, 166
眠り猫事件 ……………………………86, 112, 224
ノンタン事件 ………………………………82, 108

は 行

廃墟写真事件 …………………………170, 229, 261
博士イラスト事件……………………65, 93, 98
博多人形赤とんぼ事件 ……………………148
パッケージ ………………………65, 99, 103, 235
発信者情報開示請求 ………………………240
パブリシティ権 ……………………………174
播磨喜水パッケージデザイン事件 …………235
パロディ ………22, 25, 134, 175, 183, 190, 247
　　――＝モンタージュ事件 ………4, 178, 245
パンシロントリム事件………………………77, 111
パンダイラスト事件…………………………80, 105
パンフレット ………………207, 233, 237, 285
非享受利用 ……………………………176, 288
ひこにゃん事件……………………………83
被写体……176, 197, 227, 232, 234, 250, 256, 260,
　　262, 268, 277
美術 ……………123, 156, 170, 215, 269, 272
日野市壁画事件…………………………146, 185
表現上の本質的な特徴の直接感得…………4, 19
ファービー事件 ……………………………154
ふぃーるどわーく多摩事件…………………119
フェアユース …………………………………245
　　――規定………………………………24, 175
複製権 …………………………………………5, 7
複製主体 ……………………………………208
複製又は翻案 …………………………………7
不正競争防止法 …7, 107, 131, 153, 189, 202, 248

舞台装置 ……………………………………124
プチホルダー事件 …………………………153
仏画事件 ………………………………136, 177
ブックカバー ………………………………123, 187
フラねこ事件………………………………85, 105
フリーライド……27, 113, 121, 169, 174, 176, 182,
　　188, 189, 191, 274, 284, 288
ふわふわ四季のたより事件……89, 114, 115, 119
ヘアデザイン写真事件 ……………………239, 264
ヘアドレッサー ……………………………239, 264
壁画…………………………………………146
別紙……………………………………………31
　　――対比表……………………………………32
ペンギン……………………………………56
弁論主義……………………………………40
法的評価………………………………………41
保護範囲………………………………………16
ポスター ……………………………………252, 274
ポパイ・ネクタイ事件………………………95
翻案権 …………………………………………3, 4

ま 行

舞妓写真事件 …………………………255, 273
埋没 ……………………………………………21, 122
巻くだけダイエット事件 …………………130, 189
まとまりのある部分………………………………21
漫画 ………………………48, 70, 74, 174, 176
マンション読本事件 ………61, 93, 122, 166, 213
マンモス画像事件 …………………………241, 267
未公表…………………………………………281
みずみずしいすいか事件 …………226, 249, 268
民家の暖簾事件 ……………………………134, 170
無人契約機¥enむすび事件 …………………75, 110
メガネサロントミナガ事件 …………………258, 262
文字……………………………………………193
モデルハウス ………………………………248

ら 行

ライダーマン事件…………………………73, 106
利用許諾………………………………………242
類似性………………………………………2, 4, 7, 31

事　項　索　引

レターセット事件·····························67, 104
濾過テスト ····································18, 33

ロゴマーク ·······················194, 202, 204, 219

判 例 索 引

東京地判昭和 47 年 11 月 20 日無体裁集 4 巻 2 号 619 頁〔パロディ＝モンタージュ事件：第一審〕
………………………………………………………………………………………………245

長崎地佐世保支決昭和 48 年 2 月 7 日無体裁集 5 巻 1 号 18 頁〔博多人形赤とんぼ事件〕……………148

東京高判昭和 51 年 5 月 19 日無体裁集 8 巻 1 号 200 頁〔パロディ＝モンタージュ事件：控訴審〕…246

東京地判昭和 51 年 5 月 26 日無体裁集 8 巻 1 号 219 頁〔サザエさんバス事件〕……………………70

東京地判昭和 52 年 3 月 30 日（昭和 51 年（ワ）第 3895 号）〔たいやきくん事件〕……………72, 110

東京地判昭和 52 年 11 月 14 日無体裁集 9 巻 2 号 717 頁〔ライダーマン事件〕…………………73, 106

最判昭和 53 年 9 月 7 日民集 32 巻 6 号 1145 頁〔ワン・レイニー・ナイト・イン・トーキョー事件：
上告審〕……………………………………………………………………………………2, 6

神戸地判昭和 54 年 4 月 27 日判タ 392 号 158 頁〔名産昆布椎茸事件〕…………………………………201

最判昭和 55 年 3 月 28 日民集 34 巻 3 号 244 頁〔パロディ＝モンタージュ事件：第一次上告審〕……4,
178, 245

東京高判昭和 58 年 4 月 26 日無体裁集 15 巻 1 号 340 頁〔ヤギ・ボールド事件：控訴審〕…………207

東京地判昭和 60 年 10 月 30 日無体裁集 17 巻 3 号 520 頁〔動書「私の散歩道」事件〕……198, 212, 214,
224, 225

東京地判昭和 61 年 6 月 20 日判タ 637 号 209 頁〔SM 写真事件〕……………………………………264

東京地判昭和 62 年 7 月 10 日判時 1248 号 120 頁〔真田広之ブロマイド事件〕………………………228

東京地判昭和 62 年 7 月 17 日特許管理別冊判例集昭和 62 年 II 182 頁（昭和 60 年（ワ）第 8776 号）
〔コーポレーションペンギン事件〕……………………………………………………………56

東京地八王子支判昭和 62 年 9 月 18 日無体裁集 19 巻 3 号 334 頁〔日野市壁画事件〕…………146, 185

東京地判昭和 63 年 8 月 29 日判時 1286 号 141 頁〔動書「佳扇」事件〕………………………208, 212

東京地判平成元年 11 月 10 日無体裁集 21 巻 3 号 845 頁〔動書「鶴」事件〕……………194, 209-211

東京地判平成元年 11 月 10 日（昭和 62 年（ワ）第 1136 号）〔動書「華」事件〕…………………209

東京地判平成 2 年 2 月 19 日判時 1343 号 3 頁〔ポパイ・ネクタイ事件：第一審〕…………………220

長崎地判平成 4 年 7 月 22 日判例地方自治 106 号 45 頁〔「活き活き長崎」事件〕……………………228

東京地判平成 4 年 11 月 25 日知財裁集 24 巻 3 号 854 頁〔民家の暖簾事件〕…………………134, 170

東京地判平成 7 年 3 月 28 日知財裁集 27 巻 1 号 210 頁〔カーテン商品カタログ事件〕………………232

福岡地小倉支判平成 7 年 7 月 20 日（平成 5 年（ワ）第 313 号）〕〔PC ギ木販売用カタログ事件：第
一審〕…………………………………………………………………………………………228

京都地判平成 7 年 10 月 19 日知財裁集 27 巻 4 号 721 頁〔たち吉事件〕……………………126, 165

東京高判平成 8 年 1 月 25 日判時 1568 号 119 頁〔アサックス事件：控訴審〕…………………202, 220

福岡高判平成 8 年 5 月 23 日（平成 7 年（ネ）第 782 号・第 1029 号）〔PC ギ木販売用カタログ事
件：控訴審〕……………………………………………………………………………………228

仙台高判平成 9 年 1 月 30 日知財裁集 29 巻 1 号 89 頁〔石垣写真事件〕、…………………………228

大阪地判平成 9 年 3 月 13 日（平成 7 年（ワ）第 6803 号・第 9287 号・第 11640 号）〔ニューディナー
パン事件：第一審〕………………………………………………………………………………233

大阪高判平成 9 年 5 月 28 日知財裁集 29 巻 2 号 481 頁〔エルミア・ド・ホーリィ事件：控訴審〕…139,

180

最判平成 9 年 7 月 17 日民集 51 巻 6 号 2714 頁〔ポパイ・ネクタイ事件：上告審〕‥‥‥‥46, 95, 99, 137

大阪高判平成 10 年 2 月 13 日（平成 9 年（ネ）第 828 号）〔ニューディナーパン事件：控訴審〕‥‥233

東京地判平成 10 年 3 月 30 日（平成 2 年（ワ）第 4247 号・平成 3 年（ワ）第 14827 号）〔ノンタン事件：第一審〕‥‥82

東京地判平成 10 年 5 月 29 日知財裁集 30 巻 2 号 296 頁〔知恵蔵事件：第一審〕‥‥‥‥‥‥‥‥16

東京地判平成 10 年 6 月 29 日判時 1667 号 137 頁〔地獄のタクシー事件〕‥‥‥‥‥‥‥‥‥‥‥10

東京地判平成 10 年 11 月 27 日判時 1675 号 119 頁〔壁の世紀事件〕‥‥‥‥‥‥‥‥‥‥‥‥‥16

東京地判平成 10 年 11 月 30 日知財裁集 30 巻 4 号 956 頁〔「版画藝術」事件〕‥‥‥‥‥‥‥‥227

東京地判平成 11 年 3 月 26 日判時 1694 号 142 頁〔イルカ写真事件〕‥‥‥‥‥‥‥‥‥‥‥‥227

大阪地判平成 11 年 7 月 8 日判時 1731 号 116 頁〔パンシロントリム事件〕‥‥‥‥‥‥‥‥77, 111

東京地判平成 11 年 7 月 23 日（平成 10 年（ワ）第 29546 号）〔坂井真紀イラスト事件〕‥‥‥60, 93

東京地判平成 11 年 8 月 31 日判時 1702 号 145 頁〔脱ゴーマニズム宣言事件：第一審〕‥‥‥‥131

大阪地判平成 11 年 9 月 21 日判時 1732 号 137 頁〔デザイン書体「趣」事件〕‥‥‥‥16, 195, 211, 213

東京高判平成 11 年 11 月 17 日（平成 10 年（ネ）第 2127 号）〔ノンタン事件：控訴審〕‥‥‥26, 82, 108

東京地判平成 11 年 12 月 15 日判時 1699 号 145 頁〔みずみずしいすいか事件：第一審〕‥‥‥‥250

東京地判平成 11 年 12 月 21 日（平成 11 年（ワ）第 20965 号）〔タウンページ・キャラクター事件：第一審〕‥‥‥49

東京高判平成 12 年 4 月 25 日判時 1724 号 124 頁〔脱ゴーマニズム宣言事件：控訴審〕‥‥‥‥‥131

東京高判平成 12 年 5 月 30 日（平成 12 年（ネ）第 464 号）〔タウンページ・キャラクター事件：控訴審〕‥‥‥48, 93

最判平成 12 年 9 月 7 日民集 54 巻 7 号 2481 頁〔ゴナ U 事件：上告審〕‥‥‥‥‥‥205, 207, 222

東京高判平成 12 年 9 月 19 日判時 1745 号 128 頁〔劇団 SCOT 事件：控訴審〕‥‥‥‥124, 156, 161

東京高判平成 12 年 9 月 28 日判時 1732 号 130 頁〔角川 mini 文庫事件〕‥‥‥‥‥‥‥‥144, 183

東京高判平成 12 年 9 月 28 日判時 1731 号 111 頁〔住友建機株式会社ロゴ事件〕‥‥‥‥‥‥‥204

東京高判平成 12 年 11 月 30 日（平成 10 年（ネ）第 3676 号）〔アサバン事件：控訴審〕‥‥‥‥‥16

東京高判平成 13 年 1 月 23 日判時 1751 号 122 頁〔けろけろけろっぴ事件：控訴審〕‥‥‥‥‥‥50

東京高判平成 13 年 1 月 23 日判時 1756 号 139 頁〔ふぃーるどわーく多摩事件〕‥‥‥‥‥‥‥119

東京高判平成 13 年 6 月 21 日判時 1765 号 96 頁〔みずみずしいすいか事件：控訴審〕‥‥‥226, 249, 251, 268

最判平成 13 年 6 月 28 日民集 55 巻 4 号 837 頁〔江差追分事件：上告審〕‥‥‥4-7, 9, 20, 22, 25, 98, 107, 178

山形地判平成 13 年 9 月 26 日判時 1763 号 212 頁〔ファービー事件：第一審〕‥‥‥‥‥‥‥‥154

東京高判平成 13 年 9 月 27 日判時 1774 号 123 頁〔解剖学実習事件：控訴審〕‥‥‥‥‥‥‥‥16

東京高判平成 13 年 10 月 30 日判時 1773 号 127 頁〔チャイルドシート・スローガン事件：控訴審〕‥‥‥16

東京地決平成 13 年 12 月 19 日（平成 13 年（ヨ）第 22090 号）〔チーズはどこへ消えた？事件〕‥‥131, 190

東京地判平成 14 年 1 月 31 日判時 1818 号 165 頁〔トントゥ人形事件〕‥‥‥‥‥‥‥‥149, 153

東京高判平成 14 年 2 月 18 日判時 1786 号 136 頁〔雪月花事件：控訴審〕‥‥‥5, 24, 197, 238, 285

大阪高判平成 14 年 6 月 19 日判タ 1118 号 238 頁〔コルチャック先生 I 事件：控訴審〕‥‥‥‥‥21

仙台高判平成 14 年 7 月 9 日判時 1813 号 150 頁〔ファービー事件：控訴審〕・・・・・・・・・・・・・・・154

東京地判平成 14 年 9 月 5 日判時 1811 号 127 頁〔サイボウズ事件：第一審〕・・・・・・・・・・・・・・5, 16

大阪高判平成 14 年 9 月 18 日〔コルチャック先生 II 事件：控訴審〕・・・・・・・・・・・・・・・・・・・・・・・・21

東京高判平成 14 年 10 月 29 日（平成 14 年（ネ）第 2887 号・第 4580 号）〔ホテル・ジャンキーズ事
　件：控訴審〕・・・16

東京地判平成 15 年 7 月 11 日（平成 14 年（ワ）第 12640 号）〔レターセット事件〕・・・・・・・・・・67, 104

大阪地判平成 15 年 10 月 30 日判時 1861 号 110 頁〔グルニエ・ダイン事件：第一審〕・・・・・・248, 257, 283

東京地判平成 15 年 11 月 12 日判時 1856 号 142 頁〔無人契約機￥en むすび事件〕・・・・・・・・・75, 110

東京地判平成 16 年 6 月 25 日（平成 15 年（ワ）第 4779 号）〔出る順シリーズ事件〕・・・・・・・・・79, 105

大阪高判平成 16 年 9 月 29 日（平成 15 年（ネ）第 3575 号）〔グルニエ・ダイン事件：控訴審〕・・・248

東京高判平成 16 年 11 月 24 日（平成 14 年（ネ）第 6311 号）〔ファイアーエムブレム事件：控訴審〕
　・・・16

東京地判平成 17 年 5 月 17 日判時 1950 号 147 頁〔通勤大学事件：第一審〕・・・・・・・・・・・・・・・・・・37

横浜地判平成 17 年 5 月 17 日（平成 16 年（ワ）第 2788 号）〔スメルゲット事件：第一審〕・・・・・・・・262

知財高判平成 17 年 6 月 14 日判時 1911 号 138 頁〔MUSASHI 事件〕・・・・・・・・・・・・・・・・・・・・・・・27

大阪高判平成 17 年 12 月 15 日（平成 17 年（ネ）第 742 号）〔風呂バンス事件：控訴審〕・・・・・・・・・・5

知財高判平成 18 年 3 月 29 日判タ 1234 号 295 頁〔スメルゲット事件：控訴審〕・・・・・・・・・・・16, 227, 262

東京地判平成 18 年 3 月 31 日判タ 1274 号 255 頁〔小学生用国語テスト事件：第一審〕・・・・・・・・・・・6

知財高判平成 18 年 5 月 31 日（平成 17 年（ネ）第 10091 号）〔空港案内図事件：控訴審〕・・・・・・・・・16

知財高判平成 18 年 12 月 6 日（平成 18 年（ネ）第 10045 号）〔小学生用国語テスト事件：控訴審〕・・・6

知財高判平成 19 年 5 月 31 日判時 1977 号 144 頁〔東京アウトサイダーズ事件：控訴審〕・・・・・243, 257,
　280

知財高判平成 19 年 12 月 28 日（平成 18 年（ネ）第 10049 号）〔パフォーマンス・メンタリング事
　件：控訴審〕・・8

東京地判平成 20 年 1 月 31 日（平成 18 年（ワ）第 13803 号）〔パズル事件〕・・・・・・・・・・・・・・・・・・16

東京地判平成 20 年 3 月 13 日判時 2033 号 102 頁〔祇園祭写真事件〕・・・・・・・・・・・・225, 252, 273, 275

東京地判平成 20 年 6 月 26 日（平成 19 年（ワ）第 17832 号）〔リフレティックス事件〕・・・・・・・・・・227

東京地判平成 20 年 7 月 4 日（平成 18 年（ワ）第 16899 号）〔博士イラスト事件〕・・・・・・8, 26, 65, 93, 98,
　102, 104, 131

東京地判平成 20 年 7 月 4 日（平成 19 年（ワ）第 19275 号）〔プチホルダー事件〕・・・・・・・・・・・・・・・153

大阪地判平成 21 年 3 月 26 日判時 2076 号 119 頁〔マンション読本事件〕・・・5, 26, 61, 93, 102, 104, 122,
　166, 167, 213

東京地判平成 22 年 1 月 29 日（平成 20 年（ワ）第 1586 号）〔箱根富士屋ホテル事件：第一審〕・・・・・・5

大阪地判平成 22 年 2 月 25 日（平成 21 年（ワ）第 6411 号）〔猫のぬいぐるみ事件〕・・・8, 127, 166, 167

東京地判平成 22 年 5 月 19 日判時 2092 号 142 頁〔美術鑑定証書事件：第一審〕・・・・・・・・・・・・・・・・・5

東京地判平成 22 年 7 月 8 日（平成 21 年（ワ）第 23051 号）〔「入門漢方医学」事件〕・・・・・・151, 187,
　188

東京地判平成 23 年 2 月 9 日（平成 21 年（ワ）第 25767 号・第 36771 号）〔都議会議員ビラ写真事
　件：第一審〕・・・5

大阪高決平成 23 年 3 月 31 日判時 2167 号 81 頁〔ひこにゃん事件：抗告審〕・・・・・・・・・・・・・・・・・・84

知財高判平成 23 年 5 月 10 日判タ 1372 号 222 頁〔廃墟写真事件：控訴審〕・・・・・・・・・・170, 229, 261

東京地判平成 23 年 5 月 20 日判時 2117 号 111 頁〔アクションおりがみ事件：第一審〕…………………5
横浜地判平成 23 年 6 月 1 日（平成 22 年（ワ）第 5673 号）〔おもてなしプレゼント事件〕……237, 285
東京地判平成 23 年 7 月 29 日（平成 21 年（ワ）第 31755 号）〔刺青事件：第一審〕…………………5
東京地判平成 23 年 8 月 19 日（平成 22 年（ワ）第 5114 号）〔スペースチューブ事件：第一審〕……6
知財高判平成 23 年 10 月 31 日（平成 23 年（ネ）第 10020 号）〔都議会議員ビラ写真事件：控訴審〕
　……5
東京地判平成 23 年 11 月 29 日（平成 22 年（ワ）第 28962 号）〔マンモス画像事件：第一審〕………5
知財高判平成 24 年 1 月 31 日（平成 23 年（ネ）第 10052 号）〔刺青事件：控訴審〕…………………5
知財高決平成 24 年 3 月 16 日判時 2152 号 112 頁〔CR 松方弘樹の名奉行金さん事件〕 …………………5
知財高判平成 24 年 4 月 25 日判時 2151 号 102 頁〔マンモス画像事件：控訴審〕………………………5, 241
知財高判平成 24 年 8 月 8 日判時 2165 号 42 頁〔釣りゲータウン 2 事件：控訴審〕……6, 21, 33, 35, 40,
　122
東京地決平成 24 年 11 月 8 日（平成 24 年（ヨ）第 22037 号）〔完全自殺マニュアル事件〕…131, 189-
　191
東京地判平成 24 年 12 月 18 日（平成 24 年（ワ）第 5771 号）〔ディスクパブリッシャー事件：第一
　審〕……5
東京地判平成 24 年 12 月 26 日判時 2199 号 79 頁〔仏画事件〕…………………………………136, 169, 177
東京地判平成 25 年 3 月 14 日（平成 23 年（ワ）第 33071 号）〔風にそよぐ墓標事件：第一審〕………5
東京地判平成 25 年 3 月 25 日（平成 24 年（ワ）第 4766 号）〔光の人事件：第一審〕………………………6
東京地判平成 25 年 6 月 5 日（平成 24 年（ワ）第 9468 号）〔シャトー勝沼事件：第一審〕…………200
知財高判平成 25 年 9 月 10 日（平成 25 年（ネ）第 10039 号）〔光の人事件：控訴審〕…………………5
東京地判平成 25 年 9 月 12 日（平成 24 年（ワ）第 36678 号）〔ナビキャスト事件〕…………………5
知財高判平成 25 年 9 月 30 日判時 2223 号 98 頁〔風にそよぐ墓標事件：控訴審〕………………………5
東京地判平成 25 年 10 月 22 日（平成 25 年（ワ）第 15365 号）〔創価学会動画発信者情報開示請求
　（GMO）事件〕……………………………………………………………………………………………5
東京地判平成 25 年 11 月 29 日（平成 23 年（ワ）第 29184 号）〔プロ野球ドリームナイン事件：第一
　審〕……5, 21
知財高判平成 25 年 12 月 17 日（平成 25 年（ネ）第 10057 号）〔シャトー勝沼事件：控訴審〕……200,
　216
東京地判平成 26 年 3 月 14 日（平成 21 年（ワ）第 16019 号）〔旅 nesPro 事件：第一審〕…………………5
東京地判平成 26 年 4 月 30 日（平成 24 年（ワ）第 964 号）〔遠山の金さん事件〕……………………5, 8
東京地判平成 26 年 5 月 30 日（平成 22 年（ワ）第 27449 号）〔美術鑑定証書 II 事件〕…………………5
知財高判平成 26 年 8 月 27 日判時 2245 号 72 頁〔部品屋 2007 事件：控訴審〕………………………………5
知財高判平成 26 年 8 月 28 日判時 2238 号 91 頁〔ファッションショー事件：控訴審〕………………201
東京地判平成 26 年 8 月 29 日（平成 25 年（ワ）第 28859 号）〔巻くだけダイエット事件：第一審〕
　……130
東京地判平成 26 年 10 月 30 日（平成 25 年（ワ）第 17433 号）〔ふわふわ四季のたより事件〕…89, 114,
　115, 119
東京地判平成 27 年 1 月 29 日判時 2249 号 86 頁〔IKEA 事件〕………………………………………227
東京地判平成 27 年 2 月 25 日（平成 25 年（ワ）第 15362 号）〔THE ナンバー 2 事件：第一審〕……5
知財高判平成 27 年 2 月 25 日（平成 26 年（ネ）第 10094 号）〔巻くだけダイエット事件：控訴審〕

··130, 189, 192

知財高判平成 27 年 4 月 14 日判時 2267 号 91 頁〔TRIPP TRAPP 事件：控訴審〕················16, 201

東京地判平成 27 年 4 月 27 日（平成 26 年（ワ）第 26974 号）〔創価学会写真発信者情報開示請求
（NTT コミュニケーションズ）事件〕 ···5

知財高判平成 27 年 6 月 24 日（平成 26 年（ネ）第 10004 号）〔プロ野球ドリームナイン事件：控訴
審〕··5, 25

大阪地判平成 27 年 9 月 10 日判時 2320 号 124 頁〔フラねこ事件〕····························85, 105

東京地判平成 27 年 12 月 7 日（平成 27 年（ワ）第 4090 号）〔東京フォト事件〕·················227

東京地判平成 27 年 12 月 9 日（平成 27 年（ワ）第 14747 号）〔ヘアデザイン写真事件〕········239, 264

知財高判平成 28 年 1 月 19 日（平成 26 年（ネ）第 10038 号）〔旅 nesPro 事件：控訴審〕··········5

千葉地松戸支判平成 28 年 2 月 5 日（平成 27 年（ワ）第 209 号）〔メガネサロントミナガ事件：第一
審〕··258

東京地判平成 28 年 2 月 25 日（平成 27 年（ワ）第 15789 号）〔ボディバストネックレス事件〕········5

知財高判平成 28 年 3 月 23 日（平成 27 年（ネ）第 10102 号）〔字幕制作用ソフト Babel 事件：控訴
審〕··6

東京地判平成 28 年 4 月 18 日（平成 25 年（ワ）第 20031 号）〔かつ～ん事件〕·····················202

知財高判平成 28 年 4 月 27 日判時 2321 号 85 頁〔接触角計算（液滴法）プログラム事件：控訴審〕
··6

東京地判平成 28 年 6 月 23 日（平成 26 年（ワ）第 14093 号）〔教材イラスト事件〕·················6

知財高判平成 28 年 6 月 23 日（平成 28 年（ネ）第 10025 号）〔メガネサロントミナガ事件：控訴審〕
···258, 262, 263, 265, 266

知財高判平成 28 年 6 月 29 日（平成 27 年（ネ）第 10042 号）〔THE ナンバー 2 事件：控訴審〕······6

大阪地判平成 28 年 7 月 19 日判タ 1431 号 226 頁〔舞妓写真事件〕····················255, 273, 276,
278, 279

東京地判平成 28 年 8 月 19 日（平成 28 年（ワ）第 3218 号）〔「なぜ東京国際映画祭は世界で無名なの
か」事件：第一審〕··6

知財高判平成 28 年 11 月 10 日（平成 28 年（ネ）第 10050 号）〔EM 菌事件：控訴審〕·················6

知財高判平成 28 年 12 月 8 日（平成 28 年（ネ）第 10067 号）〔パシッときめたいそう事件：控訴審〕
··8

知財高判平成 29 年 1 月 24 日（平成 28 年（ネ）第 10091 号）〔「なぜ東京国際映画祭は世界で無名な
のか」事件：控訴審〕··6

東京地判平成 30 年 3 月 29 日判時 2387 号 121 頁〔コーヒーを飲む男性事件〕············6, 176, 231

東京地判平成 30 年 6 月 19 日（平成 28 年（ワ）第 32742 号）〔久保田一竹美術館事件〕·····6, 256, 262,
263

東京地判平成 31 年 2 月 28 日判時 2429 号 66 頁〔INTERCEPTER 事件〕··················207, 223

東京地判平成 31 年 2 月 28 日（平成 30 年（ワ）第 19731 号）〔たぬピク事件〕·············240, 267

東京地判平成 31 年 3 月 13 日（平成 30 年（ワ）第 27253 号）〔パンダイラスト事件〕·········80, 105

東京地判平成 31 年 4 月 17 日（平成 31 年（ワ）第 2413 号）〔夜景 INFO 事件〕·················227

大阪地判平成 31 年 4 月 18 日（平成 28 年（ワ）第 8552 号）〔眠り猫事件〕········8, 86, 112, 114, 224

奈良地判令和元年 7 月 11 日（平成 30 年（ワ）第 466 号）〔金魚電話ボックス事件：第一審〕······142,
156

知財高判令和元年 12 月 26 日金商 1591 号 32 頁〔ペンギン写真事件：控訴審〕·······················6

大阪地判令和 2 年 1 月 27 日（平成 29 年（ワ）第 12572 号）〔播磨喜水パッケージデザイン事件：第一審〕··235

東京地判令和 2 年 3 月 19 日（平成 30 年（ワ）第 33203 号）〔Linect 事件〕······························8

東京地判令和 2 年 10 月 14 日（令和元年（ワ）第 26106 号）〔うるせェトリ事件〕···············52, 115

大阪高判令和 3 年 1 月 14 日（令和元年（ネ）第 1735 号）〔金魚電話ボックス事件：控訴審〕······141, 156, 160, 163

大阪高判令和 3 年 1 月 21 日（令和 2 年（ネ）第 597 号）〔播磨喜水パッケージデザイン事件：控訴審〕··235

著者略歴

上野達弘（うえの・たつひろ）
早稲田大学法学学術院教授。京都大学法学部卒業、同大学大学院法学研究科博士後期課程単位取得退学。主な業績に、『著作権法入門第3版』（共著、有斐閣、2021年）、『教育現場と研究者のための著作権ガイド』（編著、有斐閣、2021年）など。

前田哲男（まえだ・てつお）
弁護士。東京大学法学部卒業。主な業績に、『音楽ビジネスの著作権 第2版』（共著、著作権情報センター、2016年）、「翻案の概念」『知的財産・コンピュータと法——野村豊弘先生古稀記念論文集』（商事法務、2016年）など。

〈ケース研究〉著作物の類似性判断
ビジュアルアート編

2021年7月20日　第1版第1刷発行

著　者　上　野　達　弘
　　　　前　田　哲　男

発行者　井　村　寿　人

発行所　株式会社　勁草書房

112-0005　東京都文京区水道2-1-1　振替 00150-2-175253
（編集）電話 03-3815-5277／FAX 03-3814-6968
（営業）電話 03-3814-6861／FAX 03-3814-6854
理想社・中永製本

半田正夫・松田政行 編
著作権法コンメンタール 1〜3　第 2 版
各巻 12,100 円

山本飛翔
スタートアップの知財戦略
事業成長のための知財の活用と戦略法務
3,960 円

角田政芳・関真也
ファッションロー
4,180 円

第二東京弁護士会情報公開・個人情報保護委員会 編
AI・ロボットの法律実務 Q&A
3,850 円

髙橋淳・松田誠司 編著
職務発明の実務 Q&A
4,950 円

ロバート・P・マージェス 著　山根崇邦・前田健・泉卓也 訳
知財の正義
7,480 円

勁草書房刊

表示価格は、2021 年 7 月現在。消費税 10% が含まれております。